Peter Schlobinski

Empirische
Sprachwissenschaft

WV studium   Band 174

Peter Schlobinski

Empirische
Sprachwissenschaft

Westdeutscher Verlag

Der Westdeutsche Verlag ist ein Unternehmen der Bertelsmann Fachinformation.

© 1996 Westdeutscher Verlag GmbH, Opladen

Umschlaggestaltung: Horst Dieter Bürkle, Darmstadt
Druck und buchbinderische Verarbeitung: Langelüddecke, Braunschweig
Gedruckt auf säurefreiem Papier
Printed in Germany

Inhalt

Vorwort

In dem vorliegenden Buch werden die Grundlagen und Methoden der *Empirischen Sprachwissenschaft* dargestellt. Für die Erhebung und Beschreibung sprachlicher und metasprachlicher Daten werden dem Leser handwerkliche Kenntnisse vermittelt. Das Buch knüpft direkt an das letzte und partiell an das vorletzte Kapitel der *Einführung in die deskriptive Linguistik* (Dürr/Schlobinski 1994) an. Beide Bücher zusammen bilden eine solide Grundlage für das Studium jener Sprachwissenschaft, die sich als Ziel gesetzt hat, empirisch und korpusbezogen zu arbeiten.

Im ersten Kapitel wird einleitend auf das (teilweise gestörte) Verhältnis von Theorie und Empirie in der Sprachwissenschaft eingegangen sowie auf die Differenzierung in ,quantitative' und ,qualitative' Verfahren in der *Empirischen Sprachwissenschaft*.

Im zweiten Kapitel werden die verschiedenen Methoden der Datenerhebung dargestellt, wobei zunächst von den formalen Methoden ausgegangen wird (Experiment, Test) und über die Fragebogenerhebung und das Interview auf die teilnehmende Beobachtung eingegangen wird.

In Kapitel 3 werden verschiedene Verschriftungssysteme beschrieben sowie in einem kleinen Exkurs die Probleme bei der Analyse von Schrift(en) unter einer diachronen Perspektive.

Die Behandlung statistischer Verfahren in Kapitel 4 gliedert sich in zwei grundlegende Teile: in die deskriptive und in die induktive Statistik. Ist erstere eine Pflicht für jeden, der mit sprachlichem Material arbeitet, stellt letztere die ,Kür' dar und wird relevant für breit angelegte empirische Untersuchungen. In der Darstellung der deskriptiven Statistik in Kap. 4.1 wird grundlegend auf Datenstrukturen, beschreibende Parameter, Skalenniveaus, Diagramme sowie auf Korrelationen und Regression eingegangen. Darauf aufbauend erfolgt die Behandlung der induktiven Statistik (Kap. 4.2), wobei versucht wird, die grundlegende Herangehensweise darzustellen, ohne auf komplizierte mathematische Darstellungen zurückzugreifen. Mathematische Zusammenhänge, die unumgänglich sind, werden in Form von Abbildungen verständlich gemacht. Entscheidend ist die Einführung in das Grundverständnis der induktiven Statistik, eine systematische Darstellung statistischer Testverfahren erfolgt nicht (s. hierzu Bamberg/Baur 1982). Einen besonderen Schwerpunkt bildet die Chi-Quadrat-Statistik, die in sprachwissenschaftlichen Untersuchungen das am meisten angewandte Testverfahren darstellt und die bei der Variablenregelanalyse und Varietätengrammatik eine wichtige Rolle spielt. Letztere werden in Kapitel 4.3.3 behandelt, wobei für das grundlegende Verständnis dieser ,Grammatikansätze' die Kenntnis von Kapitel 4.1 sowie der Seiten 123–126 des Kapitels 4.2 ausreicht.

In Kapitel 5 werden sog. ,qualitative' Analysemethoden vorgestellt, neben der vorwiegend in der Kommunikationswissenschaft vorkommenden Inhaltsanalyse diskurs- und konversationsanalytische Verfahren sowie ethnographisch fundierte Analysemethoden. Ein kurzer und kritischer Blick auf Funktionale Grammatiken, die auf ‚qualitative' Methoden referieren, schließt das Kapitel ab.

Im letzten Kapitel wird ausgehend von der Kritik an der Variablenregelanalyse sowie an Funktionalen Grammatiken eine Perspektive entworfen, grammatische Beschreibungen aufgrund empirischer Daten und somit korpusbezogen vorzunehmen.

Das vorliegende Buch geht auf die Niederschrift einer Vorlesung über *Empirische Sprachwissenschaft* im SS 1994 und WS 1994/95 zurück. Das erste Typoskript wurde mehrfach überarbeitet, wobei ich meiner Frau Evelin Schlobinski, meinem Freund Michael Dürr sowie den engagierten Studenten Bianca Briller, Heinrich Adolf und Birgit Heilig für zahlreiche Verbesserungsvorschläge, Hinweise und Korrekturen herzlich danke. Wolf Thümmel sei dafür gedankt, daß er seinen IPA-Zeichensatz zur Verfügung gestellt hat, Oliver Grannis für die Hilfe bei der Übersetzung mesoamerikanischer Papageienarten vom Englischen ins Deutsche.

Osnabrück, im August 1995

1. Einleitung

1.1 Theorie und Empirie

Theorie und Empirie werden nicht nur in der Sprachwissenschaft als ‚komplementäre Gegensätze' begriffen. Komplementär insofern, als es keine Theorie ohne Bezug auf sprachliche Daten und keine Empirie ohne theoretische Vorannahmen gibt (bzw. geben sollte); gegensätzlich insofern, als die Forschungsgegenstände und -richtungen sehr unterschiedlich sind. Während es in den Naturwissenschaften jedoch selbstverständlich ist, daß Theoretiker und Empiriker in einem permanenten Austauschprozeß stehen und daß eine Theorie einer experimentellen Prüfung standzuhalten hat, ist dies in den Sprachwissenschaften keineswegs so. Für viele Theoretiker ist das ‚Stochern' in sprachlichen Daten relativ nutzlos und nur insofern wichtig, als die Empiriker einige, möglichst passende Belege bringen, die in die Theorie passen. Für viele Empiriker sind die Theoretiker intellektuelle Spinner, deren Phantastereien mit der sprachlichen Realität nichts mehr zu tun haben. Hinter diesen beiden extremen Haltungen verbergen sich Unsicherheiten in bezug auf das eigene Tun und Legitimationsprobleme. Sie spiegeln auch Schwierigkeiten wider, die mit dem Forschungsstand zu tun haben: Die Theoretiker haben bisher keine Theorie formuliert, die Standards in Naturwissenschaften genügen würde, die Empiriker haben aus vielerlei Gründen nur selten eine Untersuchung vorzuweisen, die Standards in anderen Disziplinen wie z. B. den Wirtschaftswissenschaften genügte.

Was erwartet einen nun, wenn man sich der theoretischen Sprachwissenschaft oder der empirischen Sprachwissenschaft zuwendet? Was bedeutet eine Theorie in der Sprachwissenschaft und was eine Empirie? Jede Theorie ist zunächst ein komplexes System von Aussagen, das Axiome und davon abgeleitete (deduzierte) Aussagen enthält. Wir werden ansatzweise sehen, daß die Wahrscheinlichkeitstheorie, die das Fundament der Statistik bildet, auf drei Axiomen beruht, von denen alle weiteren Gesetze und Theoreme (mit Hilfe der Mengenlehre und Integralrechnung) abgeleitet werden können. Theorien begegnen uns in der Sprachwissenschaft vor allem als Sprachtheorie(n) und Grammatiktheorie(n). Der Objektbereich einer solchen Theorie ist also die Sprache an sich oder die Grammatik an sich. Je nachdem, wie dieser Objektbereich als Teil der (einer) Realität definiert ist, führt dies zu einer Sprach- und/oder Grammatiktheorie. Nach Chomsky (1986: 24f.) sind spezielle Grammatiken Theorien über verschiedene I-languages (innate languages), die Universalgrammatik ist die Theorie über den initialen Status S_0 der kognitiven Komponente, der sog. ‚language faculty'. Konkrete Sprachen sind nicht Gegenstand dieser Theorien, sondern die abstrakten Prinzipien dahinter und die Erklärung von Sprachfähigkeit im Rahmen eines biologischen Systems. Thümmel (1991: 222) wendet gegen die Chomskysche ‚GB-Theorie' ein, daß diese keine Theorie, sondern nur eine ‚Lehre' sei, da sie nicht formalisiert und axiomatisiert ist, also nicht dem Prinzip der Deduktion genüge. Ballmer (1976) hingegen kritisiert, daß dem Chomskyschen Kompetenzbegriff ein idealisierter Sprecher und eine idealisierte Sprache zugrunde liegt, das Reale und Empirische indes über die Performanz als „Abfalleimer" (Ballmer 1976: 27) dient.

Vom Prinzip der Axiomatik geht auch Bühler (1934) in seiner ‚Sprachtheorie' aus: „Wir formulieren im Folgenden eine Anzahl von Sätzen, die den Anspruch erheben, entweder selbst schon als Axiome der Sprachforschung angesehen zu werden, oder doch wenigstens fortschreitenden theoretischen Bemühungen um ein geschlossenes System solcher Axiome als Anhalt und Ausgang zu dienen" (Bühler 1934: 21). Allerdings zieht Bühler eine Reihe von Schlußfolgerungen, z.B. beim Satzbegriff, die keineswegs aus den Grundaxiomen deduziert werden können. Sowohl Bühler als auch Chomsky kommen aufgrund spezifischer theoretischer Vorannahmen zu ganz unterschiedlichen Positionen in bezug auf Sprache und Grammatik, ein theoretisches System mit Axiomen und deduzierten Aussagen können beide nicht vorlegen. Dies ist exemplarisch für alle Sprachtheorien, bei denen letztlich eine Grammatiktheorie im Zentrum steht: „Im strengen Sinne, nach dem eine Theorie als interessante Aussagen vor allem die theoretische sowie die empirische Praxis stark regulierende Sätze umfaßt, die aus (...) Annahmen deduziert werden können, gibt es heute eine Sprachtheorie noch nicht" (Thümmel 1993a: 587).

Wenn man im strengeren Sinne auch nicht von Grammatiktheorien sprechen kann, so liegen doch sehr unterschiedliche Modellierungen vor, nach denen Sätze in einzelnen Grammatiken beschrieben werden. Dies zeigt bereits ein Blick in Referenzgrammatiken des Deutschen. In Grammatiken des Deutschen werden Äquationssätze mit der Kopula *sein* (Kopulasätze) sehr unterschiedlich behandelt. Bei einem Satz wie *Paul ist Schreiner* wird das Argument *Schreiner* von Engel (1988: 196) als „Nominalergänzung", von Eisenberg (1989: 94) als „Prädikatsnomen", von Weinrich (1993: 115ff.) als „Prädikament" und in der DUDEN-Grammatik (1984: 615) als „Gleichsetzungsnominativ" bezeichnet. Analog zur unterschiedlichen Terminologie werden Kopulasätze unterschiedlich analysiert (vgl. Abb. 1-1). Strukturbaum (1) gibt die Analyse nach Engel (1988: 187ff.) wieder, (2) die Analyse nach der DUDEN-Grammatik (1984: 615). Strukturbaum (3a) ist der Erstauflage von Eisenberg (1986:92) entnommen, (3b) der Zweitauflage von Eisenberg (1989: 95).

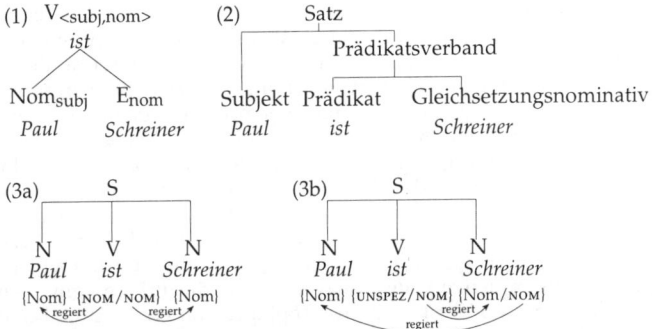

Abb. 1-1: *Analyse von Kopulakonstruktionen nach verschiedenen Grammatiken*

Ein grundlegender Unterschied in der syntaktischen Analyse besteht zwischen der Engel-Grammatik und der DUDEN-Grammatik. In (1) erfolgt die Analyse nach dem Dependenzmodell, d.h., die Abhängigkeitsrelationen zwischen Elementen eines Satzes werden gegeben, wobei das Verb als zentrales Regens am Fuße des auf dem Kopf stehenden Dependenzbaumgraphen steht. Der DUDEN (2) folgt dem Prinzip der Konstituenz, d.h., die hierarchischen Beziehungen von Satzelementen werden dargestellt, wobei allerdings syntaktische Kategorien wie S und syntaktische Funktionen wie Subjekt angesetzt werden und zudem Mischungen aus Kategorie (Verband = Gruppe = Phrase) und syntaktischer Funktion (Prädikat) zu Prädikatsverband. Eisenberg (3a,b) folgt dem Prinzip der Konstituenz und Dependenz[1], indem er von einer Konstituentenstruktur ausgeht, wobei die einzelnen Konstituenten durch Relationen wie Rektionsbeziehungen (aber auch syntaktische Relationen) verbunden sind. Die unterschiedlichen Graphen spiegeln anschaulich die unterschiedlichen vorausgesetzten Modellierungen wider. Eine wesentliche Diskussion in der theoretischen Sprachwissenschaft besteht darin zu prüfen, welche Modellierung die angemessenste im Hinblick auf einzelne sprachliche Daten ist.

In der empirischen Sprachwissenschaft liegt die Forschungsperspektive auf den sprachlichen Phänomenen und der Beschreibung dieser Phänomene auf der Basis von Daten. Gegenüber der deduktiven Methode in der theoretischen Sprachwissenschaft steht im Zentrum der

---

1 Zum Problembereich und zur Geschichte von Dependenz und Konstituenz vgl. Thümmel (1993b).

empirischen Sprachwissenschaft die induktive Methode, d.h., daß
aufgrund von beobachteten Fällen auf allgemeine Prinzipien verallgemeinert wird. Hierbei allerdings wird nicht selten aufgrund unzurei-
chender Daten generalisiert. Typisch hierfür sind Grammatiken, die
sprachtypologisch ausgerichtet sind. Wenige Satzbeispiele aus einer
oder wenigen Sprachen bilden die Grundlage für die Formulierung
von universalen Eigenschaften von Sprachen bzw. Sprachgruppen.
Exemplarisch sei hier die ,role and reference'-Grammatik von Foley/
van Valin (1984) erwähnt. Dort wird eine Reihe von universellen
Prinzipien formuliert, obwohl nur wenige Beispiele aus einzelnen
Sprachen analysiert werden. So wird das Deutsche als Prototyp eines
universellen Passivtyps, des sog. ,foregrounding Passivs' im Gegensatz
zum ,backgrounding Passiv', behandelt. Es wird an Beispielen argumentiert, daß „in German only undergoers, the accusatively case
marked NPs in active clause, may occur as the PrP (pragmatischer
Pivot, was in etwa der klassischen Topikposition entspricht, aber mit
Topik nicht identisch ist, P.S.) in a passive" (Foley/van Valin 1984:
152). In bezug auf Ellipsen und koreferentielle Prozesse werden Sätze
wie „Der Junge hat das Butterbrot gegessen und dann _____ ist ins Kino
gegangen" gegeben, andererseits werden die gerade für das Passiv im
Deutschen so relevanten Sätze wie *Er kriegt ein Buch (von mir) geschenkt*
und *Ihm wurde (von mir) geholfen* nicht diskutiert (vgl. ibid. S. 150-51),
bei denen offensichtlich Rezipiensargumente in die Pivotposition
kommen. Das unzulässige Induzieren ist kein Einzelfall. Aufgrund der
Befragung weniger Personen wird auf Dialekte größerer regionaler
Verbreitung geschlossen, aus der Schriftsprache wird auf die gesprochene Sprache hin verallgemeinert usw.

In der theoretischen wie der empirischen Sprachwissenschaft gibt es
systeminterne Probleme und Fehlerquellen. Aber ebenso fatal ist die
Tatsache, daß sich Empiriker und Theoretiker viel zu oft gegenseitig
ignorieren, denn jede theoriegeleitete Frage sollte immer den Bezug
zur empirischen Basis mitreflektieren, wie jede deskriptiv-empirische
Analyse immer die expliziten oder impliziten Modellannahmen mitreflektieren muß.

1.2 Beschreibung und Erklärung

Eine deskriptiv-empirische sprachwissenschaftliche Untersuchung hat
im weitesten Sinne als Untersuchungsgegenstand sprachliche oder
metasprachliche Phänomene. So könnte Gegenstand einer Untersuchung sein, welche Sprachen in Alaska gesprochen werden, wie das
Lautsystems des Berliner Dialekts aufgebaut ist, wie die Maya-Glyphen
zu lesen sind, welche Sprachen in China gesprochen werden, wie das

Französische und Englische in Quebec bewertet werden, wie häufig und in welchen Kontexten *weil*-Sätze mit Verbzweitstellung im Deutschen gebraucht werden usw. Eine deskriptive Untersuchung gibt zu allererst an, *wie* das interessierende Phänomen, der interessierende Sachverhalt beschaffen ist, und nicht, *warum* so und nicht anders. Eine gute deskriptive Analyse, die beobachtungsadäquat ist, reflektiert die Fakten in der Art und Weise, daß eine vergleichende Untersuchung zu gleichen Ergebnissen führt. So bestätigen die Arbeiten von Johnson (1991) zur innersprachlichen Variation im Berlinischen genau die Ergebnisse von Schlobinski (1987), wobei und obwohl ein anderes Analysemodell angewandt wurde. Der höchste Grad an **Beobachtungsadäquatheit** wird dann vorliegen, wenn ein Phänomen vollständig beobachtet und beschrieben wird, was allerdings praktisch in der Regel unmöglich und auch nicht notwendig ist. Es reicht aus, ein Phänomen, einen Sachverhalt ‚unvollständig', d.h. an Hand von exemplarischen Belegen, zu beschreiben, allerdings muß gewährleistet sein, daß diese Unvollständigkeit nicht zur Beobachtungsinadäquatheit führt. In praktischen Untersuchungen ist dieser Punkt besonders relevant und spielt eine Rolle bei der Festlegung von Stichproben.

Wenn nicht Wandelprozesse betroffen sind, können aufgrund deskriptiver Analysen Vorhersagen getroffen werden bzw. Modelle aufgebaut werden, mit deren Hilfe unbekanntes Datenmaterial analysiert werden kann. Die Modellierung ist die Konstruktion von Theoremen auf der Grundlage empirischer Daten. So ist es mit dem Maas'schen Ansatz zur Orthographieanalyse (Maas 1992) möglich, ein Computerprogramm aufzustellen, das automatisch die Dehnungsgraphie korrekt erstellt. Allerdings erklärt all dies noch nicht, warum die Zeichensetzungsregeln im Deutschen so sind wie sie sind. Im speziellen Fall der Orthographie des Deutschen ist eine Erklärung der Phänomene nur mit Rückgriff auf eine historische Analyse möglich.

Eine andere Art der Erklärung ist die über Rückführung auf ein Axiomensystem, über das Aussagen reduktiv abgeleitet und darüber hinaus Voraussagen gemacht werden können. Elementare Reduktion finden wir in Schemata der Art:

Wenn A, dann B
B
_____

Folglich A

Für den zu erklärenden Sachverhalt B, der durch eine empirische Untersuchung als gegeben (wahr) festgestellt wurde, soll eine theoretische Begründung, ein Axiomensystem, gefunden werden. Ist A als wahr bekannt, dann hat die Form der Erklärung den Status eines

Theorems; liegen in bezug auf A nur Vermutungen vor, so liegt eine Hypothese zur Erklärung von B vor. Von A wird man verlangen, daß nicht nur B erklärt wird, sondern daß noch unbekannte Aussagen B aus A deduktiv abgeleitet werden. Reduktion und Deduktion sind Methoden in der formalen Logik, durch die in bezug auf eine Aussage B eine Erklärung A gesucht oder B aus A abgeleitet werden kann. **Erklärungsadäquatheit** liegt dann vor, wenn der Ableitungsprozeß widerspruchsfrei erfolgt.

In der empirischen Sprachwissenschaft wird zunächst nicht der Anspruch nach Erklärungsadäquatheit erhoben, sondern nach Beobachtungsadäquatheit, von der aus auf Erklärungen rückgeschlossen werden kann. Bei der Frage nach dem *Wie* zeigt sich nun nicht nur, daß sprachliche Phänomene äußerst komplex und keineswegs einheitlich sind, sondern daß die sprachlichen Phänomene und Verhältnisse stark variieren. Variation und Wandel sind zentrale Faktoren, mit denen Sprachwissenschaftler auf der empirischen Ebene zu tun haben. Die sprachliche Variation, die nicht faßbar ist wie Gesetzmäßigkeiten der Art des Fallgesetzes, ist schwierig. Die Sprachwissenschaft war lange Zeit damit befaßt, allein die invarianten Strukturen von Sprachen zu untersuchen, und hierdurch konnten viele Fortschritte in der Sprachwissenschaft erzielt werden. Es zeigt sich aber, daß durch den Blick auf das (oftmals scheinbar) Konstante, die sprachliche Variation marginalisiert wurde, und es ist ein Verdienst gerade empirisch fundierter Ansätze, sprachliche Variation zum Gegenstand der Analyse gemacht zu haben. Denn die „empirische Untersuchung sprachlicher Varianten zeigt uns, daß sprachliche Struktur nicht auf die invarianten funktionalen Einheiten wie Phoneme, Morpheme, Tagmeme beschränkt ist; es gibt vielmehr eine Ebene der variablen Struktur, die ganze Systeme funktionaler Einheiten zueinander in Beziehung setzt" (Labov 1980: 77). Sprachvariation steht im Zentrum zahlreicher Disziplinen wie der Dialektologie, der Spracherwerbsforschung, Kommunikationsforschung, Stilforschung, Soziolinguistik und in zunehmendem Maße der historischen Sprachwissenschaft. Prinzipiell interessiert, wie, wann und unter welchen Bedingungen sprachliche Varianten auftreten und warum. Zwischen den Polen Invarianz und freie, d.h. nicht-determinierte Variation, steht ein breites Spektrum von innersprachlich und außersprachlich bedingter Variation, das mit verschiedenen Methoden versucht wird, zu beschreiben und – wenn möglich – zu erklären. Diese Methoden werden in qualitative und quantitative Methoden unterschieden, obwohl eine strikte Trennung in ‚quantitativ' und ‚qualitativ' nicht möglich ist.

1.3 Quantitative versus qualitative Methoden

Quantitative und qualitative Methoden in den Sprach- und Sozialwissenschaften bezeichnen unterschiedliche Vorgehensweisen, Daten zu gewinnen, zu beschreiben und zu erklären. Quantitative Verfahren sind solche, bei denen das Operieren mit Zahlen eine zentrale Rolle spielt, qualitative sind solche, bei denen der Interpretationsprozeß im Vordergrund steht und die sich auf der Folie hermeneutischer Verfahren entwickelt haben. Quantitative Verfahren sind letztlich statistische Verfahren, qualitative sind – zumindest in den Sprachwissenschaften – solche, bei denen Texte oder Diskurse nach einer bestimmten Methodik interpretativ analysiert werden. In Abhängigkeit von der Methodik ist der Gegenstandsbereich zu sehen: Die Frage nach der Anzahl von Adjektiven in einem Zeitungstext kann nicht mit qualitativen Verfahren beantwortet werden; Quantifizieren ist hier unerläßlich. Die Entwicklung einer Sprechhandlungsregel kann nicht über Quantitäten gefunden werden, statistische Verfahren können bestenfalls ein Hilfsmittel sein. Die Wahl der Methode ist also abhängig von der Fragestellung und den zu erhebenden und analysierenden Daten. Insofern ist der häufig geführte Diskurs, welche Methodik die bessere sei, ebenso irreführend wie die Kategorisierung linguistischer Disziplinen in quantitative und qualitative. So wird z. B. die Soziolinguistik unterschieden in die ‚korrelative Soziolinguistik', also in jene Variante, bei denen statistische Verfahren wie die Korrelation angewandt werden, und die ‚interpretative Soziolinguistik', die mit interpretativer Methodik arbeitet (vgl. Auwärter 1982).

Der Gegensatz zwischen ‚qualitativ' und ‚quantitativ' ist mehr oder weniger ein ideologischer. Da statistische Verfahren mathematische Verfahren sind, und solche über die Naturwissenschaften ein hohes Maß an Prestige besitzen, werden traditionell Erkenntnisse über diese Verfahren generell höher bewertet als über andere. Aufgrund der geringeren Reputation wird deshalb versucht, über eine Kritik an den quantitativen Verfahren die qualitativen aufzuwerten. Ehlich (1982) weist zu Recht darauf hin, daß quantitative Methoden eine verborgene Qualitativität besitzen. „Wir stoßen auf das paradoxe Ergebnis, daß die ‚quantitative' Analyse eine ‚qualitative' ist – allerdings eine ‚qualitative' besonderer Art. Die ‚qualitates' nämlich, die in sie Eingang finden, sind diejenigen, über die die Diskursgemeinschaft sich im großen und ganzen schon einig ist" (Ehlich 1982: 307). Die in der Tat bestehende Tatsache, daß die „qualitativen Aspekte der quantitativen Methode häufig unzureichende Bestimmung der Objekte [sind]" (ibid.), tritt indes für qualitative Methoden ebenso zu. Auswahl und Definition eines Untersuchungsobjektes müssen in jedem Fall durch den Sprachforscher reflektiert vorgenommen werden, welche Methode er auch immer anwendet. Bevor man sich fragt, wie man etwas untersucht, muß man sich fragen, was man untersucht. Am Anfang einer jeden Untersuchung steht ein qualitativer Schritt (vgl. auch Abb. 1-2). Andererseits gibt es auch eine verborgene Quantitativität in den qualitativen Methoden. Die Interpretation einer Textpassage, einer narrativen Sequenz ist insofern quantifiziert, als daß sie die Interpretation *einer* und nicht zweier oder dreier Passagen ist. „Genauso, wie die quantitative Analyse verschiedenen Qualitäten (oder Kategorien) relative Häufigkeiten zuweist, genauso enthält die qualitative Analyse quantitative Feststellungen in grober Form. Das kann mehr oder weniger explizit sein; nichtsdestoweniger handelt es sich um Häufigkeitsfeststellungen des Vorkommens allgemeiner Kategorien" (Berelson 1971: 116). Daraus folgt: Die Belegdichte, mit der eine wissenschaftliche Argumentation gestützt wird, ist immer relevant und zu begründen. Es mag durchaus sein, daß *ein* Beleg ausreicht, eine relevante qualitative Analyse durchzuführen, es kann aber auch durchaus anders sein, und zwar insbesondere dann, wenn die Variation besonders stark ist. Hier gilt folgende Faustregel: Je komplexer und variationsreicher ein sprachliches Phänomen ist, desto mehr Faktoren sind zu erwarten, die die Variation steuern, und desto mehr Belege werden benötigt, um das Phänomen angemessen zu beschreiben und zu erklären.

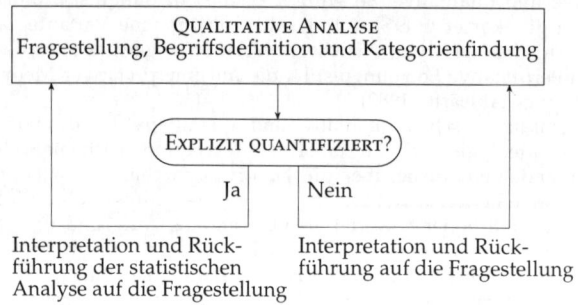

Abb. 1-2: *Forschungsschritte bei quantitativen und qualitativen Methoden*

Quantitative und qualitative Methoden sind nicht konträre Methoden, sondern können und sollten komplementär angewandt werden in Abhängigkeit von der jeweiligen Fragestellung. Sinnvoll ist es, die Vielfalt der methodischen Ansätze für spezifische Fragestellungen pragmatisch zu nutzen; nicht Methodendogmatik ist gefragt, sondern Methodenpluralität. Entscheidend bei der Wahl der Methode ist, ob die gewählte Methodik geeignet ist, auf die gestellte Frage eine angemessene Antwort zu finden.

Obwohl eine strikte Differenzierung in ‚quantitativ' und ‚qualitativ' nicht haltbar ist, wollen wir weiterhin diese Attribute verwenden, da damit auf bestimmte etablierte Methoden und Ansätze verwiesen wird, die wir in Kapitel 4 und 5 darstellen.

1.4 Anwendungsbereiche

Man könnte nun argumentieren, daß wir es letztlich mit empirischer Sprachwissenschaft dann zu tun haben, so wie eine Analyse eines sprachlichen Phänomens auf der Grundlage eines Beleges erfolgt. In letzter Konsequenz bedeutet dies: Sprachwissenschaft ist immer empirische Sprachwissenschaft. Dies ist jedoch nicht gemeint, wenn von empirischer Sprachwissenschaft die Rede ist. Vielmehr ist gemeint, daß – im Gegensatz zur Formulierung von Hypertheorien wie einer Sprachtheorie oder Teiltheorien, wie z.b. phonologischen Theorien (Merkmalstheorie, Silbenphonologie etc.) – empirische Methoden mehr oder weniger explizit zur Beantwortung von Fragen angewandt werden, die wir an die ‚Natur' von Sprachen oder von sprachlichen Verhältnissen stellen und mit deren Hilfe wir Anworten auf die gestellten Fragen erwarten. Verschiedene Teildisziplinen in der Linguistik sind stärker empirisch orientiert, wobei unterschiedliche methodische Ausrichtungen schwerpunktmäßig angewandt werden. Zunächst sind die **klassischen Philologien** zu erwähnen, die – zumindest vor der strukturalistischen Wende – ihre grammatischen Studien auf der Basis umfangreicher Textkorpora der klassischen Literatur vorgenommen haben. Man nehme eine lateinische Grammatik aus dem 19. Jahrhundert oder sogar noch Anfang des 20. Jahrhunderts (vgl. Neue 1985) und prüfe die zahlreichen Belege aus Cicero, Seneca und wem auch immer. Auch das Grimmsche Wörterbuch ist eine Schatztruhe mit sprachlichen Belegen. In der **Dialektologie** gibt es eine lange Tradition, mit Hilfe von Fragebögen und später Tonaufnahmen Daten zum Sprachgebrauch in Beziehung zur regionalen Verteilung zu erheben. Ein berühmtes Beispiel sind die ‚Wenker-Sätze', die zur Erstellung eines Sprachatlas' 1876 erstmalig an Lehrer der nördlichen Rheinprovinz verschickt wurden mit der Aufgabe, 42 hochdeutsche Sätze in die jeweilige Mundart zu übertragen (Wenker 1878). Neben Erhebungsmethoden wurden in der Dialektgeographie auch spezielle Kartiermethoden verwendet und Flächentextkarten erstellt.

Eine zweite Traditionslinie empirischer Fundierung der Sprachwissenschaft besteht in der **Ethnolinguistik** und **Sprachtypologie**, die in Deutschland durch von Humboldt initiiert und in den USA etabliert wurde. Protokolle und das systematische Erheben von authentischen Texten sind entscheidende Methoden, um unbekannte Sprachen und

Ethnien zu dokumentieren. Die Methoden sind in der modernen
Ethno- und Soziolinguistik und der Ethnomethodologie entscheidend
weiterentwickelt worden. Insbesondere in der **Soziolinguistik**, die zum
Gegenstand das Verhältnis von Sprache und sozialen Verhältnissen
hat, wurden zum einen Methoden aus den Sozialwissenschaften übernommen, zum andern eigene Methoden entwickelt. Hier ist vor allem
der amerikanische Sprachwissenschaftler William Labov zu nennen,
der eine Reihe von Erhebungstechniken entwickelt und statistische
und interpretative Analysemethoden angewandt hat (Labov 1980). In
der **Psycholinguistik** sowie **Erst-** und **Zweitspracherwerbsforschung**
wurde eine Reihe von Experimenten und Testverfahren, wie sie in der
Psychologie entwickelt worden sind, angewandt und weiterentwickelt
(Olsen/Clark 1976), wobei insbesondere in der Psychologie etablierte
Standards in bezug auf das Messen übernommen wurden. Stark statistisch orientiert sind Analysemethoden in der **akustischen Phonetik**.
Hier werden physikalische Eigenschaften von Lauten und Lautsequen-
zen gemessen, wobei stetige Merkmale wie die Grundfrequenz (gemessen in Hertz) im Zentrum der Analyse stehen. Folglich sind statistische
Verfahren und Experiment und Test die entscheidenden Methoden,
die zur Anwendung kommen. In der **angewandten Linguistik**, speziell
im **Fremdsprachenunterricht**, spielen spezielle praktische Tests und
Auswertungen eine Rolle, die uns aus dem schulischen Fremdsprachenunterricht bekannt sind. In der **Kommunikationsforschung** werden
in zunehmendem Maße pragmatische Eigenschaften, insbesondere
Diskursstrategien und Konversationsverhalten, untersucht. Hierfür
wird auf Methoden der Gesprächsanalyse zurückgegriffen.

   In der Sprachwissenschaft angewandte und (weiter-) entwickelte
Methoden haben wiederum ihre Anwendung in Nachbardisziplinen
wie der Soziologie, Psychologie und Ethnologie gefunden. Die in der
Kommunikations- und Sozialforschung angewandte Inhaltsanalyse
basiert auf linguistischen Konzepten und die Gesprächstherapie hat
Erkenntnisse aus der linguistischen Pragmatik zur Grundlage. Inwieweit die Ergebnisse aus der Sprachwissenschaft korrekt und adäquat
von anderen wissenschaftlichen Disziplinen aufgenommen wurden,
ist eine weiterführende und interessante Frage, die an dieser Stelle
nicht behandelt werden kann.

2. Planung und Durchführung einer Sprachdatenerhebung

In sprachwissenschaftlichen empirischen Untersuchungen werden – wie in jeder empirischen Untersuchung – Untersuchungsgegenstand und Fragestellungen präzisiert und Hypothesen in bezug auf die einzelnen Fragestellungen aufgestellt. Hieraus ergeben sich die Art der Datenerhebung – man spricht auch von **Elizitierungstechnik** –, Methodik der Untersuchung und die Festlegung der Stichprobe. Ziel einer jeden Untersuchung sind natürlich ‚gute‘ Daten, also Daten, die auf einer systematischen Beobachtung beruhen. Bei der Planung linguistischer Forschung im Hinblick auf Verbaldaten stellt sich jedoch ein Problem, das Labov als **Beobachterparadox** wie folgt formuliert hat: „the aim of linguistic research in the community must be find out how people talk when they are not being systematically observed" (Labov 1972: 209). Verschiedene Methodologien bei der Erhebung von Verbaldaten, die insbesondere in der Soziolinguistik entwickelt wurden, sind Resultat der Reduktion des Beobachterparadoxes auf ein Minimum. Eine wesentliche Methodik ist die der teilnehmenden Beobachtung, die aus der Ethnologie kommt und in der Regel eine Langzeitstudie darstellt (s. Kap. 2.3.1). Andere Möglichkeiten, das Beobachterparadox zu reduzieren, bestehen darin, rasch und anonym Daten zu erheben (Kap. 2.3.2), in Interviews Themen anzusprechen, die den Befragten fesseln (Kap. 2.3.3). So stellte Labov für die Erhebung von Erzählungen die Frage: ‚Waren Sie jemals in einer Situation, in der die Gefahr bestand, getötet zu werden?‘ In einer Unterrichtseinheit in einer 11. Klasse in Berlin hatten Schüler die Aufgabe, zur folgenden Deutschstunde informelle Daten zum Berlinischen zu erheben. Die Schüler kamen auf die Idee, an U-Bahn-Stationen Fahrgäste zu befragen. Ihre Frage lautete: ‚Der Fahrpreis soll demnächst verdoppelt werden. Was halten Sie davon?‘ In kürzester Zeit hatten die Schüler eine Reihe von ‚Interviews‘ im besten Berlinisch (vgl. Schlobinski/Blank 1989). Eine andere Möglichkeit, das Beobachterparadox zu reduzieren, besteht darin, als Interviewer die Lernerrolle einzunehmen und dem Befragten die Expertenrolle zuzuweisen. Techniken dieser Art sind geeignet, konkretes Sprechen in sozialen Kontexten zu dokumentieren, und sind speziell aus der Notwendigkeit entwickelt worden, möglichst natürliches und authentisches Sprachmaterial zu erheben.

Grundlegend für die Durchführung einer Untersuchung ist die Entscheidung, ob eine **Längsschnittstudie** oder eine **Querschnittstudie** vorgenommen werden soll. Bei einer Längsschnittuntersuchung werden Daten über einen längeren Zeitraum erhoben, wobei in festgelegten Zeitintervallen Daten erhoben werden. Dies wird häufig in Studien

zum Erst- und Zweitspracherwerb durchgeführt, aber auch in ethnographisch fundierten Untersuchungen. Über die Untersuchung entlang einer Zeitachse lassen sich dynamische Prozesse dokumentieren,
wie sie bei Lernervarietäten zu beobachten sind. In einer Untersuchung zum frühkindlichen Spracherwerb durch die Sprachwissen-
schaftlerin Rosemarie Rigol wurden Kinder ab dem siebten Monat
über Jahre hinweg 14tägig in der Interaktion mit ihren erwachsenen
Bezugspersonen aufgenommen, so daß von ersten Lautäußerungen
über Vokalisierungen die Ausbildung des Lautsystems und anderer
Strukturen dokumentiert werden konnte (Rigol o.J.). In Querschnitt-
untersuchungen werden Sprachdaten zu einem bestimmten Zeitpunkt
einmal erhoben. Dynamische Prozesse werden dadurch rekonstruier-
bar, daß im Falle des Merkmals Alter verschiedene Altersstufen berücksichtigt werden und aufgrund der zeitlichen Intervalldifferenzen
auf Wandelprozesse rückgeschlossen werden kann. So kann durch
eine synchrone Beschreibung eine diachrone Perspektive integriert
werden, wie sie sonst nur durch Längsschnittuntersuchungen erfaßt
werden kann.

2.1 Operationalisierung und Hypothesenbildung

Die Durchführung einer empirischen Untersuchung läßt sich in vier
aufeinanderfolgende Schritte gliedern, die den zeitlichen Ablauf und
internen logischen Aufbau einer Untersuchung widerspiegeln. Im ersten Schritt der Untersuchung werden die Ideen konzeptualisiert, die
allgemeinen und speziellen Ziele der Untersuchung festgelegt und der
Untersuchungsgegenstand definiert (Operationalisierung). Anschließend werden Hypothesen formuliert, die bei statistischen Untersuchungen getestet, d.h. durch die Untersuchung geprüft werden sollen.
Die präzise Formulierung der Hypothesen (und Gegenhypothesen) ist
für statistische Analysen von zentraler Bedeutung. Im zweiten Schritt
erfolgt die Planung und Durchführung der Datenerhebung. Zunächst
wird die Stichprobe (Art und Umfang) festgelegt, es werden ggf. Vor-
tests durchgeführt, Fragebögen in einem Vorlauf getestet usw. Es folgt
dann die eigentliche Erhebung. Im dritten Schritt wird das erhobene
Material verarbeitet und aufbereitet. Verbale Daten werden verschriftet, interessierende Gesprächspassagen werden ausgewählt, quantitative Daten werden in Form von Tabellen und Graphiken zusammengefaßt (deskriptive oder auch explorative Datenanalyse). Im letzten
Schritt steht die eigentliche Analyse der Daten und die Beantwortung
der Frage, welche Schlußfolgerungen aus dem Datenmaterial gezogen
werden können. Bei statistischen Verfahren werden die zuvor formulierten Hypothesen getestet. Die Ergebnisse der Untersuchung sind mit

den Ergebnissen anderer Untersuchungen zu vergleichen, und ggf. sind Prognosen und Modelle anhand der vorliegenden Untersuchung zu erstellen.

Im folgenden sollen die zuvor erwähnten vier Schritte einer Untersuchung am Beispiel einer Fragebogenerhebung zum Berliner Dialekt (statistische Untersuchung) exemplifiziert werden. Dabei werden die Grundbegriffe der Datenerhebung, wie sie insbesondere in statistischen Untersuchungen relevant sind, eingeführt.

2.2 Beispiel des Ablaufs einer Untersuchung und Grundbegriffe der Datenerhebung

In einer statistischen Untersuchung zu Spracheinstellungen sollte untersucht werden, welche Einstellungen Berliner gegenüber ihrem Dialekt haben. In diesem Fall ist es sinnvoll, die Personen einzeln zu befragen und nicht innerhalb einer Gruppe, da die Einstellung des Individuums interessiert. Soll indes z. B. der Sprechstil einer Person untersucht werden, dann wird es sinnvoll sein, sein Sprachverhalten in verschiedenen Interaktionen zu untersuchen und zu prüfen, ob es gruppenspezifische Stilausprägungen gibt.

Befragte Personen fungieren in statistischen Untersuchungen als **Merkmalsträger**, an denen einzelne **Merkmale** erfaßt werden. Im einzelnen sollte in der obigen Untersuchung geprüft werden, wie Berliner den Berliner Dialekt im Hinblick auf die sprachliche Norm, auf die emotive Komponente, auf Stereotype bewerten. Dabei sollte das Alter, das Geschlecht, der soziale Status u.a. berücksichtigt werden. Es sollte beispielsweise geprüft werden, ob ältere Berliner ihren Dialekt positiver bewerten als jüngere, was in testbaren Hypothesen formuliert wurde (hierzu s. im einzelnen Kap. 4.3).

Die Realisierungen der Merkmale bezeichnet man als **Merkmalsausprägungen**, die wie im Falle des Merkmals Geschlecht verschiedene Kategorien (männlich versus weiblich) annehmen können oder auch verschiedene Zahlen wie im Falle des Merkmals Alter.

Nach der Formulierung der Ziele und Festlegung der Merkmale wurde die Methode und der Umfang geplant. Aus Kostengründen fiel eine **Totalerhebung**, bei der die Gesamtheit aller Merkmalsträger (**Grundgesamtheit**) befragt wird, von vornherein weg. Statt dessen konnte nur ein Teil der Grundgesamtheit, eine **Stichprobe**, befragt werden. Ebenso konnte eine mündliche **Befragung**, die halbwegs repräsentativ ist, aus Kosten- und zeitlichen Gründen nicht realisiert werden; folglich wurde eine **Stichprobenerhebung** mittels **Fragebogen** durchgeführt. Die Stichprobe wurde nur in Berlin erhoben, da Berliner befragt werden sollten. Nach bestimmten Kriterien wie ‚in Berlin geboren' wurde vom Einwohnermeldeamt eine Stichprobe von 1200 Personen

gezogen, im Anschluß wurden die Fragebögen auf Basis der Adreß-
kartei verschickt. In der dritten Phase der Untersuchung wurden die
Fragebögen einer statistischen EDV-Analyse (mit Hilfe von SPSS) zugänglich gemacht, mit der zunächst die Vorkommenshäufigkeiten, die
absoluten Häufigkeiten, für jedes Merkmal ermittel wurden, ebenso wie
die relativen Anteile am Stichprobenumfang, also die **relativen Häufigkeiten**. Die relativen Häufigkeiten wurden tabellarisch oder in
Balkendiagrammen (Kap. 4.1) dargestellt. Zum Abschluß der Untersuchung wurden dann einzelne Hypothesen getestet, wie bspw. die
Hypothese, daß das Alter einen deutlichen Einfluß hat auf die Selbsteinschätzung, Berliner Dialekt zu sprechen. Die Tests einzelner Hypothesen werden in der Statistik als **Hypothesentests** bezeichnet. Die
Ergebnisse wurden abschließend in Zusammenhang gebracht mit den
Untersuchungen zum tatsächlichen Sprachgebrauch des Berliner Dia-
lekts, so daß ein umfassendes Profil der sprachlichen Verhältnisse in
Berlin gewonnen werden konnte (Schlobinski 1987).

2.2.1 Merkmale und Skalierungen

Wie wir gesehen haben, sind Merkmale Eigenschaften, die an Merk-
malsträgern beobachtet werden können. Merkmale, die bei einer Untersuchung erhoben werden, bezeichnet man auch als **Erhebungsmerkmale**. Die Erhebungsmerkmale werden nun nach der Art der Merkmalsausprägungen in **quantitative** und **qualitative Merkmale** klassifiziert. Ein quantitatives Merkmal wie z. B. Alter oder Einkommen
kann verschiedene Werte (Zahlen) annehmen. Ein qualitatives Merkmal hingegen kann verschiedene Kategorien annehmen, die geordnet
sein können oder nicht. Das Merkmal ,natürliches Geschlecht' hat
genau zwei sich gegenseitig ausschließende Ausprägungen – das
Problem der Androgynität beiseite gelassen. Ein Merkmal wie ,Frech-
heit' kann in Rangordnungen ,zerlegt' werden, so wie beim sog.
,semantischen Differential', nach dem Eigenschaften wie ,frech' in
,sehr frech – frech – wenig frech – nicht frech' geordnet werden
(Näheres hierzu unten). Für die Auswertung per EDV werden den
Merkmalsausprägungen qualitativer Daten Zahlen zugeordnet, so daß
formal ein qualitatives zu einem quantitativem Merkmal wird.
Umgekehrt werden quantitative Merkmale klassiert, d.h., es werden
Intervalle gebildet wie im Falle des Merkmals Alter z. B. die Gruppen
unter 20, 20-40, 40-60, 60-80 und über 80. In diesen Fällen spricht man
von **klassierten** oder auch **gruppierten Daten**. Neben der Differenzierung in qualitativ und quantitativ spielt das Kriterium der Häufbarkeit
eine Rolle. Das Merkmal Geschlecht ist **nicht häufbar**, da der Merkmalsträger nicht gleichzeitig männlich und weiblich sein kann.

Anders beim Merkmal Beruf. Eine Person kann in ihrem Leben mehr als zwei Berufe gelernt haben, so daß bei der Frage nach dem Beruf sichergestellt sein muß, ob der zur Zeit ausgeübte Beruf erfragt wird oder der/die erlernte/n. Bei solch **häufbaren Merkmalen** können **Mehrfachzählungen** bzw. **Mehrfachnennungen** auftreten, was beim Quantifizieren dazu führt, daß die Summe der Merkmalsausprägungen über 100% liegt. Man versucht daher möglichst Mehrfachzählungen zu vermeiden. In Untersuchungen zur Lexik findet man jedoch häufig Mehrfachzählungen, da beispielsweise ein Berliner Informant für das hochdeutsche Wort *Frikadelle* mehrere Dialektvarianten wie z.B. *Bulette* und *Schappipuffer* angeben kann.

Wenn die Merkmalsausprägungen eines Merkmalsträgers bestimmt werden, so bezeichnet man dies als messen, die so gemessenen Werte als **Meßwerte**. Für die unterschiedlichen Merkmale gelten nicht die gleichen Meßvorschriften. Ein quantitatives Merkmal wird mit einer kardinalen Metrik gemessen; diese metrische Skala heißt **Kardinalskala**. Qualitative Merkmale werden mit einer nominalen oder ordinalen Metrik gemessen; die Skalen heißen **Nominalskala** und **Ordinal-** bzw. **Rangskala**. Eine Nominalskala liegt dann vor, wenn lediglich die Gleichheit oder Ungleichheit der Ausprägung des untersuchten Merkmals festgestellt werden soll. Das Merkmal ‚Geschlecht' wird in zwei Klassen (Merkmalsausprägungen) aufgeteilt: männlich und weiblich. Eine Ordinalskala liegt dann vor, wenn für das gemessene Merkmal Ausprägungen nicht nur unterschieden werden können, sondern zusätzlich für die Ausprägungen eine Rangordnung festgelegt werden kann. Typisches Beispiel für eine Rangskala ist das **semantische Differential** (Osgood et al. 1957). Das semantische Differential besteht aus einer 5- bis 12punktigen Skala, deren Endpunkte durch semantisch bipolare Adjektive gekennzeichnet sind. Die Messung der Einstellung erfolgt dadurch, daß einzelne Personen ihr Urteil über ein sprachliches Objekt durch Ankreuzen auf der vorgegebenen Skala zum Ausdruck bringen. Dieses häufig verwendete und einfache Verfahren, bei dem Versuchspersonen ein Objekt auf einer mehrstufigen Skala einordnen sollen, nennt man **Rating**. Die Beurteilung, ob der Berliner Dialekt ‚schnoddrig' wirke, kann durch eine solche Rangskala gemessen werden. Die Merkmalsausprägungen sind beispielsweise für dieses Merkmal wie folgt festgelegt:

– äußerst schnoddrig
– sehr schnoddrig
– schnoddrig
– weniger schnoddrig
– nicht schnoddrig

Diese Art der Analyse findet sich häufig bei Sprachbewertungsuntersuchungen.

Eine Kardinalskala liegt dann vor, wenn nicht nur Ränge zwischen den Meßwerten bestehen, sondern auch die Abstände zwischen den Meßwerten berechnet werden können, wobei als Meßwerte Kardinalzahlen zugeordnet werden. Wie wir gesehen haben, können kardinale Daten auch klassiert werden, indem Intervalle gebildet werden. In diesem Fall spricht man von einer **Intervallskala**. Kommt zu der Intervallskala noch ein (natürlicher) Nullpunkt hinzu, so spricht man von einer **Verhältnisskala**. Die kardinale Metrik stellt die stärksten Forderungen an das Meßniveau, die nominale die geringsten, mit der Folge, daß viele statistische Auswertungsmethoden nur bei kardinaler Metrik möglich sind. Da die Metriken mit stärkeren Anforderungen die schwächeren enthalten, kann die kardinale und die ordinale ,abgewertet' werden, umgekehrt darf die ordinale und nominale Metrik nicht hochgestuft werden. Allerdings werden diskrete Merkmale, die viele Ausprägungen haben, häufig als stetiges Merkmal behandelt, man spricht in diesem Fall von einem quasi-stetigen Merkmal.

Messen setzt voraus, daß das, was gemessen wurde, auch das wiedergibt, was gemessen werden sollte. Es stellt sich die Frage, wie gültig (valide) die gemessenen Werte und die so erhaltenen Ergebnisse sind. Die sog. **Validität** einer Messung setzt die Zuverlässigkeit einer Messung voraus, setzt voraus, daß die Messungen genau und konstant durchgeführt wurden. Man spricht in diesem Fall von **Reliabilität**. Die Reliabilität ist u.a. durch einen **Re-Test** und **Parallel-Test** abzusichern. Bei einem Re-Test wird die Messung unter gleichen Bedingungen wiederholt, bei einem Parallel-Test wird die Messung mit äquivalenten Instrumenten wiederholt. Die Validität einer sprachwissenschaftlichen Untersuchung kann sehr häufig dann in Frage gestellt werden, wenn Sprachwissenschaftler Skalen oder Indizees entwickeln, ohne diese nach statistischen Standards zu überprüfen. Klassisches Beispiel sind Dialektindizees oder Maße zur syntaktischen Komplexität, bei denen nicht geprüft wird, ob die Indikatoren überhaupt das Untersuchungsmerkmal adäquat reflektieren und wie die zugeordneten Zahlenwerte zu interpretieren sind. Die sog. **Konstruktvalidität** (Kerlinger 1970: 12f.), die für die Forschung wesentlich ist, wird in sprachwissenschaftlichen Untersuchungen kaum überprüft. Doch auch bei etablierten Skalen ist die Validität nicht immer gegeben. Klassisches Beispiel sind Berufsskalen. Berufsskalen sind Ordinalskalen, bei denen Berufe entlang einer Achse ,sozialer Status/soziales Prestige' geordnet werden, z.B. Fabrikarbeiterin, Busfahrerin, Verkäuferin, Postbeamtin, Chefsekretärin, Ärztin, Nachrichtensprecherin, wobei die Abstände zwischen den Berufen auf der Skala identisch sind. In soziolinguistischen Untersuchungen werden Berufsskalen benutzt, um den sozialen Wert sprachlicher Merkmale zu testen (Labov 1966). Probanden werden Tonaufnahmen verschiedener Sprecher vorgespielt, die in die Skala eingeordnet werden müssen. Bei den Analysen werden dann den Berufen Zahlen zugeordnet, um statistische Auswertungen vornehmen zu können:

- Fabrikarbeiterin　　　　→　1
- Busfahrerin　　　　　　→　2
- Verkäuferin　　　　　　→　3
- Postbeamtin　　　　　　→　4
- Chefsekretärin　　　　　→　5
- Ärztin　　　　　　　　→　6
- Nachrichtensprecherin　→　7

Hinter der Konstruktion solcher Skalen verbirgt sich ein zentrales Problem: Den hierarchisch rangskalierten Berufen wird jeweils eine Einheit Prestige zugeordnet, d.h., Prestige wird wie eine physikalische Größe behandelt, ohne daß jedoch auf die Bedingungen für die Meßbarkeit eingegangen wird. Man stelle sich vor, man würde die Berufskategorien in unterschiedlichen Abständen notieren; dies würde sicherlich zu anderen Bewertungen durch die Probanden führen. Und ebenso könnte man die Zahlen in unterschiedlichen Intervallen zuordnen, was zu anderen, unterschiedlichen Ergebnissen führen würde. Eine Ordinalskala, so hatten wir gesagt, ist nicht definiert in bezug auf die Abstände zwischen den Meßwerten. Die Frage ist, ob soziales Prestige durch diese Art der Skala überhaupt erfaßt werden kann, oder ob nicht vielmehr ein auf ein ‚physikalisches Maß zurechtgestutztes' Prestige gemessen wird, das mit dem Merkmal in der sozialen Realität nichts oder zumindest wenig zu tun hat.

2.2.2 Sampling

Es gibt verschiedene Typen statistischer Erhebungen, die nach der Art der Ermittlung unterschieden werden können. Eine **Befragung** erfolgt per Fragebogen oder durch ein Interview. Eine **Beobachtung** liegt vor bei ethnographisch fundierten Untersuchungen oder bei der Messung der Wartezeit von Studenten bei Sprechstunden von Professoren. Ein **Experiment** ist eine Untersuchung in einer Art Laborsituation, in der viele Parameter kontrolliert werden können. Für die Durchführung von Teilerhebungen stellt sich generell die Frage, wie die Auswahl zu planen ist. Hierfür gibt es verschiedene **Stichprobentechniken** und eine **Stichprobentheorie**. Die bekanntesten Stichprobentechniken sind die der **Zufallsstichprobe** und der **Quotenauswahl** (geschichtetes Sample).

Bei der Zufallsstichprobe wird aus der Grundgesamtheit nach dem Zufallsprinzip eine Stichprobe gezogen. Bei der Quotenauswahl wird das Sample nach bestimmten Merkmalsausprägungen gewählt, z. B. so, daß die Merkmalsausprägungen in der Stichprobe genau so verteilt sind wie in der Grundgesamtheit. So wählt das Institut für Demoskopie Allensbach seine Quoten nach der Bevölkerung über 16 Jahre, z.B. Männer 47% und Frauen 53%. Der Umfang einer repräsentativen Untersuchung liegt auf der Basis einer großen Grundgesamtheit bei n ≥ 1000, wobei es bei Zufallsstichproben spezifische Verfahren gibt, Stichprobengrößen zu berechnen. **Repräsentativität** heißt, daß das Zurückschließen (Induktionsschluß) auf die Grundgesamtheit zulässig ist und die Stichprobe die Grundgesamtheit widerspiegelt (vgl. auch Abb. 2-1).

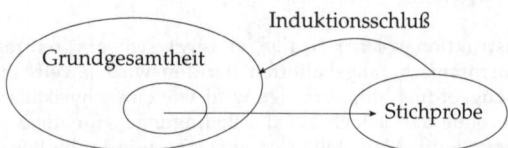

Abb. 2-1: *Induktionsschluß von der Stichprobe auf die Grundgesamtheit*

Bei der Beurteilung der Stichprobe sind zwei Gütekriterien zu beachten, nämlich der **Auswahlbias** (systematischer Fehler oder kurz: Bias) und der **Auswahlfehler** (Zufallsfehler). Der Auswahlfehler liegt dann vor, wenn die Präzision der Stichprobe mangelhaft ist. Je kleiner die Stichprobe, desto wahrscheinlicher und größer ist der Auswahlfehler. Unter Bias versteht man die „systematische Abweichung einer Statistik vom Parameter" (Knieper 1993: 60). Ein Bias liegt dann vor, wenn die Stichprobe nach anderen Parametern gezogen wird, als sie in der Grundgesamtheit vorkommen. Die Stichprobe ist dann ‚verzerrt' bzw. ‚verfälscht'. Will man eine Studie zum Dialektgebrauch in München durchführen, so werden die Ergebnisse in bezug auf Allgemeingültigkeit dann stark verzerrt, wenn man bspw. nur über 80jährige Frauen befragt.

Eine andere Methodik, eine Stichprobe zu erhalten, ist mit Hilfe des sog. **Schneeballprinzips** möglich, wie es von Milroy (1980) angewand wurde. Milroy interessierte sich für das Sprachverhalten in sozialen Netzwerken und versuchte deshalb in soziale Netzwerke einzudringen, indem sie einen Ausgangspunkt wählte (*principle of anchorage*) und von diesem ausgehend über Empfehlungen (*principle of friends of a friend*) einen Informanten nach dem anderen interviewte (vgl. Milroy 1980: 46-47 sowie 1987: 18f.).

Sieht man sich sprachwissenschaftliche Untersuchungen an, die Aussagen über die Sprache S, den Dialekt D o.ä. machen, so wird man feststellen, daß in den allerwenigsten Fällen eine repräsentative Datenbasis gegeben ist. Man kann getrost behaupten, daß in fast allen sprachwissenschaftlichen Untersuchungen aufgrund einer zu kleinen Datenmenge unzureichend verallgemeinert wird. Dies hängt allerdings damit zusammen, daß die Erhebung verbaler Daten extrem zeit- und geldaufwendig ist, und beides steht Sprachwissenschaftlern nur in geringem Maße zur Verfügung. Andererseits: Gegenüber Aussagen, die allein auf der Grundlage der **Introspektion** gewonnen wurden und somit eine Einerstichprobe darstellen, ist jede auch noch so schmale Datenbasis ein Gewinn. Auf der anderen Seite sollte man generell vorsichtig sein, wenn aufgrund weniger Belege Aussagen über Sprachen oder gar Sprachfamilien getroffen werden, die von Hunderten, Tausenden oder gar Hunderttausenden gesprochen werden. Davis (1990) zieht folgende praktische Konsequenzen aus dem Dilemma fehlender Repräsentativität bei der Erhebung verbaler Daten: „What we are left with, then, is the fact that classic random sampling is, for all practical purposes, not really feasible for us; instead, our efforts should be spent in eliminating destructive bias, such as that involved in not sampling the speech of women who work only at home in a study of female linguistics behavior" (Davis 1990: 11).

Wenn man eine Erhebung plant, ist es in der Regel sinnvoll, eine kleine Voruntersuchung, einen **Pretest**, durchzuführen. So lassen sich Fehler bei Frageformulierungen oder selbst entwickelten Skalen auffinden, die für die eigentliche Erhebung beseitigt werden können.

Während in gut organisierten Gesellschaften es relativ einfach ist, Sprachdaten zu erheben, stellt sich das Sampling in ‚primitiven‘ Kulturen als schwierig dar. Dies zeigen deutlich Untersuchungen zu Indianersprachen und Aboriginee-Sprachen in Australien. In Australien mit seinen zahlreichen Ureinwohnersprachen ist es zunächst von seiten des Staates nicht erlaubt, in die Gebiete der Ureinwohner einzudringen. Doch auch mit Erlaubnis ist der Zugang zu fremden Kulturen schwierig, wenn mit der Außenperspektive des Fremden in die Kulturen eingedrungen wird. Welche Schwierigkeiten sich bei der Feldforschung ergeben können, findet sich anekdotisch in einem äußerst lesenswerten Buch von Dixon (1984), der zahlreiche Arbeiten zum Dyirbal verfaßt hat. Auf der Suche nach Informanten zum Dyirbal berichtet Dixon folgende Story:

«Then the old military gentleman cupped his hands to his mouth, put them three inches from Tommy's ear, and bellowed, "He wants your language."

"Oh, yes," said Tommy, "that good language. Jirrbal. They speak him all way back to Ravenshoe. All way down to Tully that language."

"Would you mind if I asked you some?" I enquired.

"Do you know any language?" my translator shouted.

"No more," replied Tommy, "my brother, he's the one knows all that language. He know all words for animal, and bird. They never learn me all that. My brother the one all right."

"Where could I find your brother then?" brought no response.

Again, Tommy's neighbour come to my aid, whipping out each word like a cannon shot. "Where. Is. Your. Brother?"

"Oh, my brother," said Tommy – appearing surprised that we didn't already know – "He dead. He died ten years ago."» (Dixon 1984: 47-48)

Man muß allerdings nicht zu australischen Eingeborenensprachen Forschungen durchführen, um interessante und aufregende Erfahrungen ‚im Feld' zu machen. Eine Studentin von mir untersuchte im Rahmen einer Magisterarbeit den Gebrauch des Deutschen in Sao José do Hortêncio (Rio Grande do Sul, Südbrasilien). Sie lebte einige Wochen am Ort und führte eine Vielzahl von Interviews durch. Daß es dabei eine Menge zu erleben gibt und daß Magisterarbeiten durchaus Freude machen können, belegt der folgende Ausschnitt aus einem Erfahrungsbericht (Sambaquy-Wallner 1995).

Im Rathaus wurden wir (d. Verf. und ihr Ehemann, P.S.) auch auf Deutsch empfangen. Mit Ausnahme einer Frau, die, wie sich später herausstellte, nicht dort geboren war, sprachen alle Deutsch, auch diejenigen, die im Rathaus etwas erledigen wollten.

Meine Hypothese, daß die deutsche Sprache im öffentlichen Leben kaum noch verwendet werden würde, wurde damit bereits widerlegt.

Obwohl die Menschen dort einerseits sehr ‚deutsch' waren, glaubten wir uns dennoch in Brasilien. Vom Bürgermeister wurden wir ganz zwanglos empfangen. Ich berichtete ausführlich von meiner Arbeit und bekam nach einem längeren Gespräch die Zusage, daß er sich um eine Unterkunft für mich kümmern würde. In Sao José do Hortêncio gab es weder Hotels noch Pensionen. Als ich eine Woche später wieder dort ankam, stellte ich jedoch fest, daß nichts vorbereitet war.

Es war schon fünf Uhr abends, als der Bürgermeister und alle anderen, die im Rathaus arbeiteten, anfingen, eine Unterkunft für mich zu suchen. Sie versuchten möglichst etwas im Zentrum und in guter Gesellschaft zu finden. Das war jedoch gar nicht so leicht. Von vielen Familien hörte ich Absagen. Mein erster Eindruck von Freundlichkeit und Hilfsbereitschaft war fast zerstört, als sich Frau Celina bereiterklärte, mich vorläufig aufzunehmen. Unsere erste Begegnung war sehr formell und mir fiel auf, daß sie nervös war. Sie gab mir ein schönes, kleines Zimmer in ihrem Haus. Erst am nächsten Tag erfuhr ich den Grund des ungewöhnlichen Benehmens der Bewohner Sao Josés und auch meiner Gastgeberin. Sie hatten nämlich große Angst, ihre Häuser würden nicht gut genug sein für die ‚Frau aus Deutschland', so nannten sie mich.

Es war nicht schwer, mich Celinas unkomplizierter Lebensweise anzupassen. Jeden Morgen um sieben Uhr, noch vor dem Frühstück, tranken wir *Chimarrao* ‚Mate-Tee', und schnell wurden wir gute Freundinnen. Meine zunächst nur ‚vorläufige' Gastgeberin ließ mich schließlich nicht mehr gehen. Als ich erwähnte, eine Miete bezahlen zu wollen, war sie beleidigt und sagte, es wäre eine Ehre für sie, mich bei ihr aufnehmen zu dürfen. So blieb mir nur die Möglichkeit, mich durch Geschenke erkenntlich zu zeigen.

Celina war für meine Feldforschung enorm wichtig, da sie alle Dorfbewohner kannte und mich mit den meisten Informanten bekannt machte, so daß ich möglichst ungezwungene Gespräche führen konnte. Als ältere Dame hatte sie viel Zeit, also übernahm sie die Rolle einer Assistentin und man könnte fast sagen auch die Rolle einer Mutter. Sie begleitete mich bei jedem Besuch und fragte mich ständig, ob ich schon etwas gegessen hätte oder ob mit meiner Gesundheit alles bestens wäre. Glücklicherweise war Celina evangelisch und so wurde die von allen verneinte, aber dennoch existierende Barriere zwischen den Konfessionen aufgebrochen. Als Katholikin wurde ich deshalb von beiden Seiten herzlich aufgenommen.

Mittags aß ich in einem Restaurant, in dem auch die Arbeiter der Schuhfabrik und der Gerberei ihre Mittagspause machten. Um als Vegetarierin Schwierigkeiten aus dem Weg zu gehen und weil ich die Vorliebe der Brasilianer für Fleisch gut kenne, sagte ich gleich, daß ich außer Fisch- und Hühnerfleisch kein anderes Fleisch essen würde. Aber auch dies war ein Fehler. Ab jenem Moment bekam ich nicht nur im Restaurant, sondern überall, wo ich eingeladen war, Hühnerfleisch zu essen. Es war auch immer sehr schwer, den Gastgebern erklären zu müssen, daß ich normalerweise nur sehr wenig Fleisch äße, ohne den Eindruck zu erwecken, es würde mir nicht schmecken.

In Sao José ist es auch im Winter immer sehr feucht und warm (zwischen 30° C und 40° C). Als Brasilianerin bin ich es zwar gewöhnt, in diesem Klima zu leben, jedoch machten mir Moskitos und andere Insekten sehr zu schaffen. Oft fühlte ich mich unwohl und mußte mich dann für einige Minuten hinlegen. Celina verstand nicht, wie man solch große ‚Knoten' auf der Haut von so kleinen, ‚harmlosen' Insekten bekommen konnte.

Mein erstes Interview lief nicht so ab, wie ich es mir vorgestellt hatte. Im Rathaus gab es viele Nebengeräusche und der Interviewte sprach so viel, daß ich nach einem neunzigminütigen Gespräch noch nicht mit meinen Fragen fertig war. Der Herr hatte so viel zu erzählen und war so motiviert, daß ich kaum zum Fragen kam. Trotzdem war diese Erfahrung positiv. Ich veränderte den Aufbau des Interviews dahingehend, daß ich das freie Gespräch an das Ende legte. So hatte ich immer Zeit für all meine Fragen.

Fast alle Befragten waren sehr gesprächig, wenn auch manchmal in der Anfangssituation etwas nervös und sie betrachteten das Interview als ein Gespräch unter Freunden. Nach jedem Interview wollten die Befragten fotografiert werden. Sie gingen dann schnell ins Schlafzimmer, wechselten die Kleider (meistens Sonntagskleider) und kämmten sich die Haare.

Die Leute hielten mich auf der Straße an und baten mich, sie auch zu interviewen. Oft mußte ich erklären, daß es unmöglich sei, alle Bewohner Sao Josés zu interviewen. Das Interview mit der ‚Frau von Deutschland' wurde fast zum Statussymbol.

Schwierigkeiten traten oft bei Kindern auf, weil sie mich als besonders ‚wichtige' und wahrscheinlich viel ‚strengere' Person als die Lehrer empfanden. Sie verstummten, sobald ich ihnen mit Aufnahmegerät, Mikrophon und ‚vielen' Papieren Fragen stellte. Bei den Kindern mußte ich meine ganze Strategie ändern. Ich mußte zuerst eine gute Freundin werden und sie dazu bringen, das Interview als ein Spiel zu betrachten. Erst dann waren auch sie bereit zu sprechen.

Ich war wahrscheinlich das größte Ereignis seit langem in der Stadt. Deshalb wurde ich auch zu wichtigen Anlässen, wie zu Festessen und Einweihungen zusammen mit dem Bürgermeister und den Stadträten eingeladen.

2.3 Feldtechniken

> If you have just settled down to analysis or to a drill with the
> tape recorder and someone comes with vegetables for sale, don't
> resent the interruption, but seize the opportunity to talk and per-
> haps to make a new friend. Be happy to ‚waste' time talking
> with people; such time is never wasted.
> Alan Healey, *Language Learner's Field Guide*, S. 27

Für die Erhebung von Daten stehen verschiedene Techniken zur Verfügung, die nach Untersuchungsgegenstand und -ziel ausgewählt werden müssen. Es ist ein Unterschied, ob man eine unbekannte Sprache
dokumentieren oder eine lexikostatistische Untersuchung in der Süd-
deutschen Zeitung durchführen will. Grundsätzlich stellt sich das
Problem, was zu beachten ist, wenn man Sprache(n) untersucht, und
wie man sprachliche Belege erhält. Unausgesprochen ist für viele
Sprachwissenschaftler ein sprachlicher Beleg zunächst das, was man in
einer Grammatik findet oder was man selbst im Kopf hat. Man muß
aber nicht Arno Schmidt lesen oder einen Vortrag von Jürgen Habermas hören, um zu merken, daß sich die sprachliche Realität wesentlich komplexer darstellt. Es gibt eine Vielzahl von Texten und Diskursen mit sehr unterschiedlichen Strukturen. Zunächst ist darauf zu
achten, daß Belege der geschriebenen und gesprochenen Sprache nicht
gleichgesetzt werden. Für viele ist Sprache gleich geschriebene Sprache,
was aufgrund der starken Prägung durch die Schriftkultur motiviert ist
und dadurch, daß gesprochene Sprache als defizitär zur geschriebenen
gesehen wird. So wird man in Grammatiken von Sprachen, für die es
ein kodifiziertes Schriftsystem gibt, selten Belege aus der gesprochenen
Sprache finden, was eigentlich verwunderlich ist, denn primär sprechen wir und dies viel mehr als wir lesen oder schreiben. Diese schrift-
geprägte Voreinstellung findet sich in zahlreichen Untersuchungen,
die für sich in Anspruch nehmen, Sprechweisen zu untersuchen.
Folge ist eine falsche Methodik, die dem Untersuchungsgegenstand
nicht gerecht wird. Klassisches Beispiel hierfür ist die Untersuchung
von Henne (1986) zur Jugendsprache. Henne versteht unter Jugendsprache ein „spielerisches Sekundärgefüge", das spezifische „Sprechformen favorisiert" (Henne 1986: 208). Die ‚favorisierten Sprechformen' erhebt Henne in einer Fragebogenerhebung mit Fragen wie
„Kennst Du Klangwörter (z. B. *peng, ächz, lechz*, usw.)?". Der Fragebogen ist in diesem Fall jedoch ungeeignet, Sprechformen zu dokumentieren (vgl. Brandmeyer/Wüller 1989: 149). Fragen nach dem
Sprachwissen geben noch keine Auskunft darüber, wie Jugendliche
wirklich sprechen. Für Untersuchungen zur gesprochenen Sprache ist
es sinnvoll, Tonaufnahmen zu erheben, und je nach Fragestellungen
in bestimmten Kontexten. Im Falle der Untersuchung von Sprechformen von Jugendlichen stellt sich das bereits erwähnte Beobachter

paradox besonders scharf: Man will möglichst natürliches Sprachmaterial erhalten, das dokumentiert, wie Jugendliche im Alltag sprechen, wird als Interviewer es aber nicht erreichen, in natürlichen Situationen per Tonband zu erheben. Um möglichst natürliches Sprachmaterial erheben zu können, darf man nicht als Fremder die Natürlichkeitsbedingungen der Situation stören, die Tatsache, daß aufgenommen wird, tut ein Übriges.

Tonaufnahmen zu erheben – dies hört sich einfach an, stellt sich in der Praxis als recht schwierig dar. Selbst die anscheinend einfachsten Dinge können schief gehen, z. B., daß man den Aufnahmeknopf vergißt zu betätigen. Folgende Faktoren und Fragen sind im Vorfeld zu beachten, um nicht eine Tonaufnahme zu erhalten, die für eine spätere Analyse unbrauchbar ist :

1. Welche Rolle nimmt der Forscher selbst bei der Tonaufnahme ein (z. B. Interviewer versus teilnehmender Beobachter)?
2. Wie sind die örtlichen Rahmenbedingungen (z. B. geschlossener Raum versus Aufnahme im Freien).
3. Konstellation der Aufnahmegruppe (z.B. wieviel Personen werden aufgenommen?).

Technische Aspekte sollten von vornherein geklärt werden. Bei Studierenden, die zum erstenmal Tonaufnahmen durchführen, kann man immer wieder feststellen, wie schwierig es ist, die Geräte zu bedienen, das Mikrophon optimal auszurichten usw. Hinweise zur Benutzung von Aufnahmegeräten geben Samarin (1967: 88-102) und Healey (1989). Ungeübte Interviewer bestätigen in der Regel konstant den Gesprächspartner durch *ähm* oder *ja*, was bei der Verschriftung äußerst lästig ist, anstelle mit dem Kopf zu nicken. Nebengeräusche, z.B. durch ein offenes Fenster, überlagern die Tonaufnahme, bei Gruppenaufnahmen können durch den Einsatz eines einzigen Mikrophons Sprecher später nicht mehr identifiziert werden usw. Probeaufnahmen sind von daher immer sinnvoll.

2.3.1 Experiment und Test

Das Experiment ist die präziseste Methode, Antworten auf eine Frage zu erhalten. Experimentieren ist die zentrale Forschungsstrategie in den Naturwissenschaften, wobei theoretische Überlegungen durch das Experiment bestätigt werden sollen und das Experimentieren wiederum zu neuen theoretischen Annahmen führt. Das Miteinander von Empirie und Theorie hat in den Naturwissenschaften Tradition, man denke an die Entwicklung der Spektralanalyse durch den Empiriker Robert Bunsen und den Theoretiker Gustav Kirchhoff. Dies ist in den Sprachwissenschaften anders, was auch damit zu tun hat, daß das

Experiment im Vergleich zu anderen Methoden in den Sprachwissen-
schaften nur eine untergeordnete Rolle einnimmt. Das Experiment ist ein Verfahren, unter exakt kontrollierten Bedingungen den Faktor zu finden, der ein Phänomen bewirkt. In der
Statistik spricht man davon, daß der Einfluß einer Variablen auf eine
andere festgestellt werden kann. Dieser Zusammenhang zwischen
Variablen kann durch statistische Tests ermittelt werden. Die Messung
setzt allerdings voraus, daß 1. die Variablen exakt und eindeutig definiert sind und 2. Störvariablen ausgeschaltet sind. Ein Experiment hat
genau diese beiden Bedingungen zu erfüllen. Wenn wir z. B. die natürliche radioaktive Strahlung der Erde messen wollen, so werden wir
die Messung nicht in Tschernobyl durchführen. Während in den
Naturwissenschaften hohe Standards in bezug auf die Kontrolle expe-
rimenteller Bedingungen gelten, ist dies in den Sprachwissenschaften
anders, nicht zuletzt deshalb, weil in den wenigsten Fällen monokau-
sale Zusammenhänge zwischen zwei Variablen bestehen. Neben der
Kausalitätsanalyse und der Kontrolle der Bedingungen als Ausgangspunkt eines Experimentes, sollen Experimente wiederholbar sein. In
Wiederholungen müssen immer wieder die gleichen Ergebnisse erzielt werden. In sprachwissenschaftlichen Untersuchungen sind prinzipiell zwei Typen von Experimenten zu unterscheiden: das **Feldexperiment** oder auch **natürliches Experiment** und das **Laborexperiment** oder
auch **kontrolliertes Experiment**. Während im Laborexperiment in
einem geschlossenen Raum alle Versuchsbedingungen kontrolliert
werden sollen, ist das Feldexperiment „a research study in a realistic
situation in which one or more independent variables are mani-
pulated by the experimenter under as carefully controlled conditions as
the situation will permit" (Kerlinger 1970: 382). Entscheidend und
widersprüchlich ist, daß die Situation einerseits möglichst realistisch
und natürlich, andererseits so stark als möglich kontrolliert sein soll.
Ein Dilemma, das ich bei meiner ersten soziolinguistischen Untersuchung im Rahmen eines Proseminars erfahren sollte. Ich wollte der
Frage nachgehen, ob bei der Kodierung von Raumkonzepten schicht-
spezifische Unterschiede bestehen. Die Hypothese war, daß Unter-
schichtssprecher Wegzusammenhänge eher konkret, Mittelschichtssprecher eher abstrakt kodieren. Um dies zu überprüfen, mußten
Wegzusammenhänge in einer standardisierten Situation erhoben
werden, wobei die Variable ‚Schicht' kontrolliert sein mußte. Da die
Datenerhebung relativ rasch durchgeführt werden mußte, erhob ich
Daten vor der Firma Siemens in Berlin-Spandau. In dem Gebäude be-
fanden sich zwei Eingänge, ein Eingang für Angestellte und einer für
Arbeiter. So fragte ich verschiedene Personen per Kassettenrekorder
nach einem Zielpunkt, notierte mir Alter (geschätzt), Geschlecht und
nach dem Verlassen aus dem jeweiligen Ausgang Angestellter bzw.

Arbeiter. Auch wenn sich bei der Analyse herausstellte, daß eine leichte Tendenz bestand, daß Arbeiter eher auf konkrete Objekte wie Kirche, Siemensgebäude usw. referierten als Angestellte, war doch die Kontrolle in bezug auf den Beruf äußerst fragwürdig. Ob die Trennung nach Eingang tatsächlich so strikt befolgt wurde, ist mehr als fraglich. Zumindest ist die Kontrolle der Variablen äußerst unzureichend, insbesondere dann, wenn sie als Variable für die abhängige sprachliche Variable hypothetisch angenommen wird. Zudem reichten die erhobenen Daten nicht aus, den Einfluß der Variablen Alter und Geschlecht zu prüfen bzw. auszuschließen (und außerdem fehlten mir die Kenntnisse, dieses zu tun). Die Erhebungssituation war zwar realistisch und die zu erhebenden Variablen konnten durchaus elizitiert werden, aber die Kontrolle der bedeutsamen Variablen war unzureichend.

Ein höheres Maß an Kontrolle ist im Laborexperiment gegeben. Zugunsten dieses Faktors stellen sich jedoch zwei Nachteile ein. Zum einen wird die Erhebungssitution so künstlich, daß nur formelle Sprachdaten erhoben werden können, die mit natürlichen Sprechsituationen wenig zu tun haben. Zum anderen wird die sprachliche Komplexität stark reduziert, so daß mögliche bedeutsame Variablen ausgeschlossen werden. Sehen wir uns hierzu ein Beispiel aus der Zweitspracherwerbsforschung psycholinguistischer Prägung an. In einer Längsschnittstudie zur Modalität im ungesteuerten Zweitspracherwerb wurden u.a. strukturierte Aufgaben in einem Videolabor durchgeführt. Polnische Lerner erhielten unter den gleichen Laborbedingungen in unterschiedlichen Abständen verschiedene Aufgaben, durch die auf der Folie des Diskurstyps ,Instruktion' systematisch Ausdrücke für Modalstrukturen elizitiert werden konnten. Die einzelnen Experimente sind so gestaltet, daß die polnischen Informanten einem Versuchsleiter Instruktionen entlang eines teleologischen Handlungsmodells für konkrete Handlungen zu geben haben. Einige Teilexperimente (von insgesamt zehn) im einzelnen (vgl. Dittmar et al. 1990: 132f.):

1. Das **Aschenbecherexperiment**. Dem Informanten wird stumm eine Szene vorgespielt. Eine Person betritt ein ,Cafe', stellt seine Tasche hin, hängt die Jacke auf, liest Zeitung und entwendet schließlich einen Aschenbecher vom Tisch. Die Versuchsperson hat die Aufgabe, einen zweiten Versuchsleiter so zu instruieren, daß dieser die Szene nachspielen kann.

2. Das **Kaffeemaschinenexperiment**. Teilnehmer: Zwei Versuchsleiter und ein Informant. Die Personen sitzen an einem Tisch, auf dem sich eine Espressomaschine befindet. Ein Versuchsleiter gibt der Versuchsperson die Gebrauchsanweisung der Maschine in seiner Muttersprache, die der Informant auf Deutsch einem zweiten Versuchsleiter wiederzugeben hat.

3. Das **Postpaketexperiment**. Auf dem Tisch liegen ein Postpaket, wie man es auf der Post zu kaufen bekommt, ein Pullover, Schal oder ein Buch. Die Versuchsperson hat die Aufgabe, dem Versuchsleiter zu erklären, wie das Paket fertig zu machen ist, so daß ein Versand nach Polen möglich ist.

4. **Spielexperimente**. Die Versuchspersonen erhalten die Aufgabe, ein Spiel (Mensch ärgere dich nicht, Malefiz, Kartenspiel) bzw. die Spielregeln einem Versuchsleiter auf Deutsch zu erklären.

In den einzelnen Experimenten ist die Kontrolle der Erhebungssituation hoch. Aber auch hier ist darauf zu achten, daß die Versuchsleiter sich immer gleich verhalten und die Versuchsperson nicht in irgendeiner Weise beeinflussen. Durch die Videoaufnahme kann das Verhalten der Beteiligten exakt rekonstruiert und kontrolliert werden. Nachteil eines solchen Experimentes besteht darin, daß die erhobenen Daten wenig natürlich sind und es vielleicht einzelne Personen gibt, die im Experiment relativ schlecht abschneiden, aber trotzdem in alltäglichen Situationen ein umfangreicheres Modalitätsregister ziehen können.

Ein **Test** ist zum einen eine bestimmte Forschungsmethode, um klar definierten Fragen nachzugehen, zum anderen ein statistisches Mittel, um Hypothesen zu überprüfen (s. Kap. 4.3). Als Methode, um bestimmte Untersuchungen durchzuführen, gibt es eine Reihe von Testverfahren in der Forschung und in der angewandten Linguistik. Tests aus der angewandten Sprachwissenschaft sind uns aus dem schulischen und universitären Fremdsprachenunterricht bekannt. Es geht darum zu testen, inwieweit Lerner eine Sprache beherrschen. Dabei werden verschiedene sprachliche Ebenen hinsichtlich verschiedener Fertigkeiten überprüft (vgl. auch Allen/Davis 1977: 79f.). Aus teilweise leidvoller Erfahrung wissen wir, wie einzelne Tests aufgebaut sind:

Frage-Antwort-Test: Spezielle Fragen müssen beantwortet werden. Beispiel: *Hast du Lust zu arbeiten? – Nein, ich geh jetzt lieber schwimmen*;

Lückentest: Lexeme oder grammatische Formen müssen in sprachliche Kontexte inseriert werden; Beispiel: *I ... television and ... a play by Shakespeare. → I watch television and see a play by Shakespeare*;

Bildbeschreibungstest: Eine Geschichte, die durch comicartige Bilder dargestellt wird, soll beschrieben werden;

Transformationstest: Ein Satz wird vorgegeben und soll hinsichtlich eines bestimmten Inputs verändert werden. Beispiel: *Peter came here yesterday (I, tomorrow) → I will/shall come here tomorrow*;

Fehlererkennungstest: *The full moon shined into my window → The full moon shone into my window*;

Konnektivitätstest: Eine beliebige Reihe von Wörtern soll in grammatisch korrekter Weise geordnet werden. Beispiel: *I, him, gave yesterday book a → Yesterday I gave him a book.*

Tests dieser Art müssen für den Lerner verständlich und seinem Lernstand angemessen sein, für den Lehrer ist eine einfache praktische Handhabung wichtig. Gegenüber dem Experiment ist die Kontrolle der Versuchsbedingungen geringer, was im schulischen Kontext durch Spickzettel und (un)auffälliges Schielen hinreichend dokumentiert ist. Den oben erwähnten Tests liegen Prinzipien zugrunde, die allgemein zur Beurteilung von Sätzen/Äußerungen in bezug auf Grammatikalität und Akzeptabilität zugrunde gelegt werden, das Prinzip der Syntagmatik und das der Paradigmatik. Durch Proben auf der syntagmatischen Ebenen werden im weitesten Sinne **Konkordanzproben** vorgenommen, also Proben, in denen die Kombinierbarkeit eines Elementes mit anderen geprüft wird. Auf der paradigmatischen Ebene werden **Ersetzungsproben** vorgenommen. Hieraus leitet sich eine Reihe von praktischen Tests zur Beurteilung grammatischer Strukturen ab:

Ersetzungsprobe:
Peter geht.
Der Mann geht.
Die Uhr geht.

Verschiebeprobe:
Peter und Michael müssen noch arbeiten.
Arbeiten müssen Peter und Michael noch.
Noch müssen Peter und Michael arbeiten.

Fragetest:
Wer arbeitet? Peter und Michael.

Pronominalisierungstest:
Sie arbeiten.

(Phrasen)koordinationstest:
Peter arbeitet. Michael arbeitet. Peter und Michael arbeiten.

Kontextsubstitutionstest, bei dem ein sprachliches Element E in verschiedene sprachliche oder auch nicht-sprachliche Kontext eingesetzt wird:
Er ißt den Käse. Er ißt den ganzen Tag.
Er ißt von dem Käse. – ??Er ißt von dem ganzen Tag.

Der Kontextsubstitutionstest ist bei der Beschreibung fremder Sprachen von zentraler Bedeutung; hierzu eine nette und anschauliche Anekdote von Dell Hymes. „Zu meinen eindringlichsten Erinnerungen gehören die langen Nächte, in denen ich im Sommer 1956 im Rainbow Café am Rande des Warm-spring-Reservats in Oregon Bier trank und mir das Gehirn damit zermarterte, mir Äußerungskontexte vorzustellen und sie Philip Kahclamet mitzuteilen, damit er entscheiden konnte, ob ein bestimmtes Verb ins Futur gesetzt werden konnte. (...) Um seine Fähigkeiten als kenntnisreichster und bester Sprecher unter Beweis zu stellen und die Akzeptabilität oder Nicht-Akzeptabilität der Hervorbringung solcher Formen zu beurteilen, mußte er Gewißheit über den jeweiligen Äußerungskontext haben. Nur wenn kein Zweifel

über den Kontext bestand, fuhr er mit der Beschreibung fort" (Hymes
1979a: 144).

Einen hohen Stellenwert haben sog. Reaktionstests auf sprachliche
Stimuli in der Spracheinstellungsforschung. Bei diesen Tests geht es
um die subjektive Reaktion von Sprechern auf sprachliche Proben.
Eine Pionierstudie im Testdesign wurde von Lambert et al. (1960)
durchgeführt; der von ihnen entwickelte **Matched-guise-Test** wurde in
zahlreichen Untersuchungen angewandt. Im folgenden soll dieser Test
mit der ‚Doppelrollentechnik' (*matched guise technique*) dargestellt
werden. Bei diesem Einstellungstest ging es um die Bewertung des
Französischen/Englischen in Quebec. Es wurde eine zweieinhalb-
minütige Textpassage französischer Prosa ins Englische übersetzt, von
Sprechern auf Englisch und Französisch gelesen und auf Tonband aufgenommen. Die Sprachproben waren von sechs bilingualen Sprechern
(Englisch/Französisch) erstellt, von denen vier die Textpassage sowohl
auf Englisch und Französisch lasen, die anderen zwei Sprecher lasen
den Text auf Französisch bzw. Englisch. Die so erstellten Sprachproben
wurden Versuchspersonen aus Quebec zur Bewertung vorgespielt. Die
Versuchspersonen bestanden aus zwei Gruppen, davon die eine aus 64
englischsprachigen Studierenden mit einem Durchschnittsalter von 18
Jahren, die andere aus 66 französischsprachigen Studierenden mit gleichem Durchschnittsalter. Den Versuchspersonen wurde die Textpassage zunächst zu lesen gegeben, anschließend wurden sie gebeten, die
im Abstand von 90 Sekunden vorgespielten Sprachproben an Hand
einer 6punktigen Skala zu bewerten. Auf der ordinalen Skala waren
die Eigenschaften ‚height, good looks, leadership, sense of humour,
intelligence, religiousness, selfconfidence, dependability, character,
entertainingness, kindness, ambition, sociability, likability' semantisch
bipolar (‚very much – very little') angeordnet (s. Kap. 2.1). Die Sprachproben wurden so gemischt, daß den Versuchspersonen zwei Sprachproben, gelesen von einer Person, vorgespielt wurden, ohne daß es die
Versuchspersonen merkten. Die Forschergruppe um Lambert konnte
u.a. nachweisen, daß die englischsprachigen Proben grundsätzlich
besser bewertet wurden, als intelligenter, verläßlicher, gutherziger
usw. als die Proben der Französischsprecher.

Ein anderer Test, mit dem soziale Bewertungen auf sprachliche Stimuli gemessen werden, ist der **Berufseignungstest**. Der Kontext Bewer-
bungs- bzw. Berufseignungsgespräche, in dem Statuszuweisungen in
hohem Maße relevant sind, bietet die Möglichkeit, über sich diesen
Sachverhalt zunutze machende Tests die impliziten sozialen Bewertungen zu erfassen. Dabei werden Sprachproben an Hand von Berufsskalen – wie sie in Kap. 2.1 bereits behandelt wurden – Versuchspersonen zur Bewertung vorgespielt. In einem Test von Kalin/Rayko
(1978) wurden kanadische Studenten gebeten, in der imaginierten

Rolle eines Personalchefs 10 Sprachproben in der Länge von 30 Sekunden, die von fünf Sprechern mit standardkanadischem Akzent sowie
mit fremdsprachigen Akzenten erstellt worden waren, auf einem semantischen Differential und auf einer Berufsskala zu bewerten. Die
Sprachproben mit fremdsprachigem Akzent wurden auf der Berufsskala deutlich niedriger eingestuft als die mit standardkanadischem
Akzent. Für die linguistische Analyse wäre es nun interessant, nicht
allein die sozialen Bewertungen komplexer Sprachproben zu erhalten,
sondern die einzelnen Merkmale zu erfassen, die sozial bewertet werden. So wäre zu prüfen, ob bestimmte lautliche Varianten, Intonationskonturen oder syntaktische Konstruktionen mehr oder weniger
stark sozial bewertet werden. Der Zusammenhang von subjektiven
Reaktionen und lautlichen Varianten wurde von Labov (1966) unter
Anwendung der Matched-guise-Technik in Form eines Berufeig-
nungstests getestet. Eine Anwendung habe ich zum Berlinischen
durchgeführt (Schlobinski 1987: 175f.), die hier dargestellt werden soll,
da ein Paralleltest durchgeführt wurde, der die Probleme bei dieser Art
des Testens verdeutlicht.

Die Untersuchung zum Sprachgebrauch hatte ergeben, daß die dialektale Variante [j] in Wörtern wie *gut, gern* usw. sozial stratifiziert ist:
Mittelschichtssprecher gebrauchen diese Variante wesentlich seltener
als Arbeiter. Es sollte nun getestet werden, ob die palatalisierte Vari-
ante auch entsprechend sozial bewertet wird. Deshalb wurden 6
Sprachproben aus drei Standardtexten von 5 Sprecherinnen erstellt.
Die erste und sechste Sprachprobe wurde von derselben Sprecherin ge-
lesen, wobei in der ersten Sprachprobe die Standardvariante [g], in der
anderen die Dialektvariante [j] realisiert wurde. Ansonsten waren die
Texte identisch. Die restlichen Sprachproben fungierten als Füller. Die
Sprachproben wurden 51 Versuchspersonen vorgespielt, die die
Sprachproben an Hand der oben dargestellten Berufsskala (s. Kap. 2.1)
einstufen sollten, indem sich die Versuchspersonen in die Rolle eines
Personalchefs versetzen sollten. Die Ergebnisse wurden nach dem
Labovschen Verfahren und statistisch ausgewertet. Es konnte nachgewiesen werden, daß die Standardvariante mit sozialem Prestige assoziiert ist, die dialektale Variante hingegen stigmatisiert wird. Neben dem
Skalenproblem (s. S. 25) stellt sich das Problem, daß ein Text mit iso-
liertem Lautmerkmal recht unnatürlich ist, da normalerweise mehrere Merkmale gleichzeitig realisiert werden. In einem Paralleltest wurde
der Frage nachgegangen, ob im Hinblick auf natürliche Sprache veränderte Versuchsbedingungen zu gleichen Testergebnissen führen. In einigen Punkten wurden die Sprachproben geändert. Eine längere Pas-
sage aus einer Rundfunksendung wurde verschriftet und als Grundlage genommen. Wiederum wurden Sprachproben mit Standard- und
Dialektvariante ([g] versus [j]) erstellt, wobei zusätzlich zum einen

zwei, zum anderen fünf weitere Dialektmerkmale hinzugenommen
wurden, das Merkmal g/j als nicht mehr isoliert auftrat. Die Sprachproben wurden 76 Versuchspersonen vorgespielt. Die Auswertung
ergab nun keine signifikanten Unterschiede mehr. Unabhängig davon,
ob zusätzlich zwei oder fünf Merkmale hinzukamen, sind die Reaktionen auf die sprachlichen Stimuli gleich, die Spirantisierung spielt
bei der veränderten Testanordnung keine Rolle mehr als Stigmatisie-
rungsmerkmal. Offensichtlich führen verschiedene Modellannahmen
zu unterschiedlichen Ergebnissen. Die Erklärung hierfür hängt mit der
stärkeren Natürlichkeit der Sprachproben zusammen. Da aber natürliche Sprache diejenige ist, die im Alltag rezipiert wird, sind darauf
aufbauende Tests aussagestärker. „In other words, how listener-judges
respond to a stimulus speaker will undoubtedly be quiete different
from how they would react to him or her under more naturalistic and
personally involving conditions" (Giles/Ryan 1982: 211).

2.3.2 Befragung

Befragungen sind die meist gebrauchten Methoden, um sprachwissen-
schaftliche Daten zu erhalten. **Schriftliche Befragungen** werden mittels
eines Fragebogens durchgeführt, **mündliche Befragungen** in Form von
Interviews. Befragungen sind mehr oder weniger standardisiert.
Interviews mit einem festen Fragenkatalog sind gegenüber offenen
Interviews stärker standardisiert. Schriftliche Befragungen sind die
Standardmethode, um Zensusdaten zu erheben. In vielen Ländern
werden neben demoskopischen Daten Daten zur Distribution von
Standardsprachen, Minderheitensprachen usw. erhoben. Fragebogenerhebungen sind praktisch die einzige Möglichkeit, um Totalerhe-
bungen durchzuführen, und sind deshalb für Zensusdaten besonders
geeignet. Unabhängig davon, ob schriftlich oder mündlich Daten
erhoben werden, gibt es gute und schlechte Fragen. Fragen wir einen
Bayern ‚Sprechen Sie Bairisch?' und er antwortet mit ‚ja', so stellt sich
die Frage, welche Information wir gewonnen haben. Wir wissen nicht,
was der Informant unter Bairisch versteht. Für einen Münchner ist
Bairisch etwas anderes als für einen Passauer. Vielleicht denkt der
Befragte an einzelne bairische Wörter und glaubt deswegen, Bairisch
zu sprechen, seine Lautung aber ist umgangssprachlich gefärbt. Wir
können nicht erfassen, wie der Befragte tatsächlich spricht – sei es
Bairisch oder nicht –, sondern nur, daß er glaubt, Bairisch zu sprechen.
Es besteht die Gefahr, daß man stillschweigend unterstellt, „die Antworten würden es schon bringen, sie sollen ex post die Fragen recht-
fertigen. Eben das ist ein Irrtum, da die Frageformulierung ja die Antworten weitgehend bedingt" (Friedrichs 1973: 210). Zudem mag die

Antwort davon abhängen, welche Sprachlage der Interviewer hat. Spricht er ein norddeutsches Hochdeutsch, mag die befragte Person meinen, Bairisch zu sprechen, während dieselbe, befragt durch einen Bairisch sprechenden Interviewer, vielleicht glaubt, eher eine süddeutsche Umgangssprache zu realisieren. Die Reaktion des Befragten kann also vom Sprachverhalten des Interviewers abhängen. Richtiges Fragen ist demnach nicht so einfach, wie es auf den ersten Blick scheint. Verschiedene Aspekte sind zu berücksichtigen. Ausgangspunkt einer jeden Fragestellung ist das Warum, und die Validität einer Frage hängt davon ab, ob die Fragestellung adäquat zum erfragten Problem ist. Zweitens ist entscheidend, wie die Frage formuliert ist. Bei der Frageformulierung sind verschiedene Faktoren zu berücksichtigen. Fragen lassen sich nach unterschiedlichen Kriterien klassifizieren, primär danach, auf welchen Gegenstandsbereich sie sich beziehen. Holm (1986: 32) unterscheidet folgende Fragekategorien:

Faktfragen. Besitzen Sie ein bairisches Wörterbuch?

Wissensfragen. Wird an der Universität von den Professoren auch Bairisch gesprochen?

Einschätzungsfragen. Spricht Ihrer Meinung nach Stoiber mit seinen Kindern Dialekt?

Bewertungsfragen. Wie beurteilen Sie die Sprache der bayerischen Politiker?

Einstellungsfragen. Wie gefällt Ihnen der bairische Dialekt? Oder: Sollten Deutschlehrer im Deutschunterricht Bairisch sprechen?

Handlungsfragen. Sprechen Sie im Biergarten so wie zu Hause?

Ferner kann man Fragen danach klassifizieren, ob es sich um **offene** oder **geschlossene Fragen** handelt. Offene Fragen sind typisch in Interviews, die Antworten sind nicht vorgegeben, sondern offen. In Fragebogenerhebungen werden meistens geschlossene Fragen verwendet, also solche, bei denen mehrere Antwortmöglichkeiten vorgegeben sind. Diese sind besonders für die statistische Auswertung geeignet, da die definierten Antworten leicht kodiert werden können. Der Typ geschlossener Fragen kann sehr unterschiedlich sein:

Alternativfrage mit zwei oder mehreren Alternativen. Beispiel: Sollten Deutschlehrer im Unterricht Bairisch sprechen dürfen oder nicht? (Ja, nein, weiß nicht);

direkte Frage. Beispiel: Geben Sie bitte alle Dialektausdrücke für das Wort ‚Brötchen' an, die Sie kennen.

indirekte Frage. Beispiel: Viele Berliner sind der Meinung, das Bairische sei ein provinzieller Dialekt. Sind Sie auch dieser Meinung?

Schätzfrage. Beispiel: Wieviel Prozent aller Münchner sprechen Hochdeutsch? (10%, 20%, 30%, mehr als 30%).

Bei der Frageformulierung ist auf Verständlichkeit der Fragen zu achten, was natürlich auch mit dem Informationsstand der Befragten

zusammenhängt. Bei der Verwendung abstrakter Begriffe ist zu prüfen, ob die Befragten diese vermutlich kennen oder nicht. Komplizierte Satzstrukturen, doppelte Negationen, unklare und lange Wörter,
Fremdwörter etc. sollten nicht verwendet werden.

2.3.2.1 Fragebogenerhebung

Der Prototyp einer schriftlichen Befragung ist die Fragebogenerhebung,
die die kosten- und zeitgünstigste Methode darstellt, eine große Menge
von repräsentativen Daten zu erheben. Über Adresskarteien lassen
sich klar definierte Stichproben erstellen, prinzipiell ist eine Totalerhebung möglich (Bevölkerungsstatistik). Durch die postalische Erhe-
bungsweise kann der Interviewer die Datenerhebung zwar nicht kontrollieren, aber auch nicht in irgendeiner Weise beeinflussen wie in
einem Interview. Schwer einzuschätzen ist die **Rücklaufquote**, die
Summe der zurückgeschickten Fragebögen, die in Abhängigkeit von
der Motivation der Befragten, der Verständlichkeit des Fragebogens,
vorhandenem oder nicht vorhandenem Rückporto usw. recht unterschiedlich ist. Wie bereits erwähnt, ist die Methodik der Fragebogenerhebung in sprachwissenschaftlichen Untersuchungen nur teilweise
nutzbar. Für die Erhebung von Daten der gesprochenen Sprache kann
sie nur sehr begrenzt eingesetzt werden, hier ist insbesondere zu beachten, welche Schlußfolgerungen aus den Daten gezogen werden. Es ist
unzulässig, von Daten, die das Sprachwissen wiedergeben, auf den
Sprachgebrauch von Sprechern zu generalisieren.
    Die Durchführung einer Fragebogenerhebung läßt sich in fünf ver-
schiedene Phasen einteilen:
1. Fragebogenaufbau und Formulierung der Fragen,
2. Festlegung der Stichprobe,
3. Pretest: Überprüfung des Fragebogens an kleiner Teilstichprobe,
4. Erhebung und
5. statistische Auswertung.
Neben den oben erwähnten Kriterien bei der Frageformulierung ist
beim Fragebogenaufbau darauf zu achten, daß die Fragetypen gemischt
werden, Fragen nach Sekundärdaten wie Sozialdaten nicht am Anfang
stehen, Suggestivfragen vermieden werden, typographisch nicht ein
optisches Chaos produziert wird. Ferner ist der sog. **Halo-Effekt** zu
vermeiden. Der Halo-Effekt (engl. *halo* ‚Hof des Mondes‘) bewirkt bei
einzelnen Informanten, daß eine Frage auf eine Folgefrage ‚abfärbt‘,
daß die Beantwortung der Folgefrage abhängig von der Beantwortung
der Vorgängerfrage erfolgt. Wenn wir jemanden z.B. zur Einstellung
gegenüber dem Bairischen befragen und ihn zunächst danach befragen,
ob das Bairische für ihn gut klinge, und anschließend danach, ob er

auch Rundfunknachrichten im Dialekt hören wollte, so wird möglicherweise eine positive Bewertung der zweiten Frage beeinflußt von der positiven Beantwortung der ersten. Der Halo-Effekt kann dadurch minimiert oder reduziert werden, indem die Abfolge der Fragen entsprechend gewählt wird.

In einem Anschreiben sollten Sinn und Zweck der Erhebung, Verwertungsinteresse, evtl. Nutzen für den Bürger angegeben werden, rechtlich zwingend ist der Hinweis auf die Gewährleistung der Anonymität der Befragten. Nach der Festlegung der Stichprobe ist ein Pretest notwendig, in dem insbesondere die Fragen (richtige Fragen), Frageformulierungen und Fragebogenaufbau getestet werden können. Der Pretest, der ca. 1% der Stichprobe umfaßt, sollte so ausgewertet werden, wie es letztlich geplant ist. Zusätzlich ist es sinnvoll, einzelne Personen mündlich in bezug auf den Fragebogen zu befragen und zu kontrollieren, wie die gestellten Fragen verstanden und interpretiert werden. Erst dann erfolgt die eigentliche Erhebung und Auswertung.

Zur Exemplifizierung einer Fragebogenerhebung greifen wir auf das bereits erwähnte Beispiel zur Untersuchung von Jugendsprache zurück (Henne 1986: 61f.).

FRAGEBOGEN ZUR JUGENDSPRACHE

Vorbemerkung: Anredeprobleme gibt's auch in einem Fragebogen. Zum Zwecke der Vereinfachung habe ich das ‚Du' gewählt. Wo es nicht (ganz) paßt: Entschuldigung. – Vielen Dank für die Mitarbeit.
Hinweis: Eine überregionale Zeitung wußte zumindest, was ‚Disco-Deutsch' ist: „Als ich neulich mit Peter in die City drückte, macht der mich unheimlich an aufs Tilbury. Na, schon bohren wir dahin, obwohl ich eigentlich aufs Lollipop stand. Ich Chaot hatte keine Matte mit, weil ich meinen Kaftan vergessen hatte..." – Jugenddeutsch?

Junge ❏   Mädchen ❏   Alter ❏

1. Bitte den eigenen Spitznamen oder einen Phantasienamen eintragen:
2. Welche Musik (welcher Gruppen) hörst Du gern? – Welche Titel (Stücke)?
3. Mit welchen Worten ‚Deiner' Sprache bezeichnest Du eine Platte/Cassette, die Dir gefällt?
4. Wie drückst Du Deinen Ärger aus (wie fluchst Du)?
5. Kennst Du jugend- oder umgangssprachliche Bezeichnungen für folgende Ausdrücke:
Gute Musik:
schlechte Musik:
sich seinen Gefühlen hingeben:
spezieller Klang:
Kennst Du andere (wichtige) Ausdrücke zur Musik (Bitte erläutern).
6. Welches sind Bücher, die Du gern liest (Lieblingsbücher, auch Comics, Zeitschriften, Zeitungen)?
7. Welche Filme (auch Theaterstücke) haben Dich besonders beeindruckt?
8. Kennst Du Klangwörter (z. B. peng, ächz, lechz usw.)?

9. Welche ‚Sprüche' sind augenblicklich in (auch Sprüche aus Liedern, Filmen, Fernsehsendungen)? – Gib bitte einen Kommentar zu den Sprüchen (z. B. wann werden sie benutzt)?

10. Nimm an, Du möchtest Deinem Freund/Deiner Freundin Deinen Lieblingsfilm/-theaterstück/-buch ‚anpreisen'. Wie sprichst Du mit ihm/ihr?

11. Wie grüßt Ihr Euch am Anfang eines Gesprächs?

12. Wie beginnst Du einen Brief (an einen Freund/an eine Freundin)?

13. Gibt es (bei den Jungen bzw. bei den Mädchen) spezielle Ausdrücke zur Bezeichnung einer Freundin bzw. eines Freundes?

14. Gibt es spezielle jugendsprachliche/schülersprachliche Bezeichnungen für
den Direktor der Schule:
den Hausmeister:
den Klassensprecher/die -sprecherin:
einen guten Schüler:
den besten Schüler:
einen schlechten Schüler:
einen Schüler, den man nicht leiden kann:
gute Noten:
die beste Note:
schlechte Noten:
die schlechteste Note:
eine (sehr) schlechte Arbeit:
das Abitur:
die Schule:
die Eltern:

15. Welche Fächer haben spezielle Bezeichnungen?

16. Zähle weitere charakteristische schülersprachliche Ausdrücke auf, die sich auf die Schule beziehen. Erkläre sie bitte.

17. Kennst Du ‚jugendliche' Ausdrücke für jugendliche Kleidungsstücke?

18. Welche Namen gebt ihr anderen Schülern (Spitznamen)?

19. I. Geh lieber zu John Wayne II. Middle Class Fantasies III. Kreisch. Erkläre bitte (wenn Du kannst), was dieser ‚Mauerspruch' (von drei verschiedenen ‚Händen') bedeutet:

20. Erkläre bitte (wenn Du kannst) die Bedeutung folgender Wörter:
hau rein:
lall:
Tussi:
ätz:
Arafatlappen:
urst:
Alternativi:
Zombie:
Keule:
logo:
einen Hau haben:
ej:
Spasti:
Müsli:
Travi:
Alki:
fetzig:
poppig:

21. Zum Abschluß: Wie schätzt Du Deine eigene Sprache ein? Gibt es viele Ausdrücke, die z.B. Deine Eltern nicht kennen?
(Henne 1986: 61f.)

Wir hatten bereits erwähnt, daß die Fragebogenerhebung nur bedingt
Auskunft gibt über ‚Sprechweisen' Jugendlicher (s.o.). Bei den Fragen
zum Sprachwissen handelt es sich um prinzipiell offene Fragen. Der
Fragebogenaufbau ist „kalkuliert: In der ‚Vorbemerkung' wird eine
vorsichtige ‚Beziehung' zwischen dem Befrager und den Schülern aufgebaut. Mit dem Hinweis ‚Discodeutsch', das in der Zeitung stand, soll
an das originäre Wissen der Schüler appelliert werden" (Henne 1986:
63). Der zitierte Text stammt aus einer Glosse der Frankfurter Allgemeinen Zeitung, ist somit ein fiktiver Text, in dem ‚jugendsprachliche'
Merkmale in extrem hoher Dichte verwendet werden. Allerdings
spricht so kein Jugendlicher. Durch den stilisierten Text kann beim
Befragten eine kognitive Voreinstellung erzeugt werden, möglichst
‚exotische' Ausdrücke anzugeben, wenn der Text nicht richtig eingeordnet wird; ob das ‚originäre' Wissen elizitiert werden kann, wäre
zu validieren. Die gestellten Fragen setzen voraus, daß der Forscher
definitiv weiß, was Jugendsprache ist, bzw. welche jugendsprachlichen
Merkmale existieren. Vorausgesetzt wird, daß Jugendsprache z.b.
durch das Merkmal ‚präferierter' Gebrauch von Lautwörtern definiert
ist, und nicht z. B. durch eine spezifische Syntax. Die gestellten Fragen
lassen sich im Hinblick auf die Erfragung sprachlicher Phänomene in
vier Typen klassifizieren: Im ersten Fragetyp wird die spezielle Kenntnis eines sprachlichen Phänomens erfragt (Frage 5, 8), im zweiten
Fragetyp wird eine Übertragung von der ‚Jugendsprache' über Paraphrasierung in das ‚Standarddeutsche' (Frage 19, 20) bzw. eine Übersetzung vom Schriftdeutschen in die ‚Jugendsprache' (13, 14) gefordert.
Im dritten Fragetyp werden Bezeichnungen erfragt (3,1), und im letzten Fragetyp wird auf vorgestellte Situationen und sprachliche Formen
abgehoben (4, 11).
Der Fragebogen „wurde in mehreren Vorläufen erprobt und zur
Diskussion gestellt" (ibid.), also offensichtlich wurde ein Pretest durchgeführt. Die Stichprobe besteht aus 536 Schülern aus Braunschweig
und der Mannheimer Region aus unterschiedlichen Schulformen der
Klassen 8 bis 11. Repräsentativität ist in bezug auf die Faktoren Region
und soziale Strukturen nur eingeschränkt gegeben, und es liegt weder
eine Zufallsstichprobe vor noch ein geschichtetes Sample, das die
Grundgesamtheit ‚Jugend' abbildet. Die Fragebögen wurden im
Rahmen einer Schulstunde (45 Minuten) beantwortet, die Rücklaufquote beträgt somit 100%. Eine systematische Auswertung im Sinne
einer üblichen deskriptiven Analyse (s. Kap. 4.1) erfolgt nicht. Anlage,

Sampling und Auswertung der durchgeführten Fragebogenuntersu-
chung weisen eine Reihe von Mängeln auf.[1]

2.3.2.2 Rasche und anonyme Datenerhebung

Um eine spezielle sprachwissenschaftliche Erhebungstechnik handelt
es sich bei der raschen und anonymen Datenerhebung, die aus zweier-
lei Gründen von Labov (1966) in seiner bekannten **Kaufhausstudie** entwickelt wurde:
1. um möglichst natürliche Sprachdaten zu erheben und das Beobachterparadox zu minimieren und
2. um in kürzester Zeit eine große Anzahl von Daten zu erheben.
Labov hält rasche und anonyme Beobachtungen „für die wichtigste
Methode in einem linguistischen Forschungsprogramm, das die von
gewöhnlichen Leuten bei ihren alltäglichen Verrichtungen benutzte
Sprache zu ihrem wichtigsten Gegenstand macht" (Labov 1980: 48). In
seiner Untersuchung ging es Labov um eine phonologische Fragestellung im New Yorker Englisch im Rahmen der soziolinguistischen
Erforschung der sprachlichen Verhältnisse in New York, speziell um
das Vorhandensein oder Fehlen von [r] in postvokalischer Position,
z.B. *car, card, four, fourth,* etc., und wie die Allophone hinsichtlich sozialer und stilistischer Faktoren variieren. Um die sozialen Faktoren
zu berücksichtigen, wählte Labov drei unterschiedliche Kaufhäuser als
Erhebungsorte aus, die in ihrem Rang und Status deutlich divergieren:
ein Kaufhaus in der Fifth Avenue mit hohem Prestige, ein nach Preis
und Prestige in der Mitte gelegenes und ein billiges Kaufhaus, nicht
weit von der Lower East Side. Labov trat nun an eine Angestellte in der
Rolle eines Kunden heran und fragte sie nach einer Abteilung im vier-
ten Stock. Die Antwort lautete normalerweise: ,Fourth floor'. Labov
fragte dann noch einmal nach und erhielt gewöhnlich eine zweite,
emphatische Äußerung ,Fourth floor!'. Anschließend notierte er die
sprachliche Realisierung, verschiedene Daten zur Person und erfaßte
so folgende Merkmale:
- Kaufhaus
- Stockwerk innerhalb des Kaufhauses
- Geschlecht
- Alter (geschätzt in Intervallen von fünf Jahren)
- Tätigkeit (Verkäufer, Kassierer, etc.)
- Hautfarbe
- Akzent.

---

1 In einem Punkt ist dem Autor jedoch zuzustimmen: „Ein zureichendes Bild der Jugendsprache kann nur von einer Germanistik gezeichnet werden, die methodenbewußt (aber
nicht methodenversessen) und historisch arbeitet" (ibid., S. 239).

Neben den so ermittelten unabhängigen, außersprachlichen Variablen erhielt Labov den Gebrauch des [r] in vier verschiedenen Positionen:
- präkonsonantisch
- auslautend
- informell (zwanglos gesprochen)
- formell (emphatisch gesprochen).

In sechseinhalb Stunden ‚interviewte' Labov auf diese Weise 264 Personen. Anschließend wurden die Sprachdaten statistisch ausgewertet.

Neben den angeführten Vorteilen hat die Methode verschiedene Nachteile, die die Aussagekraft einschränken. Zum einen besteht ein Nachteil darin, daß die Daten nicht auf einen Tonträger aufgenommen wurden und somit nicht überprüfbar sind. Es ist fraglich, daß durch Nachfragen immer eine emphatische Äußerung elizitiert wird, der Grad der Emphase wird stark variieren, die Stichprobe ist nicht repräsentativ. Trotzdem ist die Methode geeignet, zu interessanten Ergebnissen zu kommen. Sie kann andere Methoden nicht ersetzen, aber additiv zu konventionellen Methoden benutzt werden. Eine andere Form der raschen Datenerhebung wurde im Philadelphia-Projekt als Voruntersuchung angewandt, nämlich eine **Erhebung per Telefon** (vgl. Labov 1981). In diesem Fall wurden Informanten nach dem Zufallsprinzip angerufen und um Mitarbeit gebeten. Sprachproben wurden auf Tonband aufgenommen, und es konnte so in kürzester Zeit ein grober Überblick gewonnen werden, von dem ausgehend weitere Fragestellungen und Methoden entwickelt wurden. Nachteil dieser Methodik ist die eingeschränkte Tonqualität. Eine weitere Variante ist die **Erhebung von Wegauskunftsdaten** (Schlobinski 1987: 49f.). Um einen Überblick über die Stratifikation des Berlinischen in drei Berliner Bezirken zu erhalten, wurde eine Querschnittstudie durchgeführt. Hierfür wurden die Bezirke in 500m² große Planquadrate eingeteilt und pro Planquadrat eine feste Anzahl von Sprechern nach dem Weg befragt, wobei auf eine gleichmäßige Verteilung nach Geschlecht und Alter geachtet wurde. Die Antworten wurden per Tonband aufgenommen, Geschlecht und Alter (geschätzt in Abschnitten von fünf Jahren) notiert.

Die rasche und anonyme Datenerhebung ist eine spezielle Form der Interviewtechnik, die meist explorativen Charakter hat und/oder für eingeschränkte Fragestellungen angewandt wird.

2.3.2.3 Interview

Das Interview ist die mündliche Befragung als zielgerichtetes Gespräch. In Abhängigkeit davon, wie stark die Zielrichtung ist, lassen sich das **standardisierte Interview** mit zuvor festgelegten Fragen und das

offene Interview oder auch **Leitfadeninterview** mit Fragethemen und Frageanordnungen unterscheiden. In Abhängigkeit von der Anzahl der Befragten ist das **Einzelinterview** vom **Gruppeninterview** zu differenzieren. Das Interview hat in sprachwissenschaftlichen Untersuchungen insofern einen hohen Stellenwert, als daß durch diese Methode verbale Daten systematisch erhoben werden können. „Das wichtigste Verfahren zur Gewinnung eines großen Korpus von verläßlichen Sprachdaten einer Person ist das auf Tonband aufgezeichnete Einzelinterview. Im großen und ganzen ist das Interview sozial kontrolliertes Sprechen – überwacht und gesteuert infolge der Anwesenheit eines außenstehenden Beobachters" (Labov 1976: 2). Aufgrund der Nähe zu alltagssprachlichen Situationen ist das Interview geeignet, Alltagssprache zu erheben, wenn hierzu auch spezielle Techniken angewandt werden müssen. Generell sind

1. Fragenkatalog und Formulierung der Fragen,
2. Anordnung der Fragen und
3. das Verhalten des Interviewers zu beachten.

In wissenschaftlichen Interviews sollte das Verhalten des Befragten und das des Interviewers eingeschätzt und notiert werden. In bezug auf die Frageformulierung wurden bei den Interviews im Rahmen der Studie zum ‚Black English' (Labov 1968) in Abhängigkeit von der Zielgruppe unterschiedliche Varianten gewählt. Die Fragen, die für ältere Jugendliche entwickelt worden waren, wurden von John Lewis speziell auf den Stil der schwarzen Jugendlichen in Central Harlem umgeschrieben. Eine Frage für ältere Jugendliche lautete z.B.: „Were you ever in a situation, a time or a place, where you were in serious danger of being killed? Where you said to yourself, ‚This is it'?" (Labov 1976: 69). Die gleiche Frage lautete für schwarze Jugendliche: „Were you ever in a bag where you were up tight and almost blew your life?" (ibid.).

In sprachwissenschaftlichen Interviews werden häufig offene *und* geschlossene Fragen verwendet, so daß der Grad der Standardisierung stark schwankt. Als Leitfaden für ein Einzelinterview sei das folgende Beispiel aus Moosmüller (1991: 203) gegeben, der im Rahmen einer Untersuchung zur Hochsprache und zum Dialekt in Österreich verwendet wurde.

INTERVIEWLEITFADEN

1. Wann sind Sie geboren?
2. Wo?
3. Welchen Beruf üben Sie aus?
4. bei Hausfrauen: a) Welchen Beruf haben Sie erlernt und wie lange haben Sie ihn ausgeübt b) Welchen Beruf übt Ihr Mann aus?
5. Welche Schulen haben Sie besucht?
6. Wo sind Ihre Eltern geboren?
7. Welchen Beruf hatte Ihr Vater bzw. Ihre Mutter?

8. Welche Schulen hat Ihr Vater bzw. Ihre Mutter besucht?
9. Was ist Ihre liebste Freizeitbeschäftigung?
10. Was essen Sie am liebsten? Können Sie mir das Rezept Ihrer Lieblingsspeise sagen?
11. Wann haben Sie sich zum letzten Mal geärgert und warum?
12. Können Sie mir von Ihrem letzten Urlaub erzählen, wo Sie ihn verbracht haben, was Sie gemacht haben?
13. Können Sie sich an irgendwelche lustige oder einprägsame Begebenheiten erinnern?
14. Glauben Sie, daß es für Frauen schwieriger ist, in ihrem Beruf eine Anstellung zu finden oder vorwärtszukommen als für Männer?
15. Glauben Sie, daß Atomkraftwerke notwendig sind? Halten Sie sie für gefährlich?
16. Lesen Sie gern und regelmäßig?
17. Was lesen Sie am liebsten?
18. Können Sie über Ihr zuletzt gelesenes Buch erzählen?
19. Sehen Sie gern fern? Was sehen Sie am liebsten? Können Sie den zuletzt gesehenen Film nacherzählen?
20. Wie würden Sie sich selbst einschätzen: Sprechen Sie eher Dialekt, Umgangssprache oder Hochsprache?
21. Wie stehen Sie zum Dialekt? Gefällt er Ihnen oder hören Sie ihn nicht so gern?
22. Welche Dialekte Österreichs gefallen Ihnen besonders gut/gar nicht?
23. Gibt es Ihrer Meinung nach in Österreich ein eigenes Hochdeutsch?
24. Welche Sprecher/innen sind Ihrer Meinung nach Repräsentant/inn/en des Hochdeutschen?
25. Glauben Sie, daß Rundfunksprecher/innen ein angemessenes Hochdeutsch sprechen? Entspricht es Ihren Vorstellungen oder ist es zu gekünstelt oder zu dialektal?
26. Wie gefällt Ihnen die Sprache unserer Politiker?
27. Teststelle vorlesen.
(Moosmüller 1991: 203)

Das Leitfadeninterview enthält geschlossene Fragen wie (1-10), die auf den sozialen Hintergrund abzielen, und offene Fragen, bei denen die Interviewten frei erzählen (13) oder kommentieren (27) können. Spezielle sprachwissenschaftliche Techniken, die in Interviews angewandt werden, sind
1. das laute Lesen von Wörtern oder Texten, insbesondere Listen mit Minimalpaaren und Wörtern sowie Sätzen;
2. Elizitierung von Erzählungen;
3. Tests wie Matched-guise-Test, Lückentest etc.
Um möglichst natürliche Sprachproben zu erhalten, muß das Beobachterparadox so weit als möglich aufgelöst werden. Dies kann durch die Wahl des Themas oder zusätzliche Interaktionspartner erreicht werden. Labov (1980: 19) hat verschiedene Themenkomplexe angeführt, die besonders geeignet sind, zwangloses Sprechen zu elizitieren: 1. Tod und Lebensgefahr, 2. moralische Entrüstung und Interaktion zwischen den Geschlechtern, auf konkrete Beispiele wurde bereits hingewiesen (vgl. S. 19). Auch der Rückgriff auf Kindheitserlebnisse kann insbesondere ältere Informanten zu informellem Sprechen veranlassen. Eine

andere Möglichkeit besteht darin, andere Interaktionspartner wie Freunde oder Familienmitglieder in das Interview einzubeziehen und die Kommunikation zwischen ihnen zuzulassen. Wenn die Befragten aus dem eigentlichen Interview ausbrechen und mit Vertrauten sprechen, ist der Sprechstil informeller als im Interview. Eine weitere Möglichkeit besteht darin, Gruppeninterviews oder auch Rollenspiele durchzuführen (Froitzheim 1984).

Der Vorteil eines Gruppeninterviews besteht zum einen in der Minimierung des Beobachterparadoxes: Es ist leichter, private und persönliche Themen anzusprechen, insbesondere gehemmte Personen können durch andere Gruppenmitglieder ermutigt werden, sich zu äußern. Zum anderen besteht ein Vorteil darin, daß man in kürzester Zeit eine Reihe von Interviews erheben kann. Nachteilig ist, daß die Erhebungssituation weniger stark kontrollierbar ist und insbesondere die Informanten sich gegenseitig beeinflussen können, also unkontrolierte gruppendynamische Effekte entstehen. Ferner ist der organisatorische Aufwand in der Regel höher, um mehrere Personen zu einem bestimmten Zeitpunkt an einem bestimmten Ort zu interviewen. Das Gruppeninterview ist natürlich dann besonders gut geeignet, wenn es darum geht, sprachliche oder metasprachliche Daten einer spezifischen Gruppe zu untersuchen. So habe ich mit Studenten vor einigen Jahren eine Gruppe von Punks interviewt, weil uns interessiert hat, welche Einstellung die Sprecher als soziale Gruppe gegenüber ihrer Sprache und der Sprache anderer haben. Das Gruppeninterview hängt von gruppen- und personenspezifischen Faktoren ab, aber auch vom gewählten Thema. Das Thema ist dann besonders relevant, wenn eine **Gruppendiskussion** geführt werden soll. Will man beispielsweise untersuchen, wie in einer Gruppe argumentiert wird, muß ein Thema gewählt werden, das eine die Gruppe interessierende strittige Frage aufgreift. Eine gezielte Gruppendiskussion, bei der eine Gruppe als Variable bestimmend ist, setzt die Definition der zu untersuchenden Gruppe voraus. Es gilt zu klären, ob es sich um ad-hoc-Gruppen, Zweckgruppen usw. handelt. In sozialwissenschaftlich fundierten Untersuchungen werden die Gruppen mit Hilfe von soziometrischen Verfahren beschrieben, die die Position der einzelnen Gruppenmitglieder innerhalb einer Gruppe angeben (Näheres hierzu S. 53 ff.).

2.3.3 Beobachtung

Die Methode der Beobachtung ist bezogen auf das Sprachverhalten von Individuen (in sozialen Gruppen). In der Sprachwissenschaft können zwei grundlegende Arten der Beobachtung unterschieden werden: 1. die **Selbstbeobachtung** und 2. die **Fremdbeobachtung**. Die Selbstbeobachtung oder auch **Introspektion**, die auf der Intuition des Sprachexperten beruht, ist die gängigste Methode, sprachlichen Phänomenen und Regularitäten auf die Spur zu kommen. Der Vorteil dieser Methode besteht darin, daß die Sprachdaten jederzeit am Schreibtisch abgerufen werden können. Die Methode kostet bis auf das den Experten zu zahlende Gehalt nichts, und der Zeitaufwand ist relativ gering. Allerdings setzt die Methode ein hohes Maß an Kompetenz der Experten einer Sprachgemeinschaft voraus sowie ein großes Vertrauen der ‚Laien' in diese Kompetenz. Nachteilig ist, daß die Validität der Methode nur sehr eingeschränkt gilt; jeder Sprachwissenschaftler kennt das Phänomen, daß er am Schreibtisch sitzt und darüber nachdenkt, ob diese oder jene Struktur möglich ist oder nicht, und er nach einer Zeit nicht mehr weiß, ob der einfachste Satz überhaupt ein möglicher Satz in der betreffenden Sprache ist. Eine Gegenposition zur Methodik der Introspektion nimmt Labov (1976) ein, der Sprachwissenschaftler, die dieser Methodik anhängen, als ‚lames' bezeichnet: „Wer nur seine eigenen Intuitionen erforscht und in Isolation von jedem sozialen Kontext sprachliche Daten sowie Theorie dazu produziert, ist der Inbegriff des *lame*" (Labov 1976: 303)[2] . Demgegenüber ist die Fremdbeobachtung eine Methode, in der Sprachgemeinschaft beobachtungsadäquate Daten zu erheben. Entscheidend hierbei ist die Frage, ob der Beobachter an den Interaktionen der Sprecher teilnimmt oder nicht, ob eine teilnehmende oder nicht-teilnehmende Beobachtung stattfindet. Eine klassische teilnehmende Beobachtung hat Laurence Wylie (1978) für die soziologische Untersuchung des Alltagsleben in einem Dorf in der Vaucluse durchgeführt. Wylie zog mit seiner Familie nach Peyrane und integrierte sich in das Dorfleben, das er nach verschiedenen Dimensionen (wie Familienleben, Feste usw.) beschrieb. Unter anderem übernahm er „im Dorf die Rolle eines zusätzlichen Lehrers (...). Mit Genehmigung des Schulinspektors von Avignon gab ich der *classe des grands* viermal wöchentlich nachmittags Englischunterricht und verbrachte noch weit mehr Zeit in der Schule als Beobachter" (Wylie (1978: XXI).

Die systematische Beobachtung unterliegt einem vierfachen Selektionsprozeß (vgl. Friedrichs 1973: 271f.):
1. der selektiven Zuwendung, da die zu beobachtenden Phänomene zu definieren sind;
2. der selektiven Wahrnehmung, da bei der Beobachtung nur ausgewählte Aspekte beobachtet werden können;
3. der selektiven Erinnerung, da nur Beobachtungsausschnitte festgehalten werden können;

---

2 Der Begriff *lame* (wörtlich ‚Lahmer') bezeichnet ‚schwarze Schafe' in einer Gruppe, Außenseiter, wie sie von Labov (1976: 270f.) in bezug auf ihr Kommunikations- und Sprachverhalten beschrieben worden sind.

4. der selektiven Interpretation, da nur die Phänomene interpretiert werden können, für die der Beobachter ein Interpretationsraster zur Verfügung hat.

Beim Studium der Sprache in fremden Kulturen lassen sich diese Selektionen anschaulich exemplifizieren und spiegeln sich wider im *Language Learner's Field Guide* (Healey 1989). Für das Erlernen bzw. Beschreiben einer fremden Sprache in natürlichen Kontexten werden in dem Handbuch Beobachtungskategorien und Anweisungen zur gezielten Beobachtung gegeben, z. B. „Walk through the village and observe some activity. As you listen to conversation that is not adressed directly to you, try humming the rhythm and pitch patterns quietly to yourself in such a way as not to attract attention" (Healey 1989: 31). Techniken zur Konservierung der Daten wie durch Tonaufnahme oder Protokollierung werden ebenfalls gegeben. Ein zentrales Problem ist das Erfassen und die Analyse von kodierten Konzeptualisierungen, die der Feldforscher nicht kennt und deshalb vielleicht nicht erkennt. Es reicht in der Regel nicht aus, die Rolle als außenstehender Beobachter und Forscher einzunehmen, sondern man muß auch versuchen, aus der Perspektive der Sprecher der Sprachgemeinschaft sprachliche Daten zu beschreiben und zu interpretieren, ohne dabei sein eigenes, unbewußt voreingestelltes Raster über die Phänomene zu legen.

2.3.3.1 Teilnehmende Beobachtung

Die teilnehmende Beobachtung ist die Form der Beobachtung, bei der der Forscher (= Beobachter) das Sprachverhalten von Personen in natürlichen Kontexten beobachtet, indem er an Aktivitäten der Personen teilnimmt, ohne diese Aktivitäten zu stören. Hierfür ist es für den Beobachter wichtig, auf der einen Seite Distanz zu seinem Untersuchungsobjekt zu wahren, auf der anderen Seite per Teilnahme ein bestimmtes Maß an Nähe herzustellen. Die Kunst der teilnehmenden Beobachtung besteht darin, zum einen nicht als Fremdkörper in einer Gruppe von den Aktivitäten dieser Gruppe ausgeschlossen zu werden, zum anderen, nicht selbst so weit Teil dieser Gruppe zu werden und sich mit der Gruppe zu identifizieren, daß nur noch die Binnenperspektive der Gruppenteilnehmer eingenommen werden kann. Ein besonderes Problem ist das des Zugangs zu einer Gruppe; geschlossene Gruppen wie Gangs oder isolierte Kulturen (Aborigines in Australien) sind teilweise so weit gegenüber der Außenwelt abgeschirmt, daß es für einen Außenstehenden nur schwer möglich ist, sich als Teil der Gruppe zu integrieren. Hier gilt generell, daß man nur mit Offenlegung der ehrlichen Absichten das Vertrauen einer Gruppe gewinnen kann, wie schon der Journalist und Krimiautor Sydney Horler (1935) in seiner Studie zur Londoner Unterwelt eindrucksvoll und effizient demonstriert hat. Bei der Teilnahme stellt sich das praktische Problem der Dokumentation der Beobachtungen, die im ‚freien Feld' schwierig ist, sei es, daß Tonaufnahmen gemacht werden sollen, sei es, daß Notizen gemacht werden müssen. Oftmals ist keine Zeit oder Gelegenheit, das Beobachtete zu dokumentieren, insbesondere dann, wenn der Beobachter selbst in Interaktionen involviert ist. Es kann an Räumen oder Materialien fehlen, sich zu einem bestimmten Zeitpunkt Notizen zu machen. Die beobachtete Situation kann so komplex sein, daß die Fokussierung auf ausgewählte Aspekte nicht machbar ist.

Die Methode der teilnehmenden Beobachtung kommt aus der Ethnologie und wurde zunächst bei ethnolinguistischen Untersuchungen angewandt, später über die Soziologie auch in soziolinguistischen Untersuchungen, hier insbesondere im Paradigma der Ethnographie des Sprechens (Bauman/Sherzer 1974). Sie ist besonders geeignet, um 1. möglichst natürliches und 2. schwer zugängliches Sprachmaterial zu erhalten. Als Beispiel sei zurückgegriffen auf die Untersuchung von ‚Jugendsprache'. Ausgehend von der Annahme, daß *Jugendsprache* als gruppenspezifische Sprechweise zu definieren ist, die erst vor dem Hintergrund der spezifischen Lebenssituation verstehbar wird (vgl. Neuland 1987: 62) und nicht über schriftliche Befragung wie bei Henne (1986) erfaßt werden kann, wurden im Projekt ‚Jugendspezifische Sprechweisen' von Schlobinski/Kohl/Ludewigt (1993) als wichtige Forschungsmethoden die teilnehmende Beobachtung und ein ethnomethodologisches Vorgehen gewählt. Zentrales Kennzeichen dieser Methoden ist, daß der Forscher am Alltagsleben der ihn interessierenden Gruppen teilnimmt und durch genaue Beobachtung die relevanten Aspekte des Geschehens erfaßt (vgl. Lamnek 1989: 233 ff.). Für die Untersuchung wurden zwei jugendliche Gruppen ausgewählt. Mitglieder der ersten Untersuchungsgruppe waren Jugendliche einer katholischen Kirchengemeinde, die überwiegend im Rahmen traditioneller und konfessioneller Wertorientierungen, vermittelt durch Familie, Schule und Kirche, aufwuchsen. Die meisten von ihnen hatten seit Jahren über Kindergarten, Grundschule und Religionsunterricht Kontakt zur Kirchengemeinde. Allgemeiner Anlaufpunkt für die Jugendlichen war das Jugendheim, in dem sie sich meist ohne weitere Kontrolle durch Erwachsene trafen.

Die Datenerhebung wurde während eines ‚offenen Nachmittags' durchgeführt, der auf Wunsch einiger Jugendlicher kurz vor Beginn der Untersuchung eingerichtet worden war. Nach einer Anlaufzeit besuchten in der Regel 20 Jungen und Mädchen diesen ‚offenen Nachmittag', um Freunde zu treffen, Doppelkopf zu spielen, Musik zu hören u.v.m. Fast alle Jugendlichen waren zumindest zeitweise Mitglied einer Kirchengruppe und kannten sich meist schon seit der Grundschulzeit. Detailliertes Wissen voneinander, das zwar nicht immer offen angesprochen wurde, sich aber letztendlich stabilisierend auf den Prozeß der sozialen Integration und Kontrolle auswirkte, prägte die Gruppeninteraktionen.

Die Untersuchungsgruppe II umfaßte Schülerinnen und Schüler der 9. Jahrgangsstufe an einer Gesamtschule im norddeutschen Raum, die gemeinsam am Wahlpflichtkurs ,Deutsch-Medien' teilnahmen. Vorrangiges Ziel dieses Kurses war die Herstellung eines Spielfilms nach einer eigenen Filmidee. Als schulformübergreifendes Fachangebot besuchten 17 Haupt- und Realschüler aus sechs verschiedenen Klassen diesen Kurs. Aus einem vielfältigen Wahlpflichtfachangebot wählten die meisten Schüler diesen Kurs, weil sie einerseits Interesse am Filmen hatten, andererseits hofften einige, mit diesem Kurs die Wahlpflichtfachauflage zu erfüllen, ohne allzu großen Einsatz zeigen zu müssen.

Aus der Sicht der Schüler hatte der Wahlpflichtfachkurs, obwohl voll ausgleichsberechtigt, nicht den gleichen Stellenwert wie die anderen Hauptfächer. Für viele Schüler und Schülerinnen handelte es sich bei den Wahlpflichtfachkursen um eines der vielen interessenorientierten Angebote an einer Gesamtschule, die sich dadurch auszeichnen, daß man sich für eine bestimmte Wochenstundenzahl über einen begrenzten Zeitraum zur gemeinsamen Arbeit trifft und daß am Ende jeder wieder seiner Wege geht. Das Wissen um das nur temporäre Zusammensein bestimmte in weiten Teilen die Gruppeninteraktionen, die häufig einen recht unverbindlichen Charakter hatten. Hinzu kam, daß die meisten Teilnehmer sich zwar kannten, doch nur wenige Schüler enger befreundet waren. Insgesamt konnte bei den Kurstreffen eine gewisse Lockerheit im Umgang miteinander beobachtet werden. Die Motivation, einen Film zu drehen, war zwar vorhanden, doch im Kursverlauf trat noch eine zweite Ambition zunehmend in den Vordergrund: Der Kurs sollte Spaß machen. Damit meinten die Schüler nicht in erster Linie die Freude an der Arbeit, sondern vielmehr miteinander Spaß zu haben und sich gut zu unterhalten. Diese Schwerpunktverlagerung führte schließlich dazu, daß die Teilnehmer kaum mehr ernsthaft an der Realisierung des Filmprojekts arbeiteten. Für das Ziel der Untersuchung, möglichst authentische Sprachaufnahmen zu erhalten, stellte sich dies jedoch als Glücksfall dar, da die Schüler immer mehr aus sich herausgingen und einen informellen, umgangssprachlichen Kommunikationsstil verwandten.

Zu Beginn der Untersuchung konnte schon nach wenigen Treffen mit den Jugendgruppen ein vertrauensvoller Kontakt aufgebaut und damit eine gesicherte Arbeitsbasis gefunden werden. Die Datenerhebung erstreckte sich über neun Monate. Während dieses Zeitraums wurden die Jugendlichen zweimal wöchentlich bei ihren Aktivitäten begleitet. Von jedem Treffen sind ausführliche Beobachtungsprotokolle angefertigt worden, wobei besonderes Augenmerk auf den situativen Kontext und die gruppendynamischen Prozesse gerichtet wurde. Im weiteren Verlauf konnten ‚authentische' Sprachaufnahmen verschiedener Sprechsituationen gewonnen werden, und zwar von Gruppenspielen, Unterrichts-, Pausen- und Fetengesprächen, Aufnahmen an informellen Treffpunkten und verschiedenen Selbstaufnahmen der Jugendlichen. Das erhobene Tonbandkorpus umfaßt ca. 60 Aufnahmestunden und ist partiell auf 588 Seiten verschriftet worden (Schlobinski/Kohl/Ludewigt 1994).

Aufbauend auf dem zugrundeliegenden methodischen Ansatz wurde ein Interpretationsverfahren gewählt, in dem biographische Daten der Untersuchten und der situative Rahmen bei der Analyse der Sprachdaten berücksichtigt wurden. Zur Analyse der Protokolle sind folgende Interpretationsebenen eingehalten worden: die Ebene des sozialen Handelns, die Ebene der diskursiven Rahmensetzung und die Ebene der Gesprächsaktivität. Nähere Informationen über die Jugendlichen, die zur Interpretation der Protokolle von Bedeutung sind, wurden zusätzlich mittels eines Fragebogens erhoben. Er umfaßte sowohl offene als auch standardisierte Fragen zum Medienkonsum, zur Familiensituation, über Schuleinstellungen sowie zu Zukunftsperspektiven der Jugendlichen. Da die zweite Untersuchungsgruppe eine kontinuierliche, feste Teilnehmerzahl aufwies, war es hier zudem möglich, über ein Soziogramm die gruppendynamischen Beziehungen untereinander zu erfassen. **Soziogramme** sind eine häufig benutzte Methode, um Interaktionsnetze zu ermitteln, und werden insbesondere bei Untersuchungen im Rahmen der teilnehmenden Beobachtung erstellt (vgl. u.a. Hädrich 1988, Labov 1980), um Beobachtungen im Interaktionsverhalten zu objektivieren. Als Wahlkriterium für die Erstellung des Soziogramms im obigen Beispiel wurde die Frage „Wie gern oder ungern würdest Du mit den einzelnen Mitschülern und Mitschülerinnen aus Deinem Wahlpflichtkurs ‚Deutsch-Medien' einen Camping-Urlaub verbringen?" gewählt, da nicht die Zusammenarbeit, sondern die Bereitschaft zu einer freundschaftlichen Beziehung untersucht werden sollte. Auf einer fünfstufigen Ratingskala mit den Antwortkategorien: ‚sehr gerne, gerne, mittel, ungern, sehr ungern' mußten die Schülerinnen und Schüler ihre Beurteilungen abgeben.[3]

---

3 Bei der Erhebung wurde die vollständige Form des Soziogramms gewählt, da beim klassischen Moreno-Soziogramm nicht nur nach Bevorzugungen (z.B. neben wem möchtest Du sitzen?), sondern auch nach Ablehnungen (z.B. neben wem möchtest Du nicht sitzen?) gefragt wird. Erfahrungsgemäß werden sich die Befragten durch die positiven und negativen Wahlbeurteilungen bei dem klassischen Soziogramm ihrer sozialen Position bewußt, was im negativen Fall zu Enttäuschungen führt und daher

erhaltene Stimmen

	Biljana	Bianca	Darek	Detlef	Dieter	Eva	Gerhard	Ilona	Ismarin	Kai	Klaus	Mechmet	Nadine	Rolf	Susanne	Uwe	Selim
Biljana	-	4	2	2	2	4	2	4	1	4	2	4	4	3	2	4	3
Bianca	5	-	5	3	5	5	5	5	2	4	4	3	5	5	5	4	5
Darek	1	5	-	3	5	1	5	4	1	5	2	4	5	4	3	5	5
Detlef	-	3	3	-	5	-	4	-	1	-	4	3	3	-	3	-	3
Dieter	1	4	5	5	-	1	5	3	1	3	3	5	3	3	4	3	5
Eva	4	3	2	3	3	-	1	4	3	4	3	4	4	3	3	4	4
Gerhard	1	2	5	2	4	1	-	5	2	4	2	4	5	1	4	5	5
Ilona	5	5	5	3	3	4	5	-	3	5	2	5	5	5	2	5	5
Ismarin	1	3	2	1	2	1	4	2	-	2	3	3	3	3	1	3	3
Kai	4	3	4	3	3	4	3	4	3	-	3	5	5	4	4	4	5
Klaus	2	3	2	4	4	2	3	2	3	3	-	3	3	4	2	3	4
Mechmet	3	-	5	3	4	3	3	3	3	5	3	-	5	5	4	5	5
Nadine	3	5	3	3	2	3	5	4	2	5	4	5	-	5	3	5	5
Rolf	1	1	4	1	1	1	1	4	1	1	1	1	5	-	3	5	5
Susanne	3	4	3	2	1	3	4	4	1	5	3	5	5	5	3	-	5
Uwe	1	2	4	2	2	1	3	1	1	3	1	1	2	5	3	1	-
Selim	-	-	-	-	-	-	-	-	-	-	-	-	-	-	-	-	-

(linke Randbeschriftung vertikal: abgegebene Stimmen)

Tab. 2-1: *Soziomatrix*

---

auch den gruppendynamischen Prozeß beeinflussen kann. Beim vollständigen Soziogramm, bei dem jeder Befragte alle anderen Gruppenmitglieder bewertet, ist dies nicht
zu befürchten.

Die Soziomatrix in Tab. 2-1 gibt einen ersten Überblick über die erhaltenen und abgegebenen Stimmen. Kriterum: Wie gern oder ungern
würdest Du mit den einzelnen Mitschülern und Mitschülerinnen aus
Deinem Wahlpflichtkurs 'Deutsch-Medien' einen Camping-Urlaub
verbringen? (5 = sehr gerne, 4 = gerne, 3 = mittel, 2 = ungern, 1 = sehr
ungern)

Während die Mittelwerte der erhaltenen Stimmen den Beliebtheits-
grad des jeweiligen Schülers anzeigen (vgl. Tab. 2-1), ergibt die Berechnung der Zeilenmittelwerte der abgegebenen Stimmen einen guten
Indikator (als quasi-stetiges Merkmal) für den sozialen Kontakt innerhalb der Gruppe (vgl. Tab. 2-2).

a) Rangplätze und Mittelwerte nach erhaltenen Stimmen			b) Rangplätze und Mittelwerte nach abgegebenen Stimmen		
Rang	Ø	Name	Rang	Ø	Name
1.	4.19	Uwe	1.	4.38	Bianca
2.	3.88	Nadine	2.	4.19	Ilona
3.	3.73	Susanne	3.	3.93	Mechmet
4.	3.66	Rolf	4.	3.88	Nadine
5.5	3.53	Gerhard	5.	3.81	Kai
5.5	3.53	Kai	6.	3.63	Darek
7.	3.44	Mechmet	7.	3.50	Susanne
8.	3.38	Darek	8.	3.38	Dieter
9.	3.27	Ilona	9.5	3.25	Eva
10.	3.13	Bianca	9.5	3.25	Gerhard
11.	3.06	Selim	11.	3.20	Detlef
12.	2.88	Dieter	12.5	2.94	Biljana
13.5	2.50	Detlef	12.5	2.94	Klaus
14.5	2.50	Klaus	14.	2.31	Ismarin
15.	2.33	Biljana	15.	2.25	Rolf
16.	2.27	Eva	16.	2.06	Uwe
17.	1.63	Ismarin			

Tab. 2-2: *Rangplätze*

Schüler und Schülerinnen, die sich in der Gruppe wohlfühlen, werden viele Gruppenmitglieder entsprechend hoch bewerten. Kursteil-
nehmer mit einer eher negativen sozialen Einstellung gegenüber der
Gruppe werden dagegen ihre Beurteilungen entsprechend niedrig aus-
fallen lassen.

Bei Betrachtung der Tabelle 2-2 fällt auf, daß sich nur die drei
Schüler Ismarin, Rolf und Uwe nicht sehr wohl unter den Teilneh-
mern des Wahlpflichtfachkurses gefühlt haben. Ihre durchschnitt-
lichen Beurteilungswerte sind sehr gering, alle anderen gaben recht
hohe Bewertungen der Mitschüler ab, was darauf schließen läßt, daß

sie sehr gern mit der Gruppe zusammen waren. Dieses Ergebnis ließ sich sowohl durch eine Fragebogenerhebung als auch durch die teilnehmende Beobachtung bestätigen.

Mithilfe der teilnehmenden Beobachtung und der Erfassung komplexer Interaktionsnetze lassen sich detaillierte Informationen erheben. Nachteilig ist jedoch zum einen der extrem hohe Zeitaufwand, zum anderen, daß nur wenige Personen intensiv beobachtet werden können. Repräsentative Untersuchungen im Rahmen einer teilnehmenden Beobachtung sind praktisch nicht oder nur unter extrem hohem Personal- und Geldaufwand durchführbar.

3. Verschriftung

In sprachwissenschaftlichen Untersuchungen wird eine Vielzahl von Daten der gesprochenen und geschriebenen Sprache gesammelt, insbesondere Verbaldaten. Die in der Regel auf Kassette aufgenommenen Verbaldaten müssen verschriftet werden, um einer weitergehenden Analyse zugänglich gemacht werden zu können. Die Verschriftung wird **Transkription** genannt. Die Art und Weise der Verschriftung ist abhängig von der Fragestellung. Untersuchungen zum Lautsystem setzten zwangsläufig eine phonetische Transkription voraus, während für syntaktische Analysen eine literarische Verschriftung ausreichen kann. Eine Übersicht über verschiedene Transkriptionssysteme findet sich in Ehlich/Switalla (1976) und Edwards/Lampert (1993). In der praktischen Arbeit haben sich in Abhängigkeit von der Fragestellung verschiedene Verschriftungssysteme etabliert:
1. das phonetische System (IPA) und für intonatorische Fragestellungen spezielle Notationen;
2. die Diskurstranskription für die Analyse von Gesprächen im Hinblick auf Gesprächsstrukturen und Sprechhandlungen, hier insbesondere HIAT in Deutschland;
3. die literarische Verschriftung in normaler Orthographie für Satzbeispiele usw.
Für die EDV-Bearbeitung stellen sich verschiedene Probleme und Fragen. Im einzelnen ist zu klären, wie die Weiterverarbeitung der Daten mit dem jeweiligen Transkriptionssystem möglich ist, ob ein Statistikprogramm über die Daten laufen kann usw.

Neben der Verschriftung von Verbaldaten spielt die Verschriftung und Analyse von metasprachlichen Daten, z.B. aus einem Interview, eine Rolle. Diese Informationen werden in Form eines Protokolles festgehalten.

Transkriptionen, sofern sie EDV-mäßig verarbeitet sind, haben den Vorteil, daß Suchrecherchen relativ einfach und systematisch durchgeführt werden können. Es sind deshalb verschiedene **Korpora** erstellt worden, die jedem zugänglich sind (vgl. Kap. 3.5). Allerdings ist die Verschriftung nicht einheitlich.

3.1 Phonetische Transkription

Für die Verschriftung nach einem phonetischen System hat sich das ,Internationale Phonetische Alphabet' IPA (1989) etabliert. Die Lautsymbole sind an anderer Stelle erklärt (z.B. Dürr/Schlobinski 1994:

31ff.), weshalb hier nur die Zeichenkonventionen tabellarisch wiedergegeben werden (vgl. Abb. 3-1).

	labial		apikal				dorsal				glottal
ARTIKULA-TIONSSTELLE / **ARTIKULA-TIONSMODUS**	bilabial	labiodental	dental	alveolar	postalveolar	retroflex	palatal	velar	uvular	pharyngal	glottal
plosiv	p b			t d		ʈ ɖ	c ɟ	k g	q ɢ		ʔ
nasal	m	ɱ		n		ɳ	ɲ	ŋ	N		
gerollt	ʙ			r					R		
geschlagen				ɾ		ɽ					
frikativ	ɸ β	f v	θ ð	s z	ʃ ʒ	ʂ ʐ	ç ʝ	x ɣ	χ ʁ	ħ ʕ	h ɦ
lateral frik.				ɬ ɮ							
approximant		ʋ		ɹ		ɻ	j	ɰ			
lateral appr.				l		ɭ	ʎ	ʟ			
ejektiv	p'			t'		ʈ'	c'	k'	q'		
implosiv	ɓ ɓ			ƭ ɗ			ƈ ʄ	ƙ ɠ	ʠ ʛ		

Bei paarigen Symbolen ist das jeweils erste stimmlos (stl.), das zweite stimmhaft
(sth.). Die mit   gekennzeichneten Artikulationen sind nicht möglich.

ɥ   sth. labial-palataler Approximant   ɕ ʑ   alveo-palatale Frikative
ʍ   stl. labial-velarer Frikativ   ʜ ʢ   epiglottale Frikative
w   sth. labial-velarer Approximant   ʡ   stl. epiglottaler Plosiv
ɧ   gleichzeitiges ʃ und x
ɺ   alveolarer lateraler geschlagener Laut (,Flap')
ʘ   bilabialer Click (Schnalzlaut)
ǃ   (post)alveolarer Click   ǂ   palatoalveolarer Click
ǀ   dentaler Click   ǁ   alveolarer lateraler Click

Affrikaten und Doppelartikulationen können durch zwei mit einem Bogen verbundene Symbole gekennzeichnet werden: k͡p t͡s

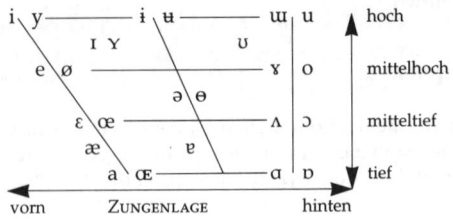

DIAKRITIKA

◌	stimmlos	n̥ d̥	◌	stärker gerundet	ɔ̹	ʷ	labialisiert	tʷ dʷ
◌	stimmhaft	s̬ t̬	◌	weniger gerund.	ɔ̜	ʲ	palatalisiert	tʲ dʲ
ʰ	aspiriert	tʰ dʰ	◌	vorverlagert	u̟	ˠ	velarisiert	tˠ dˠ
◌	breathy	b̤ a̤	◌	rückverlagert	i̠	ˤ	pharyngalisiert	tˤ dˤ
◌	creaky	b̰ a̰	◌	zentralisiert	ë	~	nasaliert	ẽ
◌	linguolabial	t̼ d̼	◌	mittelzentral.	ě	ⁿ	nasale Lösung	dⁿ
◌	dental	t̪ d̪	◌	silbisch	ɹ̩	ˡ	laterale Lösung	dˡ
◌	apikal	t̺ d̺	◌	nichtsilbisch	e̯	˺	ungelöst	d̚
◌	laminal	t̻ d̻	◌	rhotaziert	ɚ			

~ velarisiert oder pharyngalisiert   ɫ ɖ

◌ erhöht   e̝   (ɹ̝ = stimmhaft alveolar frikativ)

◌ erniedrigt   e̞   (β̞ = stimmhaft bilabial approximant)

◌ vorverlagerte Zungenwurzel   e̘

◌ rückverlagerte Zungenwurzel   e̙

SUPRASEGMENTALIA

ˈ	Hauptbetonung		**REGISTERTÖNE**		**KONTURTÖNE**
ˌ	Nebenbetonung	ˌfoʊnəˈtɪʃən	e̋ oder ˥ extra hoch	ě oder ˩˥ steigend
ː	lang	eː	é ˦ hoch	ê ˥˩ fallend
ˑ	halblang	eˑ	ē ˧ mittel	e᷄ ˦˥ hoch steigend
˘	extra kurz	ĕ	è ˨ tief	e᷅ ˩˨ tief steigend
.	Silbengrenze	ɹi.ækt	ȅ ˩ extra tief	e᷈ ˧˦˧ steigend-fallend
	kürzere (Takt-/Fuß-)Gruppe	↑	downstep	etc.
‖	längere (Intonations-)Gruppe	↓	upstep	
‿	Bindung (fehlende Grenze)			
↗	global steigend			
↘	global fallend			

Abb. 3-1: *Internationales Phonetisches Alphabet*

Für feine Transkriptionen wird dieses Systems allerdings nicht ausreichen, so daß der bestehende Zeichensatz erweitert werden muß. Die Sonderzeichen sollten typographisch sinnvoll aufgebaut sein. Für die Erstellung solcher (und anderer) Zeichen gibt es mittlerweile verschiedene Programme, mit denen relativ leicht ein Zeichensatz erstellt und auf der Tastaturbelegung gespeichert werden kann.

Aufgrund der sprachlichen Variation ist es möglich und praktisch wahrscheinlich, daß „selbst der Fall von gleichen Transkripten mehrerer trainierter Hörer keine Gewähr für die ‚Richtigkeit' der Transkription bietet, weil fast gleiche akustische Ergebnisse von doch verschiedenen Sprechmuster hervorgerufen werden können" (Almeida/Braun 1982: 599-600). Häufig kommt es vor, daß verschiedene Transkribenten zu unterschiedlichen Ergebnissen kommen oder daß ein Transkribent zu verschiedenen Zeitpunkten dieselbe Lautfolge unterschiedlich interpretiert. Ferner kann die Interpretation des Inhalts einer Äußerung „auf Grund einer sich einstellenden phonetischen Erwartung zum Hören nicht vorhandener bzw. zum Überhören vorhandener Segmente oder Merkmale führen" (ibid., S. 599). Daraus folgt, daß

1. jedes Transkript möglichst von zwei Transkribenten erstellt werden sollte;
2. die Transkribenten ihre Probleme beim Verschriften protokollieren;
3. die Transkribenten ein trainiertes Gehör besitzen sollten;
4. Zweifelsfälle vom Transkribenten nicht auf Grund von Vorwissen ‚extrapoliert' werden.

3.2 Diskurstranskription

Diskurstranskriptionen haben wie IPA die Funktion, gesprochene Sprache zu verschriften, die Flüchtigkeit des Diskurses als Text zu fixieren. Gegenüber der phonetischen Transkription liegt der Fokus auf der Wiedergabe des Gesprächs in bezug auf gesprächsanalytische Aspekte (Markierung des Sprecherwechsels, Pausenstruktur usw.) bei gleichzeitig guter Lesbarkeit des Textes. Darüber hinaus sollten die Transkriptionssysteme geeignet sein, mit EDV verarbeitet werden zu können. Ein standardisiertes System zur Verschriftung von Diskursen liegt nicht vor. Aber das von Gail Jefferson (1984) entwickelte System (s. u.) bildet die Grundlage für viele im Einzelfall modifizierte Verschriftungssysteme.

Diskurstranskriptionen werden in der Konversations- und Diskursanalyse, der interkulturellen Kommunikationsforschung, der Soziolinguistik und der Spracherwerbsforschung angewandt, aber auch in den Nachbardisziplinen Ethnologie, Soziologie, Psychologie und Pädagogik. In neueren Arbeiten zur Syntax der gesprochenen Sprache wird zunehmend auf Diskurstranskriptionen zurückgegriffen.

3.2.1 Konversationsanalytische Transkription

Neben verschiedenen Möglichkeiten und Systemen, Gespräche zu verschriften, haben sich die von der Amerikanerin Gail Jefferson (1984) entwickelten Zeichenkonventionen weitgehend etabliert. Diese sollen im folgenden dargestellt werden. Im Englischen werden Satzzeichen usw. nicht notiert, da es sich um die Verschriftung gesprochener Sprache handelt; äußerungsinitiale Wörter und Namen werden groß geschrieben. Für das Deutsche finden sich unterschiedliche Vorgehensweisen in bezug auf die Orthographie. Wenn es sich um gesprochene Sprache handelt, sollte man im Deutschen konsequent die Kleinschreibung wählen, um dies auch optisch deutlich zu machen. In der konversationsanalytischen Transkription gelten die folgenden Konventionen:

Äußerungen (Redezüge), die von zwei oder mehr Sprechern gleichzeitig begonnen werden, sind durch zwei nach rechts geöffnete eckige Klammern markiert:

⟦   P: ⟦ darf ich dir was abgeben
          V: darf ich ihnen

Wenn sich überlappende Äußerungen nicht gleichzeitig begonnen werden, wird der Punkt, in dem die nachfolgende Äußerung einsetzt, durch eine nach rechts geöffnete eckige Klammer markiert:

[P: darf ich dir was ₍abgeben
          V: nein danke

Der Punkt, an dem die überlappende Äußerung stoppt, wird durch eine nach links geöffnete eckige Klammer markiert:

]   P: darf ich dir was ₍abgeben₎
          V: nein ja

Wenn zwei Äußerungen sich nicht überlappen und die Folgeäußerung direkt an die Vorgängeräußerung anschließt, steht das Gleichheitszeichen nach der Vorgänger- und vor der Folgeäußerung:

=   P: ich habe ihn nicht gesehen=
          K: =kein wunder er ist in berlin

Schließen mehr als ein Sprecher direkt an eine Vorgängeräußerung an, so wird dies durch das Gleichheitszeichen und zwei nach rechts geöffnete eckige Klammern markiert:

          K: ich habe ihn nicht gesehen=
=⟦   P: =⟦kein wunder er ist in berlin
          V: aber ich

Wenn zwei sich überlappende Äußerungen gleichzeitig enden und
eine Folgeäußerung direkt anschließt, so wird dies durch eine nach
links geöffnete eckige Klammer und Gleichheitszeichen angegeben:

=]   P: darf ich dir was [abgeben]=
          V: nein ja

          K: =ja gern

Pausen werden in Zehntelsekunden angegeben und in runde Klammern gesetzt. Sie stehen entweder innerhalb einer Äußerung oder zwischen Äußerungen:

(0.0)   P: ich weiß nicht (0.6) ob ich morgen zeit habe
          (2.4)
          V: vielleicht später

Pausen, die nicht gemessen werden, stehen in doppelten runden
Klammern und werden wie Kommentare (s. u.) behandelt:

((Pause)) P: ich weiß nicht ((Pause)) ob ich morgen zeit habe

Trennungszeichen haben andere Funktionen als in der Schriftsprache.
Der Doppelpunkt gibt die Dehnung/Längung eines Lautes an. Durch
die Iteration des Doppelpunktes wird eine stärkere Dehnung markiert:

:   P: du i:dio:::t

Durch andere Interpunktionszeichen werden intonatorische Merkmale notiert.

.   Ein Punkt gibt die fallende Intonation an.
,   Das Komma gibt eine kontinuierende Intonation an.
?   Das Fragezeichen gibt die steigende Intonation an.
!   Das Ausrufezeichen markiert einen intensiven Ton.
-       Der Bindestrich gibt ein abruptes Abbrechen wieder.
        Zwischen Silben oder Wörtern wird der Gesprächsfluß als
        ‚stotternd, abgehackt' markiert.

Besonders hervorgehobene Wechsel im Ansteigen oder Fallen der Intonation werden durch ↑ bzw. ↓ wiedergegeben:

↑↓   Thatcher: I am however (0.2) very ↓fortunate (0.4) in
        having (0.6) a ↑mar:velous dep↓uty

Emphase wird durch Unterstreichung markiert:

——   P: dit seh <u>icke</u> janz anders

Hervorhebung durch Lautstärke wird durch Kapitälchen wiedergeben, leiser gesprochene Passagen sind in Gradzeichen eingeschlossen:

LAUT   P: sprich doch nich so LAUT
° °   V: °ja°

Deutlich hörbare Aspirationen (hhh) und Inhalationen (·hhh) werden dort markiert, wo sie erscheinen:

(hhh)   P: ach d(hh)ies gefällt mir nicht
(·hhh) V: a(·h) ja!

Kommentare, Charakterisierungen des Gesprächs oder Vokalisierungen, die nicht orthographisch wiedergegeben werden können, werden in doppelte runde Klammern gesetzt:

(( ))   P: ((mit hoher Stimme)) hey du da!
        D: dit war ((lacht)) echt stark
        V: ((hüstelnd)) ja ja

Passagen, die schneller bzw. langsamer gesprochen werden, stehen in einfachen spitzen Klammern:

> <   M: manchmal spricht er >ganz schnell<=
< >   N: =aber manchmal auch <ganz langsam>

Zweifelhaft gehörte oder unverständliche Passagen stehen in einfachen runden Klammern:

( )   P: er hat es (d-   )
       V: (drauf)?
       B: ja obwohl das (   )

Applaus kann durch x in Klein- und Großbuchstaben (leise versus laut) wiedergegeben werden:

xXXx   L: wir lesen für kissinger mit
       I: das reicht doch dem kissinger nicht (0.5) das reicht mir
          ooch nich mit verlaub
       P: xxxxxxxxx

Auslassungen von Passagen werden durch Punkte angegeben, sowohl innerhalb einer Äußerungen als auch zwischen Äußerungen:

P: was ich sagte . . . wa

.

.

.

P: aber dit macht nicht wa

Neben verbalen Notationen können auch nonverbale Aspekte mitnotiert werden. Die Blickrichtung eines Sprechers wird oberhalb der Zeile, die seines Adressaten unterhalb der Zeile durch eine durchgehende Linie markiert. Eine gepunktete Linie bezeichnet die Übergangsbewegung von Nicht-Blick zu Blick. Ist keine Linie vorhanden, so wird markiert, daß kein Blickkontakt vorhanden ist. Der Beginn des Blickkontaktes wird durch X markiert:

B: ....[X_____
        das das muß ich dir aber sagen
V: ....[X_____

Interessante Passagen, auf die hingewiesen werden soll, werden durch einen Pfeil → markiert. Folgendes Beispiel stammt aus Schlobinski (1992: 339):

```
1   P:    und da her er hat er sich an äh entschlossen eine
2         therapie (1.0) hineinzugehen oder irgendwas zu probieren↑
3→        weil er hat gesehen (.) aha jetzt geht's nicht mehr so gut
4         weiter (1.0) und dann hat er mit der psychoanalyse
5         begonnen ↓
          (aber-69/T:69%)
```

Am Ende einer Transkriptpassage findet sich häufig (oder sollte sich finden) ein Transkriptsigel. Dieses gibt Auskunft über die Fundstelle im Transkript. Es können auch Informationen über Alter, Geschlecht usw. des Sprechers enthalten sein (vgl. z. B. Wald 1981). Bei längeren Transkripten sollte ein Zeilennummerierung erfolgen, um ein Stelle schneller auffinden zu können..

Zum Abschluß folgendes Beispiel:

```
K:    morgen
V:    morgen (1.2) wat darfs sein?
K:    ham se n paar schöne äppel da  oder so wat?
V:                                 [na klar (0.5) (golden) delicious.
```

```
K:   na denn is jut ((lacht)) jeben se mal n pfund. aber schöne KNACKIJE (0.2)
V:                                      [[ja
K:   so wie letztet mal. p(hh) is dit hei::ß heute (1.0) nich zum aus-hal-ten=
V:   =da ham se recht! morgen solls wieda kühler werden.
K:                          [zu warm! ]
```

Das Transkriptionssystem kann je nach Fragestellung modifiziert werden. Zusätzliche Symbole finden sich in Du Bois et al. (1992). Dieses
spezifizierte und äußerst detaillierte Transkriptionssystem ist sehr gut
für weiterführende EDV-Verarbeitungen geeignet, die Lesbarkeit aber
ist eingeschränkt. Ohne die Konventionen im einzelnen zu geben,
hier ein kurzes Beispiel (Du Bois et al. 1992: 169):

```
K:   (H) .. But ^he'll recover, \
     He'll% --
D:   (0) What ^is that.
K:   ^He'll be 'over his leprosy [^soo=n]. \
V:                               [^Nothing],\
     it's just 'dry ^skin. /
K:   .. @
G:   ... @ There isn't --
     It's <@ ^no= 'disea=se, \
     at 'a=ll @>
K:   .. 'Athletic feet. \
     ... @N .. 'foot ._
D:   .. @N .. 'foot . \
```

Eine vereinfachte Version konnte für die Verschriftung jugendspezifi-
scher Sprechweisen verwendet werden (Schlobinski/Kohl/Ludewigt
1994). Folgende Konventionen wurden gebraucht:

(( ))	Kommentare, nonverbale Signale
(.)	kurze Pause (bis 0.5 Sek.)
(.2 sec)	Pause, hier 2 Sekunden
( )	unverständliche Passage
(2.0)	unverständliche Passage von 2 Sekunden Länge
(er)	zweifelhafte Wiedergabe, unsicher gehörtes Wort, hier: er
_ _ _ _ _	Emphase
=	direkter Anschluß nach Sprecherwechsel
Majuskel	lauter gesprochen
° °	leiser gesprochen
> <	schneller gesprochen
[ ]	phonetische Wiedergabe
// //^{n}	n-fache Wiederholung der in // eingeschlossenen Sequenz
I	Interviewerin

Als Verschriftung sei das folgende Beispiel gegeben:

```
 1 Joachim:  und einige aufnahmen der rallye paris dakar (.)
 2           herr tanne mitem bulli (.) fährt vorbei (.) hörn sies (.)
 3           hörn sie sichs an! (.2 sec) legt um in den fünften gang
 4           (.4 sec) weiß gott wei weiß jemand (.) was wir nachher
 5           noch machen oder so?
 6 Tim:      ja (.) film angucken
 7 Berta:    °film gucken°
 8 Andrea:   heute abend gibs ne fete
 9 Tim:      ja (.) heute abend fete?
10 Berta:    haben wir ja noch nich gehabt (.) nä
11 Tim:      so (.) dann mach ich ( )
12           ((laute Schrittgeräusche))
13 Joachim:  machen wir n gottesdienst?
14 Berta:    naja n wahrscheinlich
15 Hans:     hat hat einer den ( )
16 Berta:    ( ) du sagst es
17 Joachim:  ja ich hab wohl nen paar karten mit (.2 sec)
18 Hans:     ja (.) ( ) (.4 sec)
19 Tim:      andrea was haste denn gesagt (.) was haste für schuhe
20           bezahlt? (.2 sec)
21 Andrea:   reebok
22 Berta:    = reebok
23 Joachim:  = wo kommen die denn hin?
24 Tim:      echt (.) ich find die geil (.5 sec)
           (Schlobinski/Kohl/Ludewigt 1994: 100)
```

Das von Jefferson entwickelte Transkriptionssystem für diskursive Daten hat sich in hohem Maße etabliert und bildet die Grundlage für verschiedene modifizierte Trankriptionssysteme.

3.2.2 Halbinterpretative Arbeitstranskriptionen (HIAT)

Bei der halbinterpretativen Arbeitstranskription handelt es sich um ein Verschriftungssystem diskursiver Daten. Das System wurde von Ehlich/Rehbein (1976) entwickelt und um intonatorische Phänomene und die Notation nonverbaler Aspekte erweitert (Ehlich 1979, Ehlich/Rehbein 1979). Das Verschriftungssystem knüpft an das konversationsanalytische Transkriptionsverfahren an. Es bietet zwei Vorteile:
1. Es ist das in Deutschland am häufigsten benutzte standardisierte System;
2. EDV-Versionen für MS-DOS und MacIntosh liegen vor.
Die Verschriftung erfolgt nach der sog. Partiturschreibung, d. h., verschiedene Sprecher werden parallel notiert. Dabei kann die Zeilennotation endlos weitergeführt werden, ohne daß auf Seitenformate geachtet werden muß. Die Verschriftung erfolgt literarisch nach der Standardorthographie, somit werden die Interpunktionszeichen in übli-

cher Orthographie verwendet. Eine Notation in Lautschrift kann additiv in einer Parallelzeile notiert werden. Beispiel:

P: [boa: ei]
   Da sacht der ‚boah ey'.

In bezug auf Sprecherwechsel und Redebeiträge wird durch eckige Klammern eine Simultankennzeichnung vorgenommen. Der Einsatz des folgenden Sprechers wird vertikal notiert und kann durch Pfeile noch besonders (↗↘) markiert werden. Simultankennzeichnung für das Turnende erfolgt durch Linienmarkierung. Im folgenden Beispiel beginnt Sprecher L, wenn Sprecher P ‚nach' sagt. Sprecher P hört auf, wenn Sprecher L ‚ei' von ‚eigentlich' gesagt hat. Durch die Umrahmung wird gekennzeichnet, daß die eingeschlossenen Äußerungen vollständig oder partiell parallel realisiert wurden.

```
P Kommst du mit nach Hause └─────┐
L                    Wie spät ist es ei│ gentlich?
P oder bleibst du         noch hier?
I                    ↘Jetzt?↗         ↘ Ja.
```

Redepausen werden durch Punkte gekennzeichnet:

.	kurze Pause
. .	längere Pause
....	lange Pause
((2s))	zwei Sekunden lange Pause

Unterbrechungen werden durch einen Slash gekennzeichnet:

   /   Ko/kommst Du bal/ähh.

Spezielle intonatorische Markierungen:

´	steigender Ton
`	fallender Ton
∨	Fall-Steigton
∧	Steig-Fallton
−	gleichbleibender Ton
>	(über der Zeile) ‚leise werden'
<	(unter der Zeile) ‚lauter werden'
>>>>	schneller werden
<<<<	langsamer werden
.....	(über der Zeile) Stakkato (ein Punkt pro Silbe)
___	(unter der Zeile) betont
_ _ _	(unter der Zeile) gedehnt

:   Dehnung /Längung eines Phonems

Intonationskonturen werden auf einer fünfstufigen Skala angegeben, z.B

```
–   o
–       o
–          o  o
–             o
–                o
wer hat das gesagt?
```

Akustische Unverständlichkeiten werden in einfache Parenthesen (   ) gesetzt. Doppelklammern ((   )) werden gebraucht, um Kommentare wiederzugeben und Charakterisierungen des Gesprächs, z.B. ((Gelächter)). Kommentierte Stellen des Transkripts im Text werden durch $\angle_i$ $_i$–/ wiedergegeben.

Als Transkriptionsbeispiel sei das obige Beispiel (s. S. 64 f.) in der HIAT-Version gegeben:

```
K  ⌈   Morgen.
V  ⌊   Morgen. 1,2 Wat darfs sein?
K  ⌈   Ham se n paar schöne Äppel da  oder so wat?
V  ⌊                            Na klar .. (golden) delicious.
K  ⌈   Na denn is jut. ((lacht)) Jeben se mal n Pfund, aber schöne, knackije,
V  |                              Ja.
K  ⌊   so wie letztet Mal. P(hh) is dit hei:ß heute, 1,0 nich zum Aus/hal/ten.
V  ⌈   Da ham se recht! Morgen solls wieda kühler werden.
K  ⌊                              Zu warm!
```

In der Kommunikationsforschung werden in zunehmenden Maße nonverbale Phänomene untersucht oder der Zusammenhang von sprachlichen und nonverbalen Phänomenen. In HIAT gibt es eine Reihe von Konventionen, um nicht-verbale Handlungen zu verschriften. Es werden drei Ebenen unterschieden: 1. die Ebene der verbalen Kommunikation (VK), 2. die Ebene der nonverbalen Kommunikation (NVK) und 3. die Ebene der Aktionen, die Handlungsebene (AK). Körperpartien sind wie folgt abgekürzt:

Kopf		Extremitäten		Körper	
KO	: Kopf	A R	: Arme	KÖ	: Körper
GE	: Gesicht	HA	: Hand	SC	: Schulter
ST	: Stirn	HÄ	: Hände		
AU	: Auge(n)	FI	: Finger		
LD	: Lid	KF	: Kleiner Finger		

BR	: Braue(n)	RF	: Ringfinger
NA	: Nase	MF	: Mittelfinger
MU	: Mund	ZF	: Zeigefinger
LP	: Lippe(n)	DF	: Daumen
ZU	: Zunge	FU	: Fuß
KI	: Kinn	FÜ	: Füße
ZA	: Zahn	BE	: Bein(e)
ZÄ	: Zähne		

Ferner gelten folgende Konventionen:

r	rechts
l	links
%	punktuelles Ereignis (z.b. Augenaufschlag)
o---y---o	duratives Ereignis, Kennzeichnung der Dauer

Das folgende Beispiel stammt aus Ehlich (1993: 139):

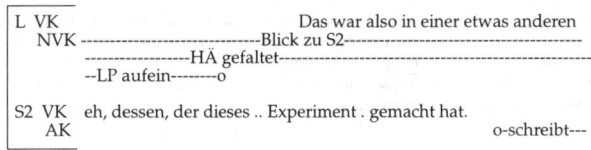

Als EDV-Anwendung liegt das System HIAT-DOS und für den Mac-Intosh syncWRITER vor. Die Eingabe der Daten ist benutzerfreundlich, allerdings sind die Programme extrem langsam. Die Daten können mit dem Programm Li-A-M (Linguistische-Analyse-Makros) kombiniert werden. Die Makros sind nüzlich für die Deskription der Daten (nummerieren, zählen usw.) Auditive Daten können auf dem MacIntosh leicht integriert werden (Grießhaber 1990, 1991).

Ein Band mit Transkriptionen nach HIAT sowie die entsprechenden Tondokumente sind kürzlich erschienen (Redder/Ehlich 1994) und bieten eine praktische Möglichkeit, das System kennenzulernen.

3.3 Literarische Transkription

Bei der literarischen Transkription werden Texte oder Satzbeispiele in Standardorthographie wiedergegeben. In Grammatiken werden Beispiele in der Regel orthographisch wiedergeben. Durch Diakritika können zusätzlich Akzente markiert werden, Haupt- und Nebenakzent werden durch ´ bzw. ` wiedergegeben, z.B.

Ich habe íhn gestern gesehen.
Ich habe ihn géstern gesehen.
Ich habe ihn géstern gesèhen.

Grammatisch inkorrekte bzw. nicht oder wenig akzeptable Beispiele
werden durch * bzw. ? markiert:

*Gegesternsehen habe ihn ich.
?? Gestern ihn habe ich gesehen.

Lautliche Spezifika, z. B. Dialektmerkmale, werden ebenfalls in ortho-
graphischer Notation wiedergegeben, vgl. folgende zwei Beispiele aus
dem Berlinischen.

> „Ich sage Ihnen, Exlenz, wird sind schon unterwejens. (Nach einer kleinen Pause)
> Den Oojenblick jeht et ab. (Einem anderen Herrn zurufend) Sie da! Heda, Sie! Hier
> jeht et ab! (Läuft hin.) Hören Se mal, bester Herr, det schöne braune Pferd da, wo die
> drei Herrschaften drinn sitzen, det bin ick. Haben Se de Jüte un fahren Se mit?"
> (Glaßbrenner 1843: 20).
> „Jestern morjen sach ick zu Elfriede, wat meine Jattin is, ick sahre: «Elfriede!» sahr
> ick, «heute is Sonntach, ick wer man bißken rumhörn, wat die Leite so wählen dhun,
> man muß muß sich auf dem laufgenden halten», sahr ick – «es is eine patt . . . patrio-
> tische Flicht!» sahr ick. Ick ha nämlich 'n selbständjen Jemieseladn. Jut. Sie packt
> ma 'n paar Stulln in, umd ick ßottel los."
> (Tucholsky 1960: 212).

Schwierig ist teilweise die Beurteilung der phonetischen Qualität der
Laute. Im heutigen Berlinisch wird <det> [dit], [dət], selten [dɛt], <sa-
gen> als [saɣən] gesprochen, so daß sich die Frage stellt, welche Laute
die Autoren verschriftet haben mögen. Hier kann das orthographische
Inventar nur eine grobe Wiedergabe ermöglichen, die zu falschen
Lautierungen führen kann. Für sprachwissenschaftliche Fragestel-
lungen muß in der Regel ein phonetisches System gewählt werden (s.
Kap. 3.1).

3.4 Interlinearglossierung

Bei der Verschriftung in Form der Interlinearglossierung handelt es
sich um eine Hilfestellung für das Erarbeiten fremdsprachiger Beispiele und Texte. Interlinearglossierungen finden sich insbesondere,
wenn auch nicht systematisch, in sprachtypologischen Arbeiten. Durch
die Interlinearübersetzung soll die Struktur einer Sprache dem Leser
insofern veranschaulicht werden, als Sprachbeispiele Informationen
zur lexikalischen und insbesondere morphosyntaktischen Struktur erhalten. Hierfür wird der sprachliche Beleg strukturiert, die Bedeu-

tung der Strukturierung wird in einer Parallelzeile angegeben. In einer zweiten Parallelzeile steht die freie Übersetzung. So werden bspw. in Lateinisch *laudabat* die Tempus- und Personalsuffixe markiert und erklärt, wobei PRÄT für Präterium und 3s für die 3. Person Singular steht:

lauda-ba-t
loben-PRÄT-3s
er/sie/es lobte

Eine einheitliche Konvention, nach der Interlinearglossierungen vorzunehmen sind, gibt es nicht. Hier drei Beispiele:

CHINESISCH

L: nǐ xǐhuan yīnyuè ma
du mögen Musik Part
Magst du Musik?

Y: bù xǐhuan
nicht mögen
Ich mag Musik nicht.

L: bù xǐhuan wèishénme bù xǐhuan yīnyuè
nicht mögen warum nicht mögen Musik
Du magst Musik nicht? Warum magst du keine Musik?

Y: yīnwèi wǒ bù dǒng lǎoshī zài shuō shénme
denn ich nicht verstehen Lehrer gerade sagen was
Weil ich nicht verstehe, was der Lehrer erklärt.
PART: Partikel
(Schlobinski 1992: 162)

MIXTEKISCH

kwa nākaty-i nóō tyīsu kūñēshú
CON:DIR POT:nacherzählen-ich ein Geschichte Hasen
Ich will eine Geschichte erzählen über den Hasen

cha tūhvá shaan chāhndyá tūyāhā
CMP CON:sein:gewöhnt ungezügelt CON-schneiden Chili:Pflanze
der immer die Chilipflanzen niedertrampelt.
CMP: Complementizer
CON: kontinuativ
DIR: direktional
POT: potential
(Johnson 1988: 140)

CREEK

Honanawa-t   iiposwoci-n confonw-n   is-homp-i-too-s
Mann-NM   Suppe-OBL   Gabel-OBL INS-essen-EP-AUX-DEC
Der Mann aß die Suppe mit der Gabel.
AUX: auxiliar
DEC: deklarativ
EP: epenthetischer Vokal
INS: instrumental
NM: Nominativ
OBL: oblique
(Schuetze-Coburn 1987: 148)

Beispiele sollten in IPA oder der etablierten Orthographie gegeben werden. Andere Konventionen sind in einer Legende zu erklären. Ebenfalls sind in der Legende die Abkürzungen anzugeben. Abtrennung
von Morphemen in Beispielen und Glossierungen können durch
Spiegelstrich markiert werden, z.B. *Ver-miet-er*. In der Interlinearglossierung werden grammatische Informationen in Kapitälchen gesetzt,
lexikalische in Normalorthographie. Bedeutungskomponenten eines
Lexems und grammatische Informationen, die morphologisch nicht
markiert sind, werden durch Doppelpunkt abgetrennt, z.B. Hopi

pam   nime?   itsivutini
er:SUBJ   nach:Hause:gehen   sich:ärgern:FUT
Wenn er nach Hause geht, wird er sich ärgern.
(Dürr/Schlobinski 1990: 145)

Interlinearglossierungen sind eine wichtige Hilfe bei der Umsetzung
fremdsprachlicher Texte in die Muttersprache und besonders nützlich,
wenn fremdsprachliche Belege in linguistischen Diskussionen zitiert
werden.

3.5 Korpussammlungen

Im Rahmen der in den USA und in England etablierten Korpuslingui-
stik gibt es im anglophonen Raum eine große Anzahl von Korpora der
gesprochenen und geschriebenen Sprache, die EDV-gespeichert vorliegen. Ein Überblick hierzu findet sich in Edwards (1993). Im deutschsprachigen Raum ist die Korpuslage weniger günstig, insbesondere
zum gesprochenen Deutsch. Einen Überblick über Korpora im Deutschen findet sich bei Menge (1993) und Kammer (1993) sowie zu phonetischen Korpora bei Hess (1993). Zentrale Anlaufstelle ist das ‚Institut
für deutsche Sprache' in Mannheim, wo in bezug auf die meisten un-

ten vorgestellten Korpora nähere Informationen zu erhalten sind, insbesondere auch zum Zugang über e-mail. Verschiedene Korpora liegen nicht publiziert vor, z.b. das umfangreiche Korpus von Rigol zur Kindersprache (Universität Osnabrück), andere Korpora sind in weniger bekannten Verlagen erschienen, wie das ca. 100 000 Wortformen umfassende Korpus zu jugendspezifischen Sprechweisen von Schlobinski/Kohl/Ludewigt (1994) im ‚Linguistic Data on Diskette Service (LDDS)', wo Korpora zu verschiedenen Sprachen erschienen sind. Erste Korpora liegen mittlerweile als CD-ROM vor, wie z.B. die Jahrgänge 1982-92 der Frankfurter Allgemeinen Zeitung. Man kann sicher davon ausgehen, daß aufgrund der Entwicklung der CD-ROM in den nächsten Jahren zahlreiche Sprachdaten leicht zugänglich zur Verfügung stehen werden, wie die rasante Entwicklung im englischsprachigen Raum zeigt, wo mittlerweile eine große Anzahl literarischer Publikationen als CD-ROM erschienen sind. Die Verarbeitung von Tonsignalen und Verschriftungen ist momentan wegen der hohen Speicherkapazitäten noch aufwendig und teuer, aber auch hier ist abzusehen, daß in nicht ferner Zukunft gesprochene Sprache als Transkript und Tonsignal EDV-gespeichert vorliegen wird. Ein schönes Beispiel ist das SOWL-Programm (Sounds of the World Languages, Choi et al. 1989), in dem für über 80 Sprachen markante Laute in IPA notiert und von Muttersprachlern in Wörtern gesprochen abgespeichert sind.

Für das geschriebene Deutsch liegt eine Reihe von Korpora vor:
- Bonner Zeitungskorpus
- Mannheimer Korpus
- Grammatik-Korpus
- Wendekorpus.

Nähere Informationen sind über das ‚Institut für deutsche Sprache' zu erhalten. Ebenfalls liegen die meisten Korpora zur gesprochenen Sprache in Mannheim beim IdS vor. Die Korpora sind über das Datennetz INTERNET zugänglich. Auf die Korpora der gesprochenen Sprache soll im folgenden näher eingegangen werden.

Das sog. **Pfeffer-Korpus**, nach dem amerikanischen Sprachwissenschaftler J. Alan Pfeffer, basiert auf dem sog. Grunddeutsch-Korpus, das 1961 an der Stanford University (USA) aufgebaut wurde. Das Korpus beruht auf 401 Leitfadeninterviews in der Länge von ca. 12 Minuten, die im gesamten deutschsprachigen Raum aufgenommen wurden, und umfaßt ca. 650 000 Wortformen. Einzelne Textkorpora liegen publiziert vor und bilden innerhalb der Serie ‚PHONAI. Lautbibliothek der deutschen Sprache', hrsg. vom Institut für deutsche Sprache, die Bände 28, 29 und 30. Bei den Transkriptionen handelt es sich um standardsprachliche Texte, bei denen spezifische phonetische, syntaktische und lexikalische Besonderheiten markiert sind, die eine Auswertung des Korpus erleichtern. Eine Wiederholung der Untersuchung ist von

Prof. Dr. Randall Jones (Dept. of German, Brigham Young University, Provo, Utah 84602, USA) begonnen worden, zu der nähere Angaben bisher nicht vorliegen (vgl. Menge 1993: 21).

Das bekannteste und am meisten genutzte Korpus ist das **Freiburger Korpus**, das zwischen 1968 und 1974 im Rahmen eines Projektes zu ,Grundstrukturen der deutschen Sprache' durch die Freiburger Forschungsstelle des IdS erhoben wurde. Die Aufnahmen wurden zum großen Teil von Rundfunk- und Fernsehaufnahmen mitgeschnitten, von daher treten die Diskurstypen ,Interview', ,Diskussion', ,Bericht', ,Vortrag' und ,Reportage' besonders häufig auf. Das so erhobene Korpus hat einen Umfang von ca. 500 000 Wortformen. Eine Auswahl von Texten ist in der Reihe ,Heutiges Deutsch' als Bände ,Texte gesprochener deutscher Standardsprache I-IV' veröffentlicht worden. Zwischen 1974 und 1978 wurde in Freiburg mit der Unterstützung des IdS ein Projekt zur Analyse natürlicher Dialoge durchgeführt, aus dem das **Dialogstrukturenkorpus** hervorgegangen ist (vgl. Behrens et al. 1976). Das Korpus umfaßt 72 Aufnahmen aus dem Freiburger Korpus sowie 64 Neuaufnahmen, die überwiegend auf Video aufgenommen wurden. Die Aufnahmen lassen sich den Diskurstypen ,Interview' und ,Diskussion' zuordnen.

Das **Dortmunder Korpus der spontanen Kindersprache** (DOKO) besteht aus 13 Teilkorpora, die jeweils für sich die Aufnahme der Sprechsprache eines Kindes dokumentieren. Die Aufnahmen basieren auf der von Klaus R. Wagner 1972 angewandten Methodik, seine 9jährige Tochter über einen Tag hinweg aufzunehmen, wobei sich ein Korpus von 30 000 Wortformen ergab. Teilkorpora liegen publiziert vor (Wagner/ Schulz 1990, Wagner/Wiese 1990).

Das **Saarbrücker Korpus zur Kindersprache** umfaßt 251 Aufnahmestunden, von denen über 36 Stunden verschriftet vorliegen (vgl. Schuh 1993: 19). Ein Textband der Aufnahmen ist erschienen (Rath/ Immersberger/Schuh 1987), die veröffentlichten Aufnahmen sind beim IdS archiviert.

Am IdS findet sich im Aufbau eine Dikursdatenbank (**DIDA**), in der zum einen ein ,Archiv gesprochenes Deutsch' angelegt wird, zum anderen die Bearbeitung dieser Daten für wissenschaftliche Analysen erfolgt (Neumann 1988/89).

Die Möglichkeiten, verschriftete Sprachkorpora zur Verfügung zu stellen, sind bisher kaum genutzt worden. Es ist mittlerweile äußerst preisgünstig, eigene Daten auf CD-ROMs pressen zu lassen. Aufgrund der hohen Speicherkapazität besteht ein Vorteil darin, daß neben den Texten Bild- und Toninformationen gespeichert werden können. Ein schönes Beispiel ist die Arbeit von Farnell (1995) zum *Plains Indian Sign Talk*, die als Buch mit CD-ROM als Supplement vorliegt.

3.6 Exkurs: Analyse von Schrift

In den vorangehenden Kapiteln haben wir Methoden kennengelernt, das gesprochene Wort schriftlich und somit für einen längeren Zeitraum ‚konserviert' festzuhalten. Hierfür haben wir auf ein etabliertes Zeicheninventar zurückgegriffen, das uns in der Regel keine Schwierigkeiten bei der Entzifferung und bei der Übersetzung in das Gesprochene bereitet. So können wir unabhängig von der Schriftart und vom Schriftschnitt ein Graphem <a> identifizieren, sei das *a* in Palatino, Helvetica, kursiv, groß oder klein geschrieben (a, a, *a*, A). Zudem wissen wir, wie das *a* ausgesprochen wird, wir können das orthographische System erlesen. Diese für uns seit der Schulzeit erworbenen Fähigkeiten werden als selbstverständlich vorausgesetzt, und man macht sich in der Regel keine weiteren Gedanken, was für Probleme auftreten können, wenn man sich wissenschaftlich mit Schrift und mit Texten beschäftigt. Hierbei tritt eine Reihe von empirisch relevanten Problemen besonders virulent dann auf, wenn man Texte unter einer diachronen Perspektive analysiert. Zwei zentrale Probleme sollen im folgenden näher untersucht werden, nämlich das Problem der **Identifizierung und Klassifizierung von Schriftzeichen** und das Problem der **Entzifferung von Schriftzeichen**.

In Abb. 3-2 sehen wir eine Handschrift aus dem Jahre 1525, es handelt sich um ein Niedergerichtsprotokoll der Altstadt Osnabrück, das im Rahmen eines Forschungsprojektes zu den sprachlichen Verhältnissen in Osnabrück in der frühen Neuzeit untersucht wurde (Maas/ McAlister 1984). Die Handschrift konnte mit keiner Person identifiziert werden und wird deswegen als Hand A bezeichnet. Um eine Hand identifizieren und weiterführende Text- und Sprachanalysen – in bezug auf Geschichte der Orthographie und Interpunktion, Standardisierungsprozesse sowie das Verhältnis zwischen Schrift- und Sprechsprache – durchführen zu können, ist es zunächst notwendig, die vorkommenden Graphien zu beschreiben. Dies ist angesichts zahlreicher Formvarianten, schwer leserlicher Stellen und Idiosynkrasien eine aufwendige Arbeit. Um auf der deskriptiven Ebene die Schriftcharakteristika einer Hand festhalten zu können, können vier heuristische Schritte bei der Analyse angesetzt werden (Maas/McAlister/Schaidhammer-Placke 1989; s. auch Abb. 3-3):

1. Der betreffende Text wird segmentiert.
2. Die Segmente werden Typen zugeordnet und nach Auftreten im Text aufgelistet. Die Klassifizierung nach Typen erfolgt nach Konfigurationsmerkmalen.
3. Erstellen einer Konfigurationsmatrix.
4. Distributionsanalyse und Klassenbildung.

Eine Teilanalyse zu Hand A aus Abb. 3-2 in bezug auf die s-Graphien
findet sich in Abb. 3-3. Für die Analyse sind fotographische oder Scan-
verfahren sehr hilfreich. Das eingescannte Dokument kann zunächst
,gereinigt' werden, im Anschluß können leicht einzelne Wörter und
Graphen ausgeschnitten und vergrößert werden. Nach der Segmenta-
tion werden die einzelnen Graphen Typen zugeordnet, die aufgrund
von Konfigurationsmerkmalen (Deskriptoren) wie Größe, Brechung,
Schlaufe, Anstrich, Abstrich, Zierstrich, Unter- bzw. Überlänge, Rundung vs. Kante, rechts- vs. linksgeneigt etc. erfolgt. Es wird geprüft, ob
verschiedene Typen in bestimmter Weise distribuiert sind, d.h., ob sie
insbesondere nach initialer, medialer oder finaler Position im Wort
verteilt sind. Dies läßt sich tabellarisch in einer Matrix festhalten (vgl.
Abb. 3-3). Im Beispiel zu den s-Graphien zeigt sich, daß das Versalien-s
nur initial, das Innenrollen-s (s mit Innenrolle als Abschluß) nur final
vorkommt. Sonderprobleme bilden Ligaturen wie in *bergersschen* (vgl.
Abb. 3-2 und Abb. 3-3).

Während die Handschrift in Abb. 3-2 insofern gut lesbar ist, als daß
Graphen prinzipiell identifizierbar sind, können bei älteren Texten in
bezug auf die Identifizierung größere Schwierigkeiten entstehen. Kuhn
(1995) konnte an dem Qumrantext ,Midrasch zur Eschatologie' – die
nur in Fragmenten vorliegenden Qumrantexte haben ihren Ursprung
zwischen etwa dem 3. Jh.v.Chr. und dem Jahr 68 n.Chr. und wurden in
Fundhöhlen am Nordwestende des Toten Meeres gefunden –, durch
neue Graphemanalysen die übliche Lesung des hebräischen Textes fal-
sifizieren. In dem besagten Qumrantext wurde bis dato der in Abb. 3-
4u. markierte Buchstabe als ,Resch' interpretiert und die betreffende
Stelle mit ,Werke des Gesetzes' übersetzt. Da es entsprechende Wendungen bei Paulus gibt (z.B. Galater 2,16), wurde dies als Parallele zu
Paulus gesehen. Aufgrund einer Infrarot-Fotographie des Textes und
des Buchstabenvergleichs mit Hilfe von Vergrößerungstechniken
konnte Kuhn zeigen, daß der bisher angenommene Buchstabe ,Resch'
(ר) als der Buchstabe ,Dalet' (ד) zu interpretieren ist (vgl. auch Abb. 3-
4). Damit heißt aber die Textstelle nun ,Werke des Lobpreises', was
wiederum als ,Darbringung des Lobpreises' gedeutet werden konnte,
eine Metapher aus dem jüdischen Opferkult. Die bisher angenommene Parallele zu der paulinischen Wendung ,Werke des Gesetzes'
konnte widerlegt werden, was für Religionsgeschichtler von großem
Interesse ist.

Dies Beispiel zeigt deutlich und anschaulich, wie schwierig und aufwendig allein die Identifizierung eines Buchstabens auf einem alten
Schriftfragment sein kann.

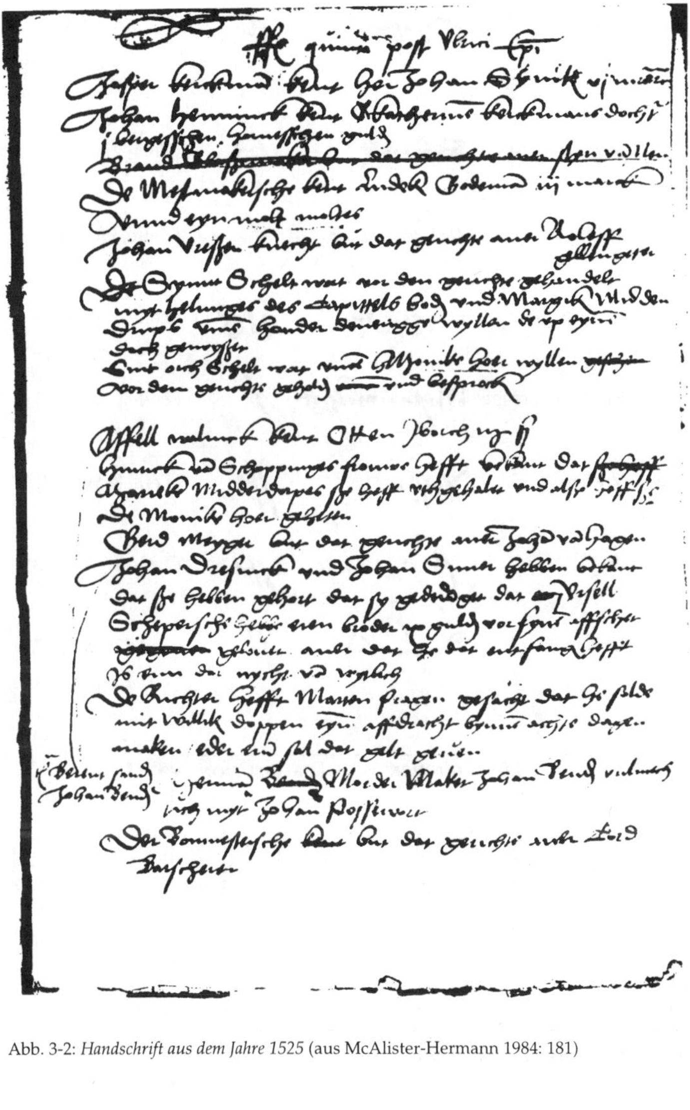

Abb. 3-2: *Handschrift aus dem Jahre 1525* (aus McAlister-Hermann 1984: 181)

-sp-	Jasper			(Zeile 2, Wort 1)
S-	Symk(en)			(Zeile 2, Wort 6)
-s	kerckmanns			(Zeile 3, Wort 6)
-ssch-	bergesschen			(Zeile 4, Wort 2)
-st-	Mestmakersche			(Zeile 6, Wort 2)
-ße-	Vreßen			(Zeile 8, Wort 2)
ße	ße			(Zeile 17, Wort 3)
-si-	Dresinck			(Zeile 20, Wort 2)

	DESKRIPTOREN				**DISTRIBUTION**		
	Schlaufe	Unterlänge	Oberlänge	s-förmig	initial	medial	final
Versalien-s	–	–	–	+	+	–	–
Innenrollen-s	+	–	–	–	–	–	+
ß	+	+	+	–	+	+	–
Schaft-s	–	+	+	–	+	+	–

Abb. 3-3: *s-Analyse zur Handschrift aus Abb. 3-2*

Abb. 3-4: *Der Buchstabe ,Dalet' gut lesbar (oben) und schwer lesbar (unten) aus dem ,Midrasch zur Eschatologie'* (aus Kuhn 1995: 20)

Orakelknochen-inschrift					
Bronzeschrift					
Kleine Siegelschrift					
Kurialschrift					
Normalschrift					
Pīnyīn	xiàng	ān	hǎo	gāo	dé
Bedeutung	Elefant	Frieden	gut	hoch	Tugend

Abb. 3-5: *Entwicklung chinesischer Schriftzeichen* (nach Li 1993)

Die chinesische Schrift ist eine der ältesten der Welt und die einzige, die heute noch geschrieben wird und die sich über Jahrtausende bis hin zu ihren Anfängen rekonstruieren läßt. Die ältesten Zeichen finden sich auf Schildkrötenpanzern und Schulterblättern von Hirschen und Rindern. Diese sog. Orakelknocheninschriften wurden mit Hilfe der Radio-Karbon-Methode (C-14-Methode) auf das 17. bis 11. Jh.v.Chr. datiert. Die Orakelknochen wurden zur Befragung der Götter, göttlicher Vorfahren und Ahnengeister benutzt. Auf der Außenseite des Schulterblattes bzw. der Schildkrötenpanzers waren Fragen zu Feldzügen, Jagden, Ernten, Krankheit, Geburt und Tod eingeritzt sowie das Datum nach Jahr, Monat und Tag. Die Schreibrichtung erfolgte im allgemeinen von oben nach unten und von rechts nach links wie traditionell auch heute noch. Auf den Innenseiten der Schalen wurden Löcher eingebohrt, ohne daß die Schale durchbohrt wurde. Der Wahrsager steckte dann eine glühende Nadel in die Löcher, so daß die Schale zersprang. Aus der Form und Richtung der Sprünge konnten dann die Antworten der Götter abgelesen werden. Diese Art der Wahrsagetechnik, die sog. Skapulamantie, ist noch heute bei einzelnen Minderheiten in China üblich.

Von den 4000 Zeichen, die auf diesen Inschriften gesammelt wurden, konnten bisher 1000 entschlüsselt werden. Die erst in diesem Jahrhundert begonnene Entschlüsselung konnte deshalb so erfolgreich durchgeführt werden, weil die Form vieler heutiger Zeichen über verschiedene Zeitstufen hin zu den ersten Zeichen rückbezogen werden kann. Seit dem 11. Jahrhundert bis zum 3. Jh. v. Chr. wurden Schriftzeichen auf Bronzegefäße geritzt, die den Orakelknocheninschriften noch recht ähnlich sind (vgl. auch Abb. 3-5). In der Zeit der Qin-Dynastie (221 – 206 v. Chr.) wurden die Schriften gesammelt und vereinfacht. Die so standardisierte Schrift nennt man ‚Kleine Siegelschrift'. Die sog. ‚Kurialschrift' entstand gegen Ende der Qin-Dynastie und wurde längere Zeit gebraucht; sie zeichnet sich gegen Ende gegenüber der Kleinen Siegelschrift durch wellenförmige Strichführung aus. Die ‚Normalschrift' entstand gegen Ende Han-Dynastie (206 v. Chr. – 220 n. Chr.) und wird bis heute geschrieben. In Abb. 3-5 sind einzelne Zeichen aus den jeweiligen Schriftepochen dargestellt. Wichtig für die Entschlüsselung ist der piktographische Charakter der alten Zeichen, der mit der zeitlichen Entwicklung zurückgeht, und die Tatsache, daß das Chinesische eine isolierende Sprache ist. Im strukturellen Vergleich lassen sich die graphischen Traditionslinien in den abgebildeten Zeichen auch für den ungeübten Leser chinesischer Zeichen erkennen. Die heutigen Zeichen gehen mehr oder weniger auf Piktogramme zurück, die eine Grundbedeutung haben, die sich aus dem Zeichen bzw. Komponenten des Zeichens ergibt. Das Zeichen für *xiàng* ‚Elephant' ist eindeutig am Rüssel und dem Körper erkennbar. Die Bedeutung des

Zeichens für *gāo* ‚hoch' ist abgeleitet von einem hohen Bauwerk mit Spitzdach und mehreren Stockwerken, im unteren Teil findet sich das Tor, das durch das Zeichen *kǒu* für ‚Mund' dargestellt ist; es handelt sich wahrscheinlich um ein Stadttor mit Befestigungsturm. Das Zeichen für *ān* ‚Sicherheit, Ruhe, Frieden' setzt sich zusammen aus einem Haus, in dem sich eine hockende Frau befindet. Das Zeichen für Frau *nǚ* findet sich auch in dem Zeichen für *hǎo* ‚Liebe' bzw. *hào* ‚mögen', wobei die Frau ein Kind (dargestellt durch das Zeichen für *zǐ*) in den Armen hält. Neben diesen recht plausiblen und anschaulichen Rekonstruktionen gibt es natürlich eine Vielzahl von Zeichen, wo die Herleitung bzw. Ableitung schwieriger ist. Das heutige Zeichen *dé* ‚Tugend, Moral' – welches, nebenbei bemerkt, in *dé guó* ‚Deutschland' geschrieben wird – setzt sich in den Orakelknocheninschriften aus dem Zeichen für ‚Weg, gehen' und ‚mit festem Blick etwas ansehen, aufrecht' zusammen. Zu diesen Komponenten kommt in den Bronzeinschriften das Symbol für ‚Herz' hinzu. ‚Herz und aufrichtiger Weg' ergeben die Grundbedeutung ‚Moral'.

Wie die Beispiele zeigen, spielen bei der Entschlüsselung der chinesischen Zeichen neben graphisch-strukturellen Analogien semantische Ableitungen eine wichtige Rolle. Der piktographische Aspekt der alten Zeichen und die Herleitung der heutigen Zeichen aus den Piktogrammen erweist sich beim Chinesischen als äußerst hilfreich und sinnvoll. Wenn man davon ausgeht, daß die Urspünge der Schrift in bildlichen Darstellungen zu suchen sind – man denke an Felszeichnungen – liegt es da nicht nahe, andere Schriftsysteme wie die Mayaschrift (vgl. Abb. 3-6) als Bilderschriften zu interpretieren? In der Tat war dies die zentrale Forschungsstrategie über ein Jahrhundert bei dem Versuch, die Mayaschrift zu analysieren. Und wie schon bei der Entzifferung des Ägyptischen dies der falsche Weg war, so gelang es lange Zeit nicht, den entscheidenden Schlüssel zur Entzifferung der Mayaschrift zu finden.

Die Maya sind eine indianische Kultur im südlichen Mexiko und in Guatemala, die ihren Höhepunkt zwischen dem 3. und 9. Jh.n.Chr. hatte. Aus dieser Zeit der Klassik, in der die Maya Schrift und Kalender verwendeten sowie fortgeschrittene astronomische Berechnungen durchführten, ist in Gebäuden, auf Stelen und Gefäßen sowie in wenigen Leporello-Büchern eine Vielzahl von Glyphen erhalten. Im Laufe des 19. Jh. konnten einzelne Glyphen schrittweise entziffert werden, und zwar

1. Zahlen- und Kalendersysteme, die relativ kompliziert sind, da die Maya über ein gebrochenes Vigesimalsystem sowie verschiedene kalendarische Systeme verfügten. (Zahlen werden durch Punkte und Striche dargestellt, vgl. Abb. 3-6);

2. sog. Kopfvarianten der Zahlen- und Kalenderglyphen;

3. Himmelsrichtungen und davon abgeleitete Farbglyphen;
4. Götterglyphen.

Die Entzifferung der Glyphen folgte dem logographischen Prinzip. Ansätze, daß die Glyphen im weitesten Sinne auch lautliche Wert repräsentieren, wurden zurückgewiesen. Das von dem Bischof Diego de
Landa im 16. Jh. erstellte Alphabet erwies sich in der Tat als sehr widersprüchlich und nicht anwendbar, wenn auch – wie sich später zeigte –
einzelne ‚Buchstaben' und deren Lautung zutreffend analysiert worden waren.

Von dem seinerzeit führenden Mayanisten John Eric Thompson
(1889-1975) wurden alle lautlichen Rekonstruktionsversuche zurückgewiesen und somit über längere Zeit weitere, lautbasierte Versuche
der Entzifferung blockiert. Am Beispiel der Glyphe für Westen (s. Abb.
3-7, 1. Glyphe) wird Thompsons vorherrschende logographische Herangehensweise deutlich. Der untere Teil der Glyphe zeigt die Sonne,
der obere Teil eine Hand. Die Hand kann als ‚Vollendung' interpretiert
werden, und ‚Vollendung der Sonne' als ‚Sonnenuntergang', der
Grundbedeutung der Glyphe, von der ‚Westen' abgeleitet ist. Die
Glyphe ist also rein ideographisch zu lesen, Versuche, die Glyphe zu
Mayasprachen wie dem Yukatekischen, die heute noch gesprochen
werden, in Beziehung zu setzen, wies Thompson aufs Schärfste zurück. Der entscheidende Durchbruch gelang Knorosov (1952), wobei er
von verschiedenen Grundannahmen ausging, die die bisherige Entzifferung von Schriften ergeben hatte:

1. Es besteht eine Beziehung zwischen den noch gesprochenen Sprachen und den Schriftzeichen. Yukatekisch und Ch'ol gelten als die
Maya-Sprachen, die den alten Mayasprachen am nächsten kommen;
sie sind Ergativsprachen mit glottalisierten und nicht-glottalisierten
Konsonanten;
2. vergleichbar dem japanischen *kana*-System stehen die Glyphen für
CV-Kombinationen und sind syllabisch aufgebaut;
3. eine Glyphe kann verschiedene Funktionen haben, sie kann logo-
graphisch, phonetisch oder morphemisch sein;
4. Zeichen können invertiert werden, wie z.B. das Chinesische zeigt,
man vgl. in Abb. 3-5 das Zeichen für Elephant in der Orakelknochen-
und Bronzeinschrift;
5. phonetische Zeichen können morphemischen hinzugefügt werden,
um Ambiguitäten aufzulösen. Dieses Prinzip ist vorherrschend in der
chinesischen Schrift, wo die einzelnen Zeichen in der Regel aus zwei
Komponenten, nämlich einem Lautwert und einem Bedeutungsträ-
ger, aufgebaut sind. So haben die meisten Zeichen, die im oberen Teil
das Zeichen für Regen enthalten und mit Regen oder Feuchtigkeit zu
tun haben, genau den (oder einen ähnlichen) Lautwert, der durch den
unteren Teil ausgedrückt wird.

Abb. 3-6: *Maya-Glyphen aus* Der Dresdner Maya-Handschrift (1989: Tafel S. 16)

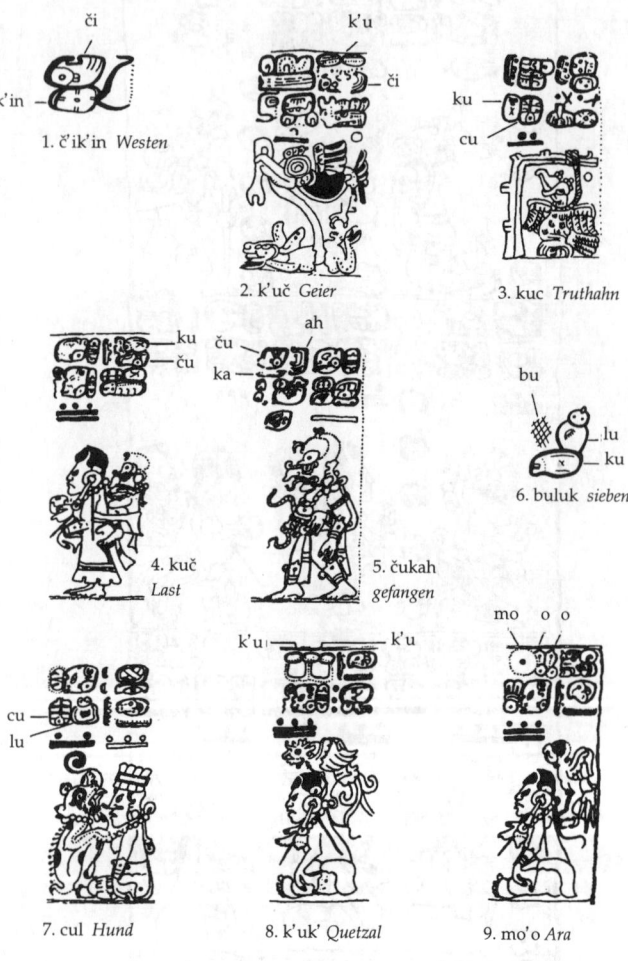

Abb. 3-7: *Knorosovs Methode der Entzifferung von Maya-Glyphen* (nach Coe 1992: 150)

Von seinen Grundannahmen ausgehend und dem Vergleich von Bild- und Schriftinformation entwickelte Knorosov eine Methodik, die Mayaglyphen zu erlesen, vgl. im folgenden die durchnumerierten Glyphen aus Abb 3-7 und s. im einzelnen Coe (1992: 149f.):

1. Die Glyphe für Westen wird im Yukatekischen *čik'in* gelesen, bestehend aus *či* ‚greifende Hand' und *k'in* für das Logogramm ‚Sonne, Tag'. (Der dritte Teil der Glyphe *ni* wird hier nicht weiter analysiert.)

2. Der ‚Buchstabe' *k'u* aus dem Landa-Alphabet plus *či* erscheinen über der Darstellung eines Geiers. Die Kombination ist als *k'uč(i)* zu lesen und in kolonialen und modernen Maya-Wörterbüchern zu finden, wobei der Endvokal von CV-Silbenstrukturen wegfällt.

3. *ku* des Landa-Alphabets plus ein unbekanntes Zeichen über dem Truthahn muß das Wort für Truthahn sein, das im kolonialen und modernen Maya als *ku-c(u)* gelesen wird. (Der weggelassene Vokal folgt oftmals dem Prinzip des Synharmonismus.)

4. *ku* plus ein unbekanntes Zeichen über dem Bild einer weiblichen Gottheit, die eine Last trägt, muß das Zeichen für *ku-č(u)* ‚Last' sein. Also ist das unbekannte Zeichen *ču* (s. hierzu auch Abb. 3-6 Mitte).

5. *ču* plus *ka* und *ah* bzw *ha* aus dem Landa-Alphabet über der Darstellung eines gefangenen Gottes ist *ču-k(a)-ah* ‚gefangengenommen'. Die Glyphe findet sich immer bei Darstellungen von Gefangennahmen.

6. Im Dresdner Codex (S. 19 oben) befinden sich an der Stelle, wo normalerweise die Zahlen in Form von Punkten und Strichen stehen, drei Glyphen, von denen die unterste *ku*, die obere unbekannt ist und die mittlere dem *l* des Landa-Alphabets entspricht. Die Zahl ‚elf' ist im Yukatekischen Maya *buluk* also hat die unbekannte Glyphe den Wert *bu* und das *l* aus dem Landa-Alphabet hat den Lautwert *lu*.

7. *cu* plus *lu* über der Abbildung eines Hundes ist das Wort *cu-(l)u* ‚Hund'.

8. Eine weibliche Gottheit mit dem Quetzal (mesoamerikanische Vogelart) auf den Schultern und dem reduplizierten Zeichen *k'u* muß *k'u-k'(u)* ‚Quetzal' sein, ein Wort, das in allen Mayasprachen als *k'uk'* oder *q'uq'* belegt ist.

9. Ein unbekanntes Zeichen und reduplizierten *o* aus dem Landa-Alphabet zusammen mit dem Bild der Mond-Gottheit, die einen Ara auf den Schultern trägt, muß das Wort *mo-o-o* bzw. *mo'o* für ‚Ara' sein, das unbekannte Zeichen ist also *mo*.

Mit Rückgriff auf ein falsch konstruiertes Buchstabenalphabet und entschlüsselter Ideogramme sowie unter Zuhilfenahme linguistischer Kenntnisse konnte Knorosov zeigen, daß einem Teil der Glyphen eine Silbenschrift zugrunde liegt, der eine Lautung auf der Grundlage der gegenwärtigen und kolonialen Mayasprachen zugeordnet werden kann. Die Mayaschrift ist also eine Mischschrift aus Logogrammen und Silbenzeichen, wobei letztere eine rein phonetisch basierte Schreibung ermöglichten. Jeder Laut kann durch mehr als ein Zeichen dargestellt werden (Prinzip der Homophonie), und ein Teil der Silbenzeichen kann als Logogramme auftreten. Die Entzifferung der Mayaschrift hat in den letzten Jahren enorme Fortschritte gemacht. Ein beeindrukkender Beweis für die Entzifferung des Syllabars ist die Bestätigung der Kakao-Glyphe *kakau(a)* dadurch, daß im Jahre 1984 Archäologen einen Topf fanden, auf dem die bereits entzifferte Kakao-Glyphe geschrieben war. Durch eine chemische Analyse des Topfinneren konnten Spuren von Kakaoresten nachgewiesen werden (vgl. Stuart/Houston 1989).

Die Analyse von Schriftzeichen unter einer diachronen Perspektive zeigt, welche elementaren Probleme auf der deskriptiven sowie der explanativen Ebene bestehen. Neben der Schwierigkeit, Dokumente aufgrund ihres fragmentarischen Zustandes überhaupt zu beschreiben sowie handgeschriebene Zeichen zu identifizieren und zu klassifizieren, besteht das Problem der Entzifferung von Zeichen. Die Geschichte der Entschlüsselung der Mayaschrift zeigt zum einen, wie falsche Hypothesen, Vor-Urteile eine Entzifferung blockieren können, zum anderen, daß nur mit Hilfe einer sprachwissenschaftlich fundierten Analyse letztlich eine Entzifferung gelingen kann. Welche Fortschritte mittlerweile hierbei erzielt worden sind, zeigt die Entzifferung einer Steleninschrift, die 1986 in La Mojarra (Veracruz) gefunden wurde. Es handelt sich um den frühesten mesoamerikanischen Glyphentext aus der Region, der von den Vorläufern der Maya, den Olmeken, stammt (2. Jh. n.Ch.). Ein Ethnologe und ein Linguist (Justeson/Kaufman 1993) konnten innerhalb von zwei Jahren den ‚Code knacken'. Als Schlüssel zur Entzifferung gingen sie von folgenden Annahmen aus:
1. der Text ist in der Vorläuferform der dort verbreiteten Mixe-Zoque-Sprachen verfaßt;
2. die grammatische Analyse des Textes erfolgt auf der rekonstruierten Proto-Mixe-Zoque-Sprache;
3. die Glyphen weisen Parallelen zu den Maya-Glyphen auf, insbesondere bei den kalendarischen Glyphen.
Die Entzifferung ergab, daß es starke Parallelitäten zu den Maya-Glyphen gibt. Lexeme und unflektierte Wortstämme, insbesondere Herrschernamen, kalendarische Angaben, Lokalangaben sind häufig Logogramme. Grammatische Affixe hingegen sind Syllabogramme, die meistens eine CV-Struktur aufweisen. Die Schrift der Olmeken ist also ebenfalls eine Mischschrift aus Logo- und Syllabogrammen, die aufgrund der Entzifferung der Mayaschrift sowie plausibler linguistischer Vorannahmen in ihrer Grundstruktur relativ schnell entschlüsselt werden konnte.

4. Statistische Analysen sprachwissenschaftlicher Daten

Statistische Analysen sprachwissenschaftlicher Daten werden dort angewandt, wo aufgrund empirischer Erhebung eine bestimmte Datenmenge zu bearbeiten ist. Grundlegend für jede Analyse, die auf Beobachtungsdaten beruht – sei es, daß im Rahmen einer Hausarbeit Wörter pro Satz gezählt werden oder daß in juristischen Fachtexten das Vorkommen von Nominalisierungen überprüft wird – ist die Beschreibung, Charakterisierung und Präsentation des Datenmaterials. Dies wird in der sog. deskriptiven Datenanalyse behandelt (Kap. 4-1), die jeder Studierende der Sprachwissenschaft können sollte. In der Regel reicht als Hilfsinstrument ein einfacher Taschenrechner aus. Komplizierter und relevant für komplexe statistisch fundierte Untersuchungen sind die Verfahren der sog. induktiven Statistik. Hier wird ausgehend von den deskriptiven Parametern gefragt, wie weit aufgrund der empirisch ermittelten Werte als Ergebnis der Stichprobe auf die Grundgesamtheit rückgeschlossen werden kann. Analysen im Rahmen der induktiven Statistik werden in der Regel mit Hilfe von Statistikprogrammen durchgeführt. Hierbei werden allerdings häufig falsche Programmprozeduren angewandt, da den Benutzern häufig die Voraussetzungen fehlen, die statistischen Grundlagen der einzelnen Programmpunkte zu verstehen. Die leichte Handhabung von Statistikprogrammen verführt leicht dazu, ohne entsprechende statistische Vorkenntnisse statistische Analysen vorzunehmen mit der Konsequenz, daß falsche Analysen aufgrund falscher Vorannahmen durchgeführt werden. In den Kapiteln 4.2. und 4.3 werden die elementaren Voraussetzungen behandelt, die zur Beurteilung und dem Verständnis von Verfahren der induktiven Statistik, insbesondere von Signifikanztests, notwendig sind. Zum Abschluß des Kapitels wird auf Grammatikmodelle eingegangen, die Verfahren der deskriptiven und induktiven Statistik zur Grundlage haben.

4.1 Deskriptive Statistik

Bei statistisch fundierten Sprachuntersuchungen fällt eine Reihe von Rohdaten an. Die Gesamtheit aller Beobachtungsdaten sind in der sog. **Urliste** zusammengefaßt, die um so unübersichtlicher ist, je größer die Anzahl der Daten ist. Im Rahmen der deskriptiven Statistik geht es zunächst darum, die Beobachtungsdaten zu ordnen, zu systematisieren, graphisch aufzubereiten und die große Datenmenge durch möglichst wenige Zahlen zu charakterisieren. Die Art, wie das Datenmaterial behandelt wird, ist abhängig von der Struktur des Datenmaterials, abhängig davon, ob ein **eindimensionales Datenmaterial** oder **zwei-** bzw. **mehrdimensionales Datenmaterial** vorliegt. Bei eindimensionalem Datenmaterial wird ein Merkmal und seine Ausprägungen betrachtet, bei zwei- bzw. mehrdimensionalem werden zwei oder mehr Merkmale und seine möglichen einseitigen oder wechselseitigen Abhängigkeiten betrachtet. Zur Charakterisierung von eindimensionalem Datenmaterial dienen bestimmte Maßzahlen (Lageparameter), die in Abhängigkeit vom Skalenniveau (nominal, ordinal, kardinal) beschreiben, wo das gesamte Datenmaterial auf der Merkmalsachse lokalisiert ist (vgl. Abb. 4.1).

SKALENTYP	nominal	ordinal	kardinal
RELATION	= ≠	= ≠ < >	= ≠ < > + −
INTERPRETATION	gleich - ungleich	+kleiner - größer	+Differenzen haben empirischen Sinn
LAGEPARAMETER	Modalwert	Median	arithmetisches Mittel
INFORMATIONS-GRAD	gering ←		→ hoch

Abb. 4.1: *Datenstruktur und Lageparameter*

Wechselseitige Abhängigkeiten zwischen Merkmalen werden durch Korrelationen angegeben, die Abhängigkeit eines Merkmales von einem anderen wird durch die Regressionsanalyse behandelt. Bestimmte graphische und tabellarische Mittel sind etabliert, um das Datenmaterial anschaulich zu präsentieren.

4.1.1 Häufigkeitsverteilungen und graphische Darstellungen

Bei den in einer Urliste vorliegenden Rohdaten interessiert, wie die Daten verteilt sind und ob bestimmte markante Häufigkeitsvorkommen existieren. Gehen wir von einem Beispiel aus. Ein Text A soll im Hinblick auf Wortklassen, und zwar Adjektive, Verben, Nomina und Partikeln, ausgewertet werden. Es wird eine Stichprobe von n = 100 Wörtern gezogen. Es ergibt sich folgende Häufigkeitsverteilung in Form einer Strichliste:
VERBEN: I I I I I I I I I I I I I I I I I I I I I ; ADJEKTIVE: I I I I I I I I I I ;
NOMINA: I I I I I I I I I I I I I I I I I I I I I I I I I I I I I I I I I I I I I I I I I I ;
PARTIKELN: I I I I I I I I I I I I I I I I I I I I I I I I I I I I I I I .

Anzahl der Merkmalswerte in der Urliste, die mit den einzelnen Merkmalausprägungen a_i (Adjektive, Verben, Nomina und Partikeln) übereinstimmen, bezeichnet man als **absolute Häufigkeit** $h(a_i)$. Im Beispiel liegen folgende absolute Häufigkeiten vor: $h(a_{ADJ}) = 10$, $h(a_V) = 20$, $h(a_N) = 40$, $h(a_{PART}) = 30$. Der Anteil der beobachteten Werte in bezug auf die Anzahl aller Werte der Urliste bezeichnet man als **relative Häufigkeit** $f(a_i)$. Es gilt:

$$f(a_i) = \frac{1}{n} h(a_i)$$

Werden die Einzelhäufigkeiten aufsummiert, so spricht man von **kumulierten Häufigkeitsverteilungen**, wodurch gewisse Grenzen bestimmt und erkannt werden können. Die Funktion für die **absolute kumulierte Häufigkeitsverteilung** $H(x)$ und für die **relative kumulierte Häufigkeitsverteilung** $F(x)$, die auch als **empirische Verteilungsfunktion** bezeichnet wird, lautet:

$$F(x) = \sum_{a_i \leq x} f(a_i)$$

Für das Beispiel lassen sich die Häufigkeiten wie folgt errechnen und in einer Tabelle zusammenfassen:

Merkmalsausprägung	ADJ	V	N	PART
absolute Häufigkeit	10	20	40	30
relative Häufigkeit	1/10	1/5	2/5	3/10
H(x)	10	30	70	100
F(x)	1/10	3/10	7/10	1

Tab. 4-1: *Häufigkeitstabelle und kumulierte Häufigkeitsverteilung*

Die in der **Häufigkeitstabelle** dargestellten Häufigkeitsverteilungen lassen sich in Form von Diagrammen darstellen: 1. dem Stufendiagramm, 2. dem Stabdiagramm (Säulen- oder Balkendiagramm) und 3. dem Kreissektorendiagramm ('Tortendiagramm'). Die Diagramme haben die Funktion, die Zahlenwerte graphisch umzusetzen, dem Leser eine anschauliche Darstellung der Häufigkeitsverteilungen zu geben.

Dem sog. **Stufendiagramm** liegt eine monoton wachsende Treppenfunktion zugrunde (s. Abb. 4-2). Das **Stabdiagramm** basiert auf einem Koordinatensystem und sieht für die absoluten und relativen Häufigkeiten im Beispiel wie folgt aus (Abb. 4-3). Die Stäbe können auch dicker gezeichnet werden, man spricht dann von einem **Säulen-** oder **Balkendiagramm** (Abb. 4-4).

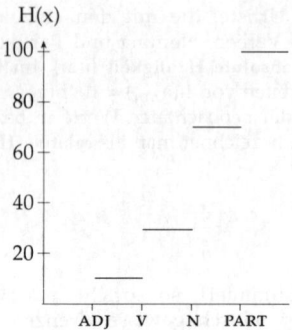

Abb. 4-2: *Stufendiagramm: Verlauf der absoluten kumulierten Häufigkeitsverteilung*

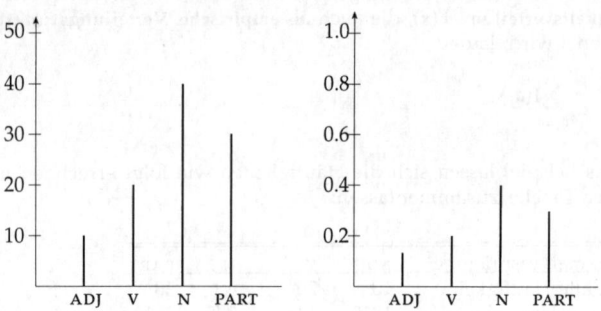

Abb. 4-3: *Stabdiagramm (absolute und relative Häufigkeiten)*

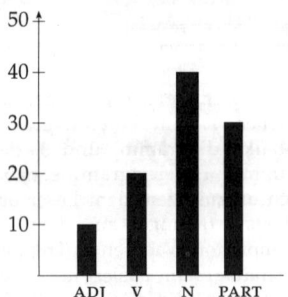

Abb. 4-4: *Balkendiagramm*

Diagramme sollen zur Veranschaulichung dienen. Aber es werden bestimmte Fehler gemacht bzw. optische Tricks angewandt, die die Datenstruktur nicht erhellen, sondern einen falschen Eindruck vermitteln (vgl. auch Dewdney 1994). Es ist darauf zu achten, welcher Maßstab bei der Darstellung der Häufigkeiten gewählt wird. Zum einen entstehen Verzerrungen dadurch, daß die Metrik ungleich gewählt wird, wie die Darstellung unseres Beispiels im folgenden zeigt (Abb. 4-5). Die häufigst vorkommende Wortklasse wird optisch in dem Sinne vergrößert, als daß der Betrachter glauben könnte, der Anteil der Nomina sei ‚sehr, extrem' groß, größer als er faktisch ist.

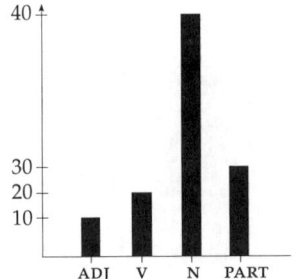

Abb. 4-5: *Balkendiagramm mit verzerrter Metrik*

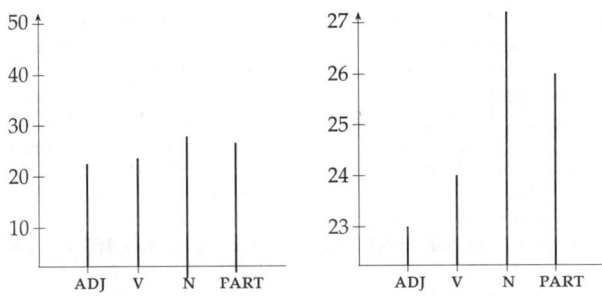

Abb. 4-6: *Stabdiagramme mit unterschiedlichen Intervallen auf der Ordinatenachse bei gleicher Häufigkeitsverteilung*

Häufiger anzutreffen sind ‚makro- und mikroskopische' Skalierungstechniken der Darstellung von Verteilungen. Nehmen wir an, unsere Untersuchung des Textes hätte folgende Häufigkeitsverteilung ergeben: $h(a_{ADJ}) = 23$, $h(a_V) = 24$, $h(a_N) = 27$, $h(a_{PART}) = 26$. Von den Zahlen her würde man zweifelsohne sagen, daß die Wortklassen im Text relativ gleich verteilt und die Unterschiede äußerst minimal sind. Stellen wir analog zu Abb. 4-3 dies in einem Diagramm dar, so ist dies auch augenfällig (Abb. 4-6 links). Verändern wir jedoch die Metrik auf der Ordinatenachse, indem Einerintervalle gebildet werden, gewinnen wir einen ganz anderen Eindruck (Abb. 4-6 rechts). Graphische Täuschungen dieser Art sind leider nicht selten, und man sollte bei der Lektüre von Graphiken genau prüfen, wie die zahlenmäßige Verteilung aussieht und wie die graphische Umsetzung erfolgt.

Neben dem Stabdiagramm findet sich auch das **Kreissektorendiagramm**, das für die absoluten Häufigkeiten unseres Beispiels wie folgt aussieht (Abb. 4-7).

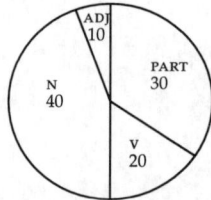

Abb. 4-7: *Kreissektorendiagramm*

Gegenüber dem Balkendiagramm besteht ein Vorteil des Kreissektorendiagramms darin, daß Balkendiagramme leicht als Darstellung kardinaler Daten interpretiert werden und mit Histogrammen (s. f.).verwechselt werden können. **Histogramme** werden zur Darstellung klassierter Daten benutzt. Nehmen wir in unserem Beispiel an, uns interessiert die Länge der Wörter der Stichprobe, die durch die Anzahl der Buchstaben pro Wort gemessen werden soll. Wir erhalten 100 Werte, die in einem Stabdiagramm nicht anschaulich dargestellt werden können. Man klassiert deshalb die Daten, wobei darauf zu achten ist, daß durch die Klassierung nicht Verzerrungen entstehen, insbesondere an den Randklassen. Die Klassenintervalle wählt man möglichst gleich lang. Nach einer DIN-Empfehlung nimmt man für n ≈ 100 zehn Klassen an.

Für unser Beispiel wurden folgende Klassenbildungen vorgenommen und Häufigkeiten ermittelt, wobei Wörter länger als 18 Buchstaben nicht vorkommen (Tab. 4-2). Das entsprechende Histogramm sieht wie folgt aus (Abb. 4-8). Die Rechtecke werden proportional zu den entsprechenden Klassenhäufigkeiten gebildet. Die Breite der Rechtecke ist gleich.

Klasse	Buchstaben pro Wort	Häufigkeit
I	1-3	32
II	4-6	22
III	7-9	16
IV	10-12	13
V	13-15	5
VI	15-18	12

Tab. 4-2: *Klassierte Häufigkeitstabelle*

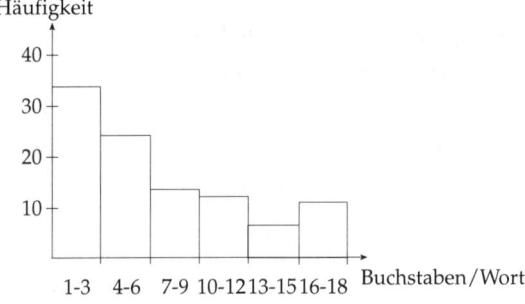

Abb. 4-8: *Histogramm* (zu Tab. 4-2)

Für die Verteilungsfunktion F(x) gilt, daß x gleich = 0 für alle x, die kleiner oder gleich der Untergrenze der kleinsten Klasse sind, und daß x = 1 für alle x, die größer oder gleich der Obergrenze der größten Klasse sind:

$F(x) = 0$ für alle $x \leq x_U$
$F(x) = 1$ für alle $x \geq x_O$

Bei der kumulierten Häufigkeitsverteilung klassierter Daten wird eine gleichmäßige Verteilung innerhalb der Klassen unterstellt, wobei die Sprünge innerhalb der Klassen durch Geradenstücke geglättet werden. Man erhält einen monoton wachsenden Polygonzug (vgl. Abb. 4-9). Klassierte Häufigkeitsverteilungen lassen sich auch in Form eines **Häufigkeitspolygons** darstellen. Hierfür werden die Mittelpunkte der oberen Rechteckseiten eines Histogramms verbunden (vgl. Abb. 4-10). Man findet Abbildungen, bei denen entweder nur der Polygonzug dargestellt ist, oder aber auch das Histogramm und der Polygonzug; das Histogramm wurde deshalb in Abb. 4-10 gepunktet eingezeichnet.

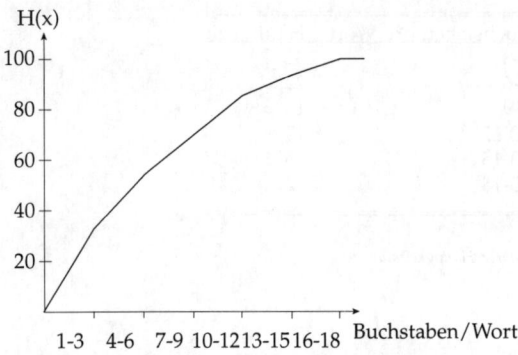

Abb. 4-9: *Geglättete kumulierte Häufigkeitsverteilung*

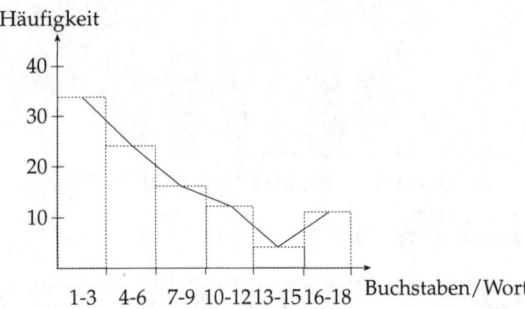

Abb. 4-10: *Häufigkeitspolygon*

Polygondiagramme findet man in der Literatur auch dann, wenn nicht-klassierte Daten vorliegen, z. B. bei Labov (1972: 127), vgl. Abb. 4-11. Das Polygondiagramm gibt die Verteilung des lautlichen Merkmals (eh) mit seinen Ausprägungen: [ɪˤːə], [eˤːə], [ɛˤːə], [æˤːə], [æː], [aː] in Abhängigkeit vom Faktor Stil und soziale Schicht an. Der (eh)-Index gibt durchschnittliche Werte für die Ausprägungen wieder; er ist so zu lesen, daß je tiefer der Wert liegt, ein durchschnittlich höherer Vokal realisiert wird, je höher der Wert, desto tiefer liegt der Vokal im Durchschnitt. Der Index hat den minimalen Wert 10, d.h., es wird immer [ɪˤːə], realisiert, und den maximalen Wert 50, d.h., es wird immer [aː] realisiert. Die Stile A, B, C, D sind ordinal geordnet entlang einer Formalitätsskala, die den Grad der Aufmerksamkeit des Sprechers auf sein Sprechen wiedergibt: informell A > B > C > D formell. Der Stil D wurde über das Lesen von Wortlisten elizitiert, Stil C über Leseproben.

Stil B ist ein Interviewstil und Stil A ein Erzählstil. Die soziale Schicht wurde mit einer speziellen Skala ermittelt; Schicht 3-5: working class, 6-8: lower middle class, 9: upper middle class. Da es sich bei den Merkmalen Stil und Schicht um nicht-kardinale Daten handelt, wäre ein Stabdiagramm zu verwenden. Die Stäbe würden sich aber im Diagramm überlagern. Die Stäbe sind deshalb nebeneinander zustellen (vgl. Abb. 4-12 rechts). Möglich wäre auch ein Punktdiagramm, in denen die Meßwerte markiert werden (vgl. Abb. 4-12 links). Beide Diagramme würden aber nicht das sich überkreuzende Sprachverhalten (,crossover pattern') der sozialen Schichten 5-8 (lower middle class) und 9 (upper middle class) veranschaulichen; wohl deshalb hat Labov hier die Polygondarstellung gewählt, um das sog. ,hyperkorrekte Sprachverhalten' der unteren Mittelschicht graphisch anschaulich darzustellen.

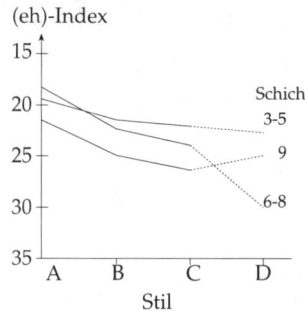

Abb. 4-11: *Polygondiagramm* (nach Labov 1972: 127)

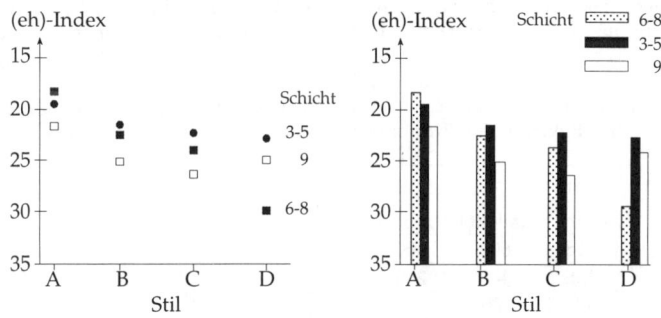

Abb. 4-12: *Polygondiagramm aus Abb. 4-11 als Punkt- und Balkendiagramm*

In dem konkreten Beispiel von Labov haben wir es nicht mehr mit einer eindimensionalen, sondern mit einer mehrdimensionalen Häufigkeitsverteilung zu tun. Die Urliste besteht nicht mehr aus einzelnen Werte $x_1,...,x_n$, sondern aus Wertetripeln (x_n, y_n, z_n) der Merkmale X ‚eh-Variable', Y ‚Stil' und Z ‚soziale Schicht'. Die Darstellungsform für die Urliste bei mehrdimensionaler Häufigkeitsverteilung erfolgt häufig in Kontingenztabellen oder Streudiagrammen. Kontingenztabellen werden in der Regel bei qualitativen, Streudiagramme bei kardinalen Merkmalen verwendet. Da in sprachwissenschaftlichen Untersuchungen häufig nominalskalierte Merkmale eine Rolle spielen, kommt der **Kontingenztabelle** und ihrer Analyse eine besondere Bedeutung zu.

Wir gehen von folgendem fiktiven Beispiel aus. In einer Untersuchung wurden drei soziale Schichten – Unterschicht (US), Mittelschicht (MS) und Oberschicht (OS) – im Hinblick auf ihren Sprechstil: dialektal oder umgangssprachlich untersucht. Die Untersuchung ergab folgende Häufigkeitstabelle bzw. Kontingenztabelle (Tab. 4-3 links).

Stil / Schicht	dialektal	umgs.
US	600	600
MS	400	200
OS	200	0

B / A	b_1	b_2
a_1	h_{11}	h_{12}
a_2	h_{21}	h_{22}
a_3	h_{31}	h_{32}

Tab. 4-3 *Häufigkeiten in der Kontingenztabelle*

In der Kontingenztabelle werden zwei (oder mehr) Merkmale A und B in ihren Ausprägungen $a_1,...,a_m$ und $b_1,...,b_n$ nach dem Muster in Tab. 4-3 rechts dargestellt, wobei die Häufigkeit, mit der (a_i, b_j) in der Urliste vorkommt, mit $h_{ij} = h(a_i, b_j)$ bezeichnet wird. Die Kontingenztabelle ist aber insofern noch unvollständig, als daß die Häufigkeiten fehlen, die die Summe einer Merkmalsausprägung angeben. So können wir aus der Tabelle berechnen, daß 1200 Personen aus der Mittelschicht befragt wurden, aber nur 200 aus der Oberschicht. Die Häufigkeiten, die am rechten und unteren Rand eingetragen werden, bezeichnet man als **Randhäufigkeiten**. Die Kontingenztabelle sieht dann wie folgt aus:

Stil / Schicht	dialektal	umgs.	Σ
US	600	600	1200
MS	400	200	600
OS	200	0	200
Σ	1200	800	2000

Tab. 4-4: *Vollständige Kontingenztafel (Beispiel)*

Deskriptive Statistik   97

B A	b_1	b_2	Σ
a_1	h_{11}	h_{12}	$h_{1.}$
a_2	h_{21}	h_{22}	$h_{2.}$
a_3	h_{31}	h_{32}	$h_{3.}$
Σ	$h_{.1}$	$h_{.2}$	h_{ij}

Tab. 4-5: *Vollständige Kontingenztafel (allgemein)*

Die Kontingenztafel ist ein Mengendiagramm, in dem die Gesamthäufigkeit h nach Randhäufigkeiten und Häufigkeiten in den einzelnen Zellen zerlegt ist. Die Randhäufigkeiten und die Gesamthäufigkeit lassen sich durch Aufsummieren von Häufigkeiten in den Zellen berechnen. Dabei gilt:

$$h_{i.} = \sum_{j=1}^{n} h_{ij}$$

$$h_{.j} = \sum_{i=1}^{m} h_{ij}$$

$$h = \sum_{i=1}^{m} \sum_{j=1}^{n} h_{ij}$$

Formel 1 ist so zu lesen, daß für jede i'te Zeile der Tabelle über n Spalten (hier n = 2) aufsummiert wird; Formel 2 analog, daß für jede j'te Spalte der Tabelle über m Zeilen (hier m = 3) aufsummiert wird. Der Punkt symbolisiert, daß es zur Bestimmung der jeweiligen Häufigkeit einer Merkmalsausprägung irrelevant ist, welche Häufigkeit das andere Merkmal liefert. Das jeweils andere Merkmal wird durch Aufsummieren sozusagen eliminiert. Die Gesamthäufigkeit läßt sich sowohl über das Aufsummieren der Randhäufigkeiten $h_{i.}$ und $h_{.j}$ als auch über das Aufsummieren aller Einzelhäufigkeiten in den Zellen berechnen. In unserem Beispiel berechnet sich die Randhäufigkeit für die 1. Zeile (i = 1) wie folgt:

$$h_{1.} = \sum_{j=1}^{2} h_{1j} = \sum h_{11} + h_{12} = 600 + 600 = 1200$$

Aus den absoluten Häufigkeiten lassen sich die relativen berechnen (s. Tab. 4-6 links). Die Summe über sämtliche relativen Häufigkeiten f_{ij}

ergibt den Wert 1. Die relativen Häufigkeiten in der Kontingenztabelle lassen sich in einem Stabdiagramm veranschaulichen (s. Tab. 4-6 rechts); dies ist allerdings bei dreidimensionalem Datenmaterial nicht mehr möglich.

Schicht \ Stil	dialektal	umgs.	Σ
US	0.3	0.3	0.6
MS	0.2	0.1	0.3
OS	0.1	0	0.1
Σ	0.6	0.4	1.0

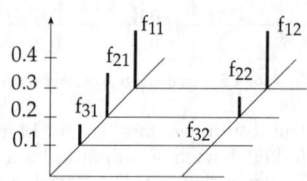

Tab. 4-6: *Relative Häufigkeiten in der Kontingenztabelle und als Stabdiagramm*

Von besonderer Bedeutung für die Interpretation von Kontingenztabellen sind die sog. **bedingten Häufigkeiten** $h(a_i \mid b_j)$ bzw. $h(b_j \mid a_i)$. Bedingte Häufigkeiten definieren die Verteilung des einen Merkmals unter der Bedingung des anderen. Der senkrechte Strich ist zu lesen als ‚unter der Bedingung, daß' analog zum Slash / in phonologischen Regeln. Die interessierende Frage ist, ob ein Merkmal das andere beeinflußt oder ob die Merkmale voneinander unabhängig sind. Im Falle der **Unabhängigkeit** – und dies läßt sich mathematisch im Rahmen der Wahrscheinlichkeitstheorie beweisen – stimmen die bedingten Verteilungen mit den Randverteilungen überein, d.h., daß die gesamte Information über die gemeinsame Verteilung in den Randverteilungen enthalten ist. Unter der Annahme der Unabhängigkeit gilt:

$$\tilde{h}_{ij} = \frac{h_{i.}h_{.j}}{n}$$

Nach dieser Formel lassen sich für jede Zelle in der Kontingenztabelle die Werte unter Annahme der Unabhängigkeit berechnen. Für $\tilde{h}_{11}$ in unserem Beispiel sieht die Berechnung wie folgt aus:

$$\tilde{h}_{11} = \frac{h_{1.}h_{.1}}{n} = \frac{1200 \cdot 1200}{2000} = 720$$

Die Kontingenztabelle Tab. 4-7 unseres Beispiels ergibt unter der Unabhängigkeitsannahme folgende Werte:

Deskriptive Statistik 99

Stil / Schicht	dialektal	umgs.	Σ
US	720	480	1200
MS	360	240	600
OS	120	80	200
Σ	1200	800	2000

Tab. 4-7: *Unabhängigkeitstabelle*

Stil / Schicht	dialektal	umgs.
US	+120	–120
MS	–40	+40
OS	–80	+80

Tab. 4-8: *Differenzen aus beobachteten und theoretischen Werten*

Eine erste Interpretation läßt sich vornehmen, wenn man die Differenzen aus den beobachteten Häufigkeiten und den unter der Unabhängigkeitshypothese errechneten Häufigkeiten berechnet (s. Tab. 4-8). Unabhängigkeit liegt dann vor, wenn die Differenzen zwischen beobachteten und theoretischen Werten gleich Null sind. Im Beispiel liegt die deutlichste Abweichung bei der Unterschicht vor, die eher dialektal spricht, und bei der Oberschicht, die eher umgangssprachlich spricht. Ob tatsächlich eine Abhängigkeit vorliegt, muß getestet werden. Einen ersten Hinweis gibt der Kontingenzkoeffizient (Kap. 4.1.2). Mit dem Chi-Quadrat-Test (Kap. 4.3.2.3) wird getestet, ob die Hypothese der Unabhängigkeit verworfen werden muß oder nicht.

Eine andere Darstellung einer gemeinsamen Häufigkeitsverteilung erfolgt in Form eines **Streudiagramms** (Streuungsdiagramm oder auch **Scattergramm**). Die kardinalskalierten Beobachtungswerte (x_i, y_i) werden in ein x,y-Koordinatensystem punktmäßig eingetragen. Das Streudiagramm ist also ein Punktdiagramm, die eingetragenen Werte bilden eine sog. Punktwolke. In Abb. 4-13 auf S. 100 sind als Beispiel die Werte der Formanten F1 und F2 (gemessen in Hertz) des Lautes [a] in verschiedenen Wörtern eines Berliner Sprechers eingetragen. Die Werte wurden mit einem Spektrographen ermittelt. Anhand des Durchschnittswertes läßt sich prüfen, ob die phonetische Qualität des [a] von der standardsprachlichen Realisierung, ebenfalls als Durchschnittswert berechnet, abweicht. Doch was ist ein Durchschnittswert?

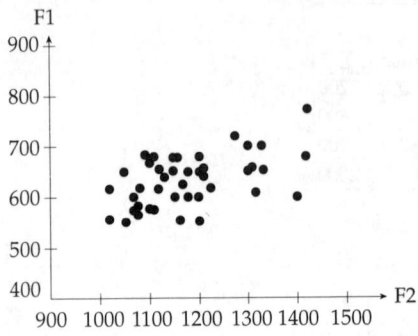

Abb. 4-13: *Formanten 1 und 2 (in Hz) von [a] in /_ər_ / eines Berliner Sprechers*

4.1.2 Lage- und Streuungsparameter

Durch Lageparameter, von denen der bekannteste der Durchschnittswert ist, sollen Eigenschaften von Häufigkeitsverteilungen durch eine
oder mehrere Zahlen charakterisiert werden. Die Parameter sind in
statistischen Untersuchungen weiterführend insofern wichtig, als daß
der Parameter einer empirischen Verteilung mit einer theoretischen
verglichen werden kann. Entscheidend ist, daß breit gestreute Informationen in Form von Einzelerscheinungen zu allgemeinen Charakteri-
stika ,verdichtet' werden. Um zum Beispiel die Englischkenntnisse
von Schülern in verschiedenen Schultypen zu vergleichen, reicht es
sicher nicht aus, einzelne Schüler zu vergleichen. Man wird die *durch-
schnittlichen* Englischkenntnisse vergleichen, das durchschnittliche
Alter der Schüler berücksichtigen usw. Man wird also nicht wahllos
einen Schüler A des Gymnasiums X mit einem Schüler B der Realschule Y vergleichen und aus diesem Vergleich Rückschlüsse auf die
Englischkenntnisse im Gymnasium und in der Realschule ziehen,
sondern man wird viele Schüler testen und versuchen, das durchschnittliche Niveau zu messen, wobei von Einzelbeobachtungen ab-
strahiert wird. **Lageparameter** sind Maßzahlen, die etwas über die Häufigkeitsverteilung von Daten aussagen, **Streuungsparameter** geben Auskunft darüber, wie die Beobachtungswerte in bezug auf einen Lageparameter abweichen. In Abhängigkeit von den Daten werden verschiedene Lageparameter (auch Lokalisationsmaße) unterschieden
(vgl. Abb. 4-14). Grundsätzlich gilt die bereits in Abb. 4-1 dargestellte
Implikation, daß z.B. der Modalwert bei ordinalen und kardinalen
Daten benutzt werden kann, aber das arithmetische Mittel nicht bei

nominalen oder ordinalen Daten. Man denke an Aussagen wie ‚Im Durchschnitt hat eine deutsche Familie 1,3 Kinder'.

Skalierung	Lageparameter	
nominal	Modalwert	x_h
ordinal	Median	$\tilde{x}$
kardinal	arithmetisches Mittel	$\bar{x}$

Abb. 4-14: *Lageparameter und Skalierung*

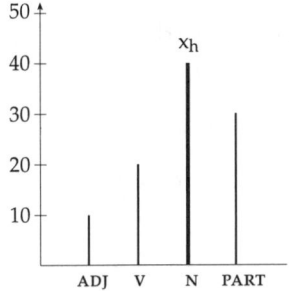

Abb. 4-15: *Modalwert (Beispiel)*

Der **Modalwert** x_h (auch Modus, dichtester Wert, häufigster Wert) gibt die Ausprägungen an, die die größte Häufigkeit aufweisen; er ist der wichtigste Parameter bei nominalskalierten Daten. In dem bereits behandelten Beispiel (s. S. 89) treten Nomina am häufigsten auf mit dem Modalwert x_h = 40 (vgl. Abb. 4-15). Häufigkeitsverteilungen, die genau wie im obigen Fall einen Modalwert besitzen, werden als **eingipfelige Häufigkeitsverteilungen** bezeichnet.

Der **Median** $\tilde{x}$ ist der zentrale Parameter für ordinalskalierte Daten. Er liegt in der Mitte von nach der Größe geordneten Merkmalswerten. Greifen wir auf das Beispiel des semantischen Differentials zurück (s. S. 23). 21 Berliner Studenten wurden gebeten, eine Sprechprobe nach einem semantischen Differential zu bewerten. Es ergab sich folgende Verteilung:

– äußerst schnoddrig	1	|||
– sehr schnoddrig	2	|||
– schnoddrig	3	|||||
– weniger schnoddrig	4	|||||
– nicht schnoddrig	5	|||||

Der Median ist dadurch definiert, daß 50% der Merkmalswerte größer oder gleich $\tilde{x}$ sind. Bei einer ungeraden Zahl n läßt sich dies wie folgt berechnen:

$$\tilde{x} = x_{\frac{n+1}{2}}$$

Dies läßt sich leicht veranschaulichen, wenn wir die Merkmalsausprägungen und die Beobachtungswerte wie folgt ordnen:
111222333334444455555.
Der Median ist also $\tilde{x}$ = 3. Im Falle, daß n eine gerade Zahl ist, liegt der Rangwert nicht in der Mitte, sondern fällt genau in ein Intervall, z. B. 1112233333 $\tilde{x}$ 4444455555. Man definiert den Median dadurch eindeutig, indem man die Intervallmitte wie folgt berechnet:

$$\tilde{x} = \frac{1}{2}\left(x_{\frac{n}{2}} + x_{\frac{n+1}{2}}\right)$$

Der Median unseres Beispieles bei n = 20 ist $\tilde{x}$ = 3.5.

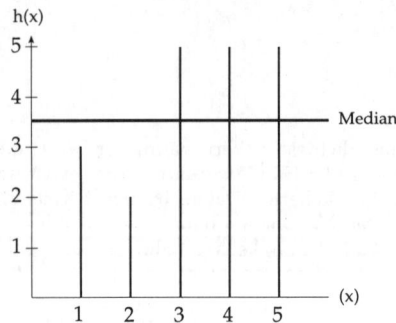

Abb. 4-16: *Median (Beispiel)*

Berechnen wir den Modalwert in unserem Beispiel, so sehen wir sofort, daß es drei Modalwerte mit x_h = 5 gibt. Es liegt somit eine **mehrgipfelige Verteilung** vor (Abb. 4-17). In dem Beispiel gibt der Median ‚komprimiertere' Information über die Verteilung als die Modalwerte. Da ein Wert zur Charakterisierung der Verteilung ausreicht, ist der Median präziser und somit in seinem Informationsgrad höher als der Modalwert.

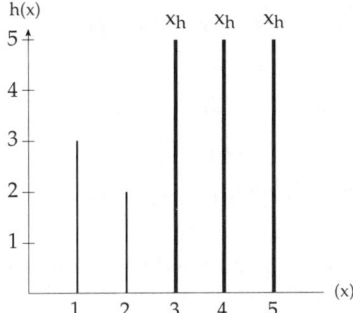

Abb. 4-17: *Modalwerte (Beispiel)*

Der wichtigste Lageparameter, der uns aus dem Alltag als Durchschnittswert bekannt ist, ist das **arithmetische Mittel** ($\bar{x}$), das bei kardinalskalierten Daten angewandt wird. Die Berechnung erfolgt dadurch, daß die einzelnen Beobachtungswerte aufsummiert werden und die Summe durch die Anzahl der Beobachtungswerte (n) dividiert wird. Es gilt:

$$\bar{x} = \frac{1}{n}(x_1 + x_2 + \dots + x_n)$$

$$\bar{x} = \frac{1}{n}\sum_{i=1}^{n} x_i$$

Das arithmetische Mittel hat die Eigenschaft, daß die Summe der Abweichungen der Beobachtungswerte von $\bar{x}$ gleich Null ist. Es läßt sich beweisen, daß gilt:

$$\sum_{1}^{n}(x_i - \bar{x}) = 0$$

Greifen wir für die Berechnung des arithmetischen Mittels und seiner Eigenschaften auf ein bekanntes Beispiel zurück (s. S. 99). Wir haben bei n = 10 Informanten eine Formantanalyse für den Laut [a] durchgeführt. Für Formant 1 wurden folgende Werte ermittelt (in Hz): 700, 300, 400, 400, 500, 600, 400, 800, 400, 500. Uns interessiert die durchschnittliche Hertzzahl für F1. Das arithmetische Mittel berechnet sich wie folgt:

$$\bar{x} = \frac{1}{10}(700 + 300 + 400 + 400 + 500 + 600 + 400 + 800 + 400 + 500) = 500$$

Daß $\sum_{1}^{n}(x_i - \bar{x}) = 0$ gilt, belegt folgende Rechnung am Beispiel:

$$\sum_{1}^{10}(x_i - \bar{x}) = 200 - 200 - 100 - 100 + 0 + 100 - 100 + 300 - 100 + 0 = 0$$

Aus dem Lageparameter allein kann man noch nicht entnehmen, wie die Beobachtungswerte um den Lageparameter herum liegen. Dies ist jedoch möglich, wenn die Abweichungen der Beobachtungswerte vom Lageparameter berücksichtigt werden. Dies läßt sich für unser Beispiel veranschaulichen (Abb. 4-18).

Es liegt nun nahe, aus den Abweichungen ein Maß für die Variabilität zu bilden. Allerdings haben wir gesehen, daß die Summe der Abweichungen der Beobachtungswerte vom arithmetischen Mittelwert Null ist, weshalb ein darauf aufbauendes Maß ungeeignet ist. Offensichtlich sind hierbei die Vorzeichen verantwortlich, die in die Gleichung eingehen. Rechnet man jedoch mit den Absolutbeträgen, erhält man die **durchschnittliche Abweichung**, die sich wie folgt berechnet:

$$\bar{d} = \frac{1}{n}\sum_{i=1}^{n}|x_i - \bar{x}|$$

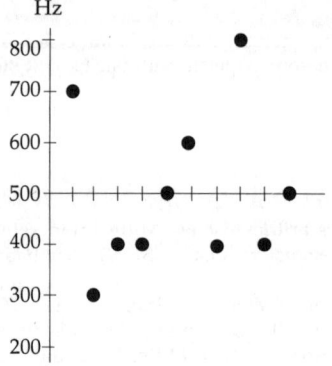

Abb 4-18: *Beobachtungswerte abweichend von* $\bar{x} = 500$

Die durchschnittliche Abweichung ist auf der rein deskriptiven Ebene durchaus geeignet, die Abweichung der Beobachtungswerte vom Mittelwert zu bestimmen, kann aber für weiterführende statistische Fragestellungen nicht benutzt werden. Deshalb wird im allgemeinen die **mittlere quadratische Abweichung** (d^2) als Maß für die Variabilität berechnet. Sie ist das arithmetische Mittel der quadrierten Abstände aller Beobachtungswerte von $\bar{x}$ und berechnet sich wie folgt:

$$d^2 = \frac{1}{n}\sum_{i=1}^{n}(x_i - \bar{x})^2 \quad \text{bzw.}$$

$$d^2 = \frac{1}{n}\sum_{i=1}^{n}x_i^2 - \bar{x}^2 \quad \text{bzw.}$$

$$d^2 = \frac{1}{n}\left[\sum_{i=1}^{n}x_i^2 - \frac{1}{n}\left(\sum_{i=1}^{n}x_i\right)^2\right]$$

Ein zweites Maß für die Variabilität ist die **Stichprobenvarianz** (s^2):

$$s^2 = \frac{1}{n-1}\sum_{i=1}^{n}(x_i - \bar{x})^2$$

Die Stichprobenvarianz unterscheidet sich von der mittleren quadratischen Abweichung allein im Nenner, dabei gilt der folgende Zusammenhang:

$$s^2 = \frac{n}{n-1}d^2$$

Für die Summe der quadrierten Abweichungen gilt die Bedingung, daß die einzelnen Summanden nicht unabhängig sind, sondern daß die Abweichungen vom Mittelwert Null ergeben (s. o.). Die Differenz zwischen der Zahl der Summanden einer Summe (im Beispiel 10) und der Zahl der Bedingungen zwischen den Summanden (im Beispiel 9) wird als Zahl df der **Freiheitsgrade** (engl. degress of freedom) der Summe bezeichnet. In unserem Fall ist df = n–1 = 10–1 = 9. Die Zahl der Freiheitsgrade wird später wichtig, wenn wir in Verteilungen wie der t-Verteilung bestimmte Werte nachsehen wollen. Hierzu müssen wir die Freiheitsgrade bestimmen. Es sei schon hier bemerkt, daß für die t-Verteilung gilt, daß die Anzahl der Freiheitsgrade df = n–1, also sehr einfach zu errechnen ist. Die Stichprobenvarianz ist also die

Summe der quadrierten Abweichungen der Beobachtungswerte vom
Mittelwert dividiert durch die Anzahl der Freiheitsgrade. Die Quadrat-
wurzel der Stichprobenvarianz nennt man **Standardabweichung** (s). Der
Quotient aus der Standardabweichung und dem arithmetischen Mittel
heißt **Variationskoeffizient** (V). Standardabweichung und Variationskoeffizient berechnen sich also wie folgt:

$$s = \sqrt{s^2}$$

$$V = \frac{s}{\overline{x}}$$

Standardabweichung und Stichprobenvarianz sind die wichtigsten
Streuungsparameter. Sehen wir uns die Berechnung am Beispiel an
(Fortführung).

$$s^2 = \frac{1}{n-1} \sum 200^2 + (-200)^2 + (-100)^2 + (-100)^2 + 100^2 + (-100)^2 + 300^2 + (-100)^2$$

$$\frac{1}{n-1} \sum 40000 + 40000 + 10000 + 10000 + 10000 + 10000 + 90000 + 10000 =$$

$$\frac{210000}{9} = 23333.33$$

$$s = \sqrt{23333.33} \approx 153$$

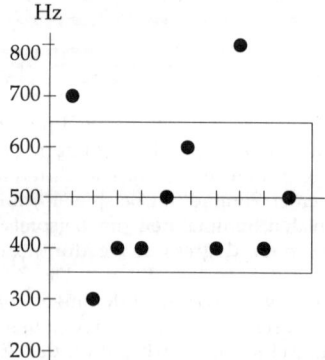

Abb. 4-19: *Beobachtungswerte abweichend von* $\overline{x}$ = 500 *mit dem Intervall*
[$\overline{x}$ −s; $\overline{x}$ +s], *wobei* s ≈ 153

Beobachtungswerte, Mittelwert und Standardabweichung lassen sich graphisch veranschaulichen. In Abb. 4-19 ist die Standardabweichung positiv und negativ vom Mittelwert aus eingezeichnet. Wie man sieht fallen 7 von 10 Beobachtungswerten in das Intervall [$\bar{x}$ −s; $\bar{x}$ +s]. Für die Interpretation der Standardabweichung sind folgende den Variationsgrad reflektierende Tendenzen wichtig, die dann gelten, wenn die Anzahl n der Beobachtungswerte sehr groß ist, und die bei der induktiven Statistik eine wichtige Rolle spielen und dort wahrscheinlichkeitstheoretisch fundiert sind:

− im Intervall [$\bar{x}$−s; $\bar{x}$+s] liegen ungefähr zwei Drittel der Beobachtungswerte,
− im Intervall [$\bar{x}$−2s; $\bar{x}$+2s] liegen ungefähr 95% der Beobachtungswerte.

4.1.3 Korrelation und Regression

Unter Korrelation versteht man den Zusammenhang (Interdependenz) zweier (oder auch mehrerer) Merkmale wie z. B. Sprachverstehen und Sprechfähigkeit oder Dialektgebrauch und Rechtschreibfehler. Maße, die die Stärke (und die Richtung) des Zusammenhangs erfassen, sind spezifische Koeffizienten. Während Lage- und Streuungsparameter direkt aus der Urliste von eindimensionalem Datenmaterial gebildet werden können, werden sog. Korrelationskoeffizienten aus der Urliste von zweidimensionalem Datenmaterial gewonnen, da sie sich auf einseitige oder wechselseitige Abhängigkeiten von Merkmalen beziehen. Welche Korrelationskoeffizienten gebraucht werden, hängt ab vom Skalenniveau und zunächst davon, daß beide Merkmale das gleiche Skalenniveau haben. Liegt eine Nominalskala vor, so wird der Kontingenzkoeffizient berechnet, der allein die Stärke des Zusammenhangs angibt. Bei einer Ordinalskala wird der Spearmansche Rangkorrelationskoeffizient, bei einer Kardinalskala der Bravais-Pearson-Korrelationskoeffizient berechnet. Die letzten beiden Koeffizienten geben neben der Stärke auch die Richtung des Zusammenhangs an. Besitzen die Merkmale ein unterschiedliches Skalenniveau, so gibt es − neben speziellen Korrelationskoeffizienten − die Möglichkeit, das höhere Skalenniveau auf das niedrige hin abzuwerten. Nehmen wir an, das eine Merkmal sei ordinalskaliert, das andere nominalskaliert, so muß das ordinalskalierte als nominalskaliertes behandelt werden. Korrelationskoeffizienten finden sich relativ häufig in sprachwissenschaftlichen Untersuchungen, insbesondere der Bravais-Pearson-Korrelationskoeffizient. Die Koeffizienten sind einfach zu berechnen, auch ohne Statistik-Programme.

Der Korrelationskoeffizient bei zwei kardinalskalierten Merkmalen X und Y heißt **Bravais-Pearson-Korrelationskoeffizient**. Er wird mit r abgekürzt und berechnet sich wie folgt:

$$r = \frac{\sum_{i=1}^{n}(x_i - \bar{x})(y_i - \bar{y})}{\sqrt{\sum_{i=1}^{n}(x_i - \bar{x})^2 \sum_{i=1}^{n}(y_i - \bar{y})^2}}$$

Der Nenner dient lediglich zur Normierung, durch ihn hat r einen maximalen und minimalen Wert, es gilt $-1 \leq r \leq +1$. Wenn $r = 1$ bzw. $r = -1$ dann liegen alle Werte auf einer positiv ansteigenden Geraden bzw. negativ ansteigenden Geraden (vgl. Abb. 4-20). Man spricht in diesen Fällen von absolut positiver und negativer Korrelation. In der Abbildung sind die Wertepaare (x_i, y_i) als Streuungsdiagramm (Scattergramm) dargestellt. Wie man sieht, liegt im Falle der Extremwerte eine extrem starke Korrelation vor. Zentral für die Korrelation ist die Summe der Abweichungsprodukte von

$$(x_i - \bar{x})(y_i - \bar{y})$$

im Zähler. Bei der positiven Korrelation wird r um so größer, je stärker Wertepaare mit großen x- und großen y-Werten vorliegen, bei der negativen Korrelation wird r um so kleiner, je stärker Wertepaare mit kleinen x- und großen y-Werten vorliegen. Ist $r > 0$ so liegt eine mehr (0.7) oder weniger (0.3) starke positive Korrelation vor. Ist $r < 0$ so liegt eine mehr (-0.7) oder weniger (-0.3) starke negative Korrelation vor (vgl. Abb. 4-20). Zwischen der negativen und positiven Korrelation liegt in der Mitte der unkorrelierte Fall, d.h., es besteht kein Zusammenhang zwischen X und Y. Hier ist $r = 0$, was sich im Scattergramm als ‚regellose' Punktwolke darstellt.

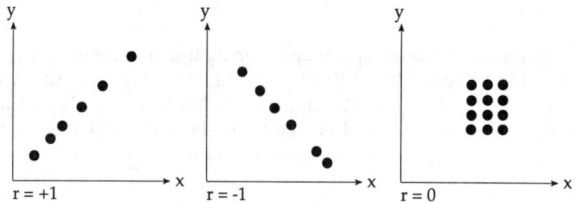

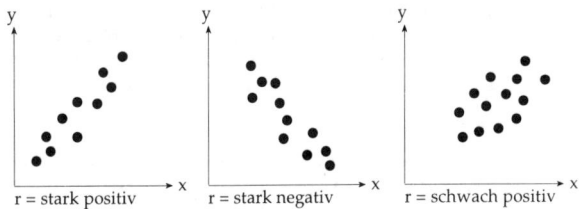

Abb. 4-20: *Bravais-Pearson-Korrelationskoeffizient*

Nehmen wir an, in einer Untersuchung sollte der Frage nachgegangen werden, ob ein Zusammenhang zwischen Dialektgebrauch und Rechtschreibfehlern besteht. Nachdem ein Dialektmaß und ein Maß für die Fehleranalyse entwickelt worden war, ergaben die Untersuchungen in verschiedenen Bundesländern folgende Prozentwerte (Tab. 4-9):

Bundesland	Dialekt (%)	Fehler (%)
Bayern	72.2	48.3
Berlin	53.4	67.8
Hamburg	42.6	40.7
Niedersachsen	30.5	28.7
NRW	35.6	31.8
Sachsen	68.7	60.7
∅	51.3	46.3

Tab. 4-9: *Beispiel zur Korrelation*

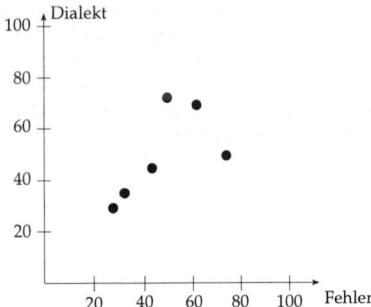

Abb. 4-21: *Scattergramm (Beispiel)*

Zur Veranschaulichung lassen sich die Daten in einem Scattergramm darstellen (Abb. 4-21). Die Verteilung der Punkte im Streuungsdiagramm zeigen eine positive Korrelation. Aus den Einzel- und Durchschnittswerten lassen sich folgende Zwischenwerte berechnen (s. Tab. 4-10).

Bundesland	$(x_i - \bar{x})$	$(y_i - \bar{y})$	$(x_i - \bar{x})^2$	$(y_i - \bar{y})^2$	$(x_i - \bar{x})(y_i - \bar{y})$
1	20.9	2.0	436.9	4.0	41.8
2	2.1	21.5	4.4	462.3	45.2
3	-8.7	-5.6	75.7	31.4	48.7
4	-20.8	-17.6	432.7	309.8	366.1
5	-15.7	-14.5	246.5	210.3	227.7
6	17.4	14.4	302.8	207.4	250.6
Σ			1499	1225.2	980.1

Tab. 4-10: *Hilfstabelle für die Berechnung von r (Beispiel)*

Durch Einsetzen in die Formel ergibt sich der numerische Wert

$$r = \frac{980.1}{\sqrt{1499 \cdot 1225.2}} = \frac{980.1}{1355} = 0.72$$

für den Bravais-Pearson-Korrelationskoeffizienten. Die Merkmale Dialektgebrauch und Fehlerquotient sind also relativ stark positiv korreliert, d.h., je stärker der jeweilige Dialekt gesprochen wird, desto häufiger treten Rechtschreibfehler auf, bzw. gilt der umgekehrte Zusammenhang.

Die praktische Anwendung des Bravais-Pearson-Korrelationskoeffizienten auf ordinalskalierte Merkmale X und Y erfolgt durch die Rangkorrelation nach Spearman. Statt der direkten Merkmalsausprägungen und Abweichungsdaten – das arithmetische Mittel bei ordinalskalierten Daten ist nicht zulässig – werden beim **Spearmanschen Rangkorrelationkoeffizienten** (r_S) den einzelnen Merkmalsausprägungen Rangnummern zugeordnet, $x_i \rightarrow Rx_i$ und $y_i \rightarrow Ry_i$. Es ergibt sich die Formel:

$$r_S = 1 - \frac{6 \sum_{i=1}^{n} (Rx_i - Ry_i)^2}{(n-1)n(n+1)}$$

Wie beim Bravais-Pearson-Korrelationskoeffizienten gilt die Normierung $-1 \leq r_S \leq +1$. Sehen wir uns die Berechnung an einem Beispiel an.

Zehn Sinologie-Studenten (n = 10) wurden in einem Seminar in bezug auf ihr Sprachverstehen und ihre Sprechfähigkeit bewertet. Es ergaben sich folgende Rangziffern bzgl. des Sprachverstehens (Rx_i) und der Sprechfähigkeit (Ry_i):

Student$_i$	1	2	3	4	5	6	7	8	9	10
Rx_i	4	6	2	8	1	9	10	5	7	3
Ry_i	4	8	1	9	2	7	6	3	10	5
Rx_i-Ry_i	0	-2	1	-1	-1	2	4	2	-3	-2
$(Rx_i-Ry_i)^2$	0	4	1	1	1	4	16	4	9	4

Tab. 4-11: *Beispiel zur Berechnung von r_S*

Die Summenbildung für n = 10 über $(Rx_i-Ry_i)^2$ ergibt 44. Durch Einsetzen in die Formel ergibt sich der numerische Wert

$$r_S = 1 - \frac{6 \cdot 44}{9 \cdot 10 \cdot 11} = 0.73$$

für den Rangkorrelationskoeffizienten. Es besteht also eine stark ausgeprägte gleichsinnige Tendenz zwischen Sprachverstehen und Sprechfähigkeit. Anders formuliert: Wer von den Studenten das Chinesische gut versteht, der kann es in der Tendenz auch gut sprechen.

Der Zusammenhang von nominalskalierten Merkmalen wird durch den **Kontingenzkoeffizienten** ausgedrückt.

$$\tilde{h}_{ij} = \frac{h_{i.} \cdot h_{.j}}{n}$$

$$\chi^2 = \sum_{i=1}^{m} \sum_{j=1}^{n} \frac{(h_{ij} - \tilde{h}_{ij})}{\tilde{h}_{ij}}$$

$$K = \sqrt{\frac{\chi^2}{n + \chi^2}}$$

$$K_{max} = \sqrt{\frac{M-1}{M}} \quad M = \min\{m,n\}$$

$$K_* = \frac{K}{K_{max}}$$

In der Größe χ^2 sind die Beobachtungswerte in den Zellen und die theoretischen Werte in den Zellen unter der Annahme der Unabhängigkeit ($\tilde{h}_{ij}$) berücksichtigt. Wenn die Differenz zwischen den erhobenen und den theoretischen Werten gleich Null ist, dann liegt völlige Unabhängigkeit zwischen den Merkmalen vor. Allerdings hat die Formel den Nachteil, daß sich χ^2 proportional vergrößert zu der Vergrößerung von h_{ij}. Deshalb wird der Koeffizient durch n/χ^2 weiter normiert. Nun wächst zwar der Wert von K gegen 1, hat aber den Nachteil, daß er 1 nie erreicht. Dies hängt nun mit der Anzahl der Spalten bzw. Zeilen zusammen, was nur mathematisch sehr aufwendig zu beweisen ist. Der maximale Wert von K kann nie 1 werden, wenn man nicht K_{max} berücksichtigt. K_{max} ist so zu berechnen, daß bei einer quadratischen Kontingenztafel der Spalten- bzw. Zeilenwert eingesetzt wird. Bei einer Vierfeldertafel berechnet sich also:

$$K_{max} = \sqrt{\frac{1}{2}} = 0.707$$

Die Berechnung für steigende M zeigt, wie K_{max} asymptotisch gegen 1 wächst (s. Tab. 4-12).

M	2	3	4	5	6	7
K_{max}	0.707	0.816	0.866	0.894	0.913	0.926

Tab. 4-12: *K_{max} für verschiedene M*

Bei einer rechteckigen nicht-quadratischen Vierfeldertafel berechnet man K_{max}, indem man K_{max} in bezug auf die Spalten- und Zeilenzahl berücksichtigt:

$$K_{max} = \frac{K_{max}(m) + K_{max}(n)}{2}$$

Bei einer 2-mal-3-Felder-Tafel ist

$$K_{max} = \frac{K_{max}(m) + K_{max}(n)}{2} = \frac{0.707 + 0.816}{2} = 0.762$$

Dividieren wir nun K durch K_{max} so erhalten wir den sog. korrigierten Kontingenzkoeffizienten. Dieser Kontingenzkoeffizient ist nun soweit normiert, daß gilt: absolut abhängig, wenn $K_* = 1$; völlig unabhängig, wenn $K_* = 0$, wobei das Normierungsintervall [0, 1] voll ausgeschöpft wird.

Gehen wir von einem Beispiel aus: 2400 Berliner aus den Bezirken Zehlendorf und Wedding wurden gefragt, ob sie in der Regel Berliner Dialekt sprechen. Die Befragung ergab folgendes Ergebnis:

| | Sprechen Sie Dialekt? | | |
	Ja	Nein	Σ
Wedding	586	414	1000
Zehlendorf	241	759	1000
Σ	827	1173	2000

Tab. 4-13a: *Kreuzklassifikation nach Wohnbezirk und Dialekt*

Es interessiert nun die Frage, ob ein Zusammenhang besteht zwischen dem Wohnbezirk und der Selbsteinschätzung, Dialekt zu sprechen. Ausgehend von der Unabhängigkeitsprämisse berechnet man die Häufigkeiten $\tilde{h}_{ij}$ aus den Randhäufigkeiten. Es ergeben sich folgende Werte:

$$\tilde{h}_{11} = \frac{1000 \cdot 827}{2000} = 413.5, \quad \tilde{h}_{12} = \frac{1000 \cdot 827}{2000} = 413.5,$$

$$\tilde{h}_{22} = \frac{1000 \cdot 1173}{2000} = 586.5, \quad \tilde{h}_{22} = \frac{1000 \cdot 1173}{2000} = 586.5.$$

Die Werte werden in die Formel für χ^2 eingesetzt:

$$\chi^2 = \frac{(586 - 413.5)^2}{413.5} + \frac{(241 - 413.5)^2}{413.5} + \frac{(414 - 586.5)^2}{586.5} + \frac{(759 - 586.5)^2}{586.5} = 246$$

Der Chi-Quadrat-Wert wird in die Formel für K eingesetzt:

$$K = \sqrt{\frac{246}{2400 + 246}} = 0.3$$

Da M = 2, gilt für $K_{max} = 1/\sqrt{2}$. Daraus errechnet sich für $K_* = 0.3\sqrt{2} = 0.42$. Es besteht ein Zusammenhang zwischen Wohnbezirk und der Selbsteinschätzung, Dialekt zu sprechen. In welche Richtung dieser Zusammenhang besteht, ist in einem ersten Schritt durch Umrechnung der absoluten Häufigkeiten in relative zu sehen (vgl. Tab. 4-13b). Es gibt eine chiastische Struktur: Während die Zehlendorfer tendenziell der Meinung sind, nicht Dialekt zu sprechen, meinen die Weddinger demgegenüber eher Dialekt zu sprechen. Hilfreich für die Interpretation ist hier die Berechnung der einzelnen Werte unter der Unabhängigkeitshypothese (vgl. Kap. 4.1.1). Die Abweichungen der beobach-

teten Prozentwerten von den theoretischen (aus der Unabhängigkeitsprämisse) gibt die Richtung der Interpretation an (vgl. Tab. 4-14): Je
höher die Abweichung, desto stärker der Zusammenhang zwischen
den Merkmalen. Positive Werte entsprechen einer positiven Korrelation, negative Werte einer negativen Korrelation. Offensichtlich ist besonders stark die Tendenz der Zehlendorfer, daß sie der Meinung sind,
nicht Dialekt zu sprechen, wie umgekehrt die Weddinger stärker der
Meinung sind, daß sie Dialekt sprechen.

	Sprechen Sie Dialekt?		
	Ja	Nein	
Wedding	29	21	50
Zehlendorf	12	38	50
	41	59	100

Tab. 4-13b: *Prozentwerte aus Tab. 4-13a*

	Sprechen Sie Dialekt?	
	Ja	Nein
Wedding	+8.5	−8.5
Zehlendorf	−8.5	+8.5

Tab. 4-14: *Differenzen aus beobachteten und theoretischen Prozentwerten*

Ob dieser Zusammenhang signifikant ist, muß durch Testverfahren
wie den Chi-Quadrat-Test geprüft werden. Da der Kontingenzkoeffizient als Maß der Interdependenz selbst nichts über die Richtung des Zusammenhanges aussagt, gibt es spezielle Auswertungsverfahren von
mehrdimensionalen Kontingenztafeln, in denen in jeder Zelle geprüft
wird, ob die beobachteten Werte signifikant positiv oder negativ von
den Werten abweichen, die aufgrund der Unabhängigkeitsprämisse errechnet werden. Dies geschieht mit der sog. log-linearen Kontingenztafelanalyse.

In der bisher behandelten Korrelationsrechnung wird die Interdependenz zweier Merkmale berechnet. Anders bei der **Regressionsanalyse**, bei der die Dependenz zweier kardinaler Merkmale berechnet
wird. Es wird eine Variable als die abhängige und eine als die unabhängige betrachtet. Dabei hat sich etabliert, X als die unabhängige
Variable und Y als die abhängige Variable zu bezeichnen. Ferner gibt es
folgende Terminologie (Abb. 4-22)

X	Y
unabhängige Variable	abhängige Variable
exogene Variable	endogene Variable
Einflußfaktor	Zielvariable
erklärende Variable	erklärte Variable
Regressor	**Regressand**

Abb. 4-22: *Terminologie zur Regressionsanalyse*

Der Zusammenhang zwischen den Variablen kann sehr unterschiedlich sein, z.B. kann ein
- linearer Zusammenhang der Form $Y = a+bX$,
- quadratischer Zusammenhang der Form $Y = a +bX + cX^2$ oder
- exponentieller Zusammenhang der Form $Y = a\ e^{bX}$

bestehen. Der einfachste Fall von Dependenz besteht bei einem linearen Zusammenhang, bei dem man zur **linearen Regression** gelangt, während die **nichtlineare Regression** mathematisch gesehen relativ kompliziert und per Hand kaum zu lösen ist. Wir wollen deshalb nur auf die lineare Regression genauer eingehen.

Gehen wir von einem Modell aus. Die Beobachtungswerte $(x_n; y_n)$ lassen sich in einem Streudiagramm darstellen (vgl. Abb. 4-23).

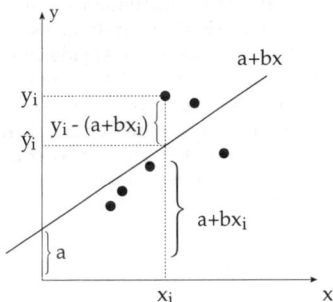

Abb. 4-23: *Beispieldiagramm zur linearen Regression*

Wenn wir annehmen, daß der Zusammenhang zwischen X und Y linear ist, also der Zusammenhang die Form $Y = a+bX$ hat, so sollen die Parameter a und b so gewählt werden, daß die Summe der quadrierten Abstände, die parallel zur y-Achse gemessen werden, zwischen den Beobachtungswerten und der Regressionsgraden möglichst klein wird. Man bezeichnet dies als die **Methode der kleinsten Quadrate**. Die Gerade ist also am besten dem Streuungsdiagramm dann angepaßt, wenn die Quadratsumme der Abweichungen minimal ist. Es gilt:

$$Q(a,b) = \sum_{i=1}^{n}\left[y_i - \left(a + bx_i\right)\right]^2 = \sum_{i=1}^{n}\left(y_i - a - b \cdot x_i\right)^2 \rightarrow \min$$

Die Minimierung des Quotienten in bezug auf a und b erfolgt über partielle Ableitung; die so ermittelten Minimalstellen werden als **Regressionskoeffizienten** bezeichnet und mit $\hat{a}$ bzw. $\hat{b}$ abgekürzt.

$$\hat{b} = \frac{\dfrac{1}{n-1}\sum_{i=1}^{n}(x_i - \overline{x})(y_i - \overline{y})}{\dfrac{1}{n-1}\sum_{i=1}^{n}(x_i - \overline{x})^2} \qquad \hat{a} = \overline{y} - \hat{b}\overline{x}$$

Man berechnet zuerst $\hat{b}$ und setzt $\hat{b}$ dann in die Gleichung für $\hat{a}$ ein. Den Nenner des Regressionskoeffizienten $\hat{b}$ kennen wir. Es handelt sich um die Stichprobenvarianz s^2. Die Größe im Zähler haben wir bei der Berechnung des Korrelationskoeffizienten bereits kennengelernt, sie ist eine Maßzahl für die Streuung der Merkmale X und Y, wird mit s_{XY} abgekürzt und heißt **Kovarianz**. $\hat{b}$ ist also der Quotient aus Kovarianz und Stichprobenvarianz. Berechnen wir im folgenden an einem Beispiel (modifiziert nach Bamberg/Baur 1982: 43f.) die Regressionskoeffizienten und zeichnen die sich ergebende Regressionsgrade in das Streuungsdiagramm ein. Angenommen, es wurden bei 10 Personen in bezug auf den Vokal V die Formanten F1 (Merkmal X) und F2 (Merkmal Y) gemessen. Aus den Beobachtungswerten läßt sich eine Arbeitstabelle erstellen (Tab. 4-15). Durch Einsetzen der berechneten Werte in die obigen Formeln, lassen sich die Koeffizienten berechnen:

$$\hat{b} = \frac{\dfrac{1}{9} \cdot 61000}{\dfrac{1}{9} \cdot 14000} = 4,36$$

$$\hat{a} = 500 - 4,36 \cdot 260 = -633,6$$

Da wir davon ausgegangen sind, daß ein linearer Zusammenhang besteht, lassen sich die Parameter der Geradengleichung a und b nun durch die Regressionskoeffizienten $\hat{a}$ und $\hat{b}$ ersetzen, wodurch wir die **Regressionsgerade** erhalten. Diese hat die allgemeine Form:

$$\hat{y}_i = \hat{a} + \hat{b}x_i$$

Die Differenzen zwischen den beobachteten y-Werten und den theoretischen Y-Werten nennt man **Residuen**. In Abbildung 4-23 ist das Residuum zwischen y_i und $\hat{y}_i$ eingezeichnet. Berechnen wir zwei Punkte, z.B. $\hat{y}_1$, $\hat{y}_{10}$ aus $\hat{y}_i$, so läßt sich die Regressionsgerade ins Scattergramm einzeichnen (vgl. Abb. 4-24).

$$\hat{y}_1 = \hat{a} + \hat{b}x_1 = -633{,}6 + 4{,}36 \cdot 210 = 282$$

$$\hat{y}_{10} = \hat{a} + \hat{b}x_{10} = -633{,}6 + 4{,}36 \cdot 340 = 848{,}6$$

i	x_i	y_i	$(x_i - \bar{x})$	$(x_i - \bar{x})^2$	$(y_i - \bar{y})$	$(x_i - \bar{x})(y_i - \bar{y})$
1	210	300	-50	2500	-200	10000
2	220	300	-40	1600	-200	8000
3	230	300	-30	900	-200	6000
4	240	400	-20	400	-100	2000
5	250	500	-10	100	0	0
6	260	500	0	0	0	0
7	270	600	10	100	100	1000
8	280	600	20	400	100	2000
9	300	700	40	1600	200	8000
10	340	800	80	6400	300	24000
	$\bar{x}$	$\bar{y}$	Σ	Σ	Σ	Σ
	260	500	0	14000	0	61000

Tab. 4-15: *Arbeitstabelle zur Berechnung des Regressionskoeffizienten*

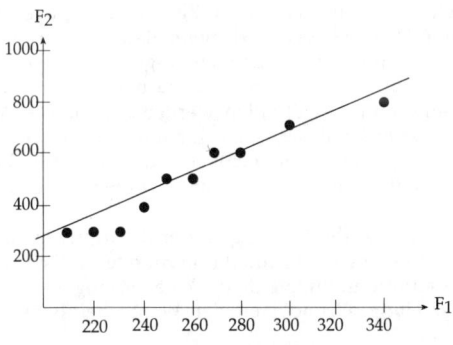

Abb. 4-24: *Streuungsdiagramm mit der Regressionsgraden zum Beispiel*

Wie wir sehen, liegen die Beobachtungswerte y_i nahe bei den entsprechenden theoretischen y-Werten $\hat{y}_i$. Die Residuen sind sehr gering,
und die Regressionsgerade spiegelt offensichtlich den Zusammenhang
zwischen Einfluß- und Zielvariable ziemlich genau wider, F_1 determiniert also F_2. Es liegt nun nahe, den Minimalwert aus der Quadratsumme der Abweichungen als Regressionsmaß zu konstruieren, also
$Q(\hat{a}, \hat{b})$. Da aber dieser Wert prinzipiell unendlich groß werden kann,
wird wie bei den anderen Koeffizienten auf [0,1] normiert. Der so nor-
mierte Koeffizient heißt **Determinationskoeffizient** oder **quadrierter mul-
tipler Korrelationskoeffizient** (R^2) und berechnet sich wie folgt:

$$R^2 = \frac{\sum\limits_{i=1}^{n}(\hat{y}_i - \overline{y})^2}{\sum\limits_{i=1}^{n}(y_i - \overline{y})^2}$$

Die Interpretation des Determinationskoeffzienten ist ähnlich dem
Korrelationskoeffizienten. Wenn $R^2 = 0$, dann sind die Merkmale
unkorreliert und wenn $R^2 = 1$, liegen die Beobachtungswerte auf einer
Geraden mit positivem oder negativem Anstieg und die empirischen
y-Werte sind durch die theoretischen y-Werte determiniert, die Variable X determiniert die Variable Y. Innerhalb des Intervalls gilt, daß
je größer R^2 ist, desto stärker bestimmen die theoretischen y-Werte die
empirischen.

Nun liegen nicht immer lineare Zusammenhänge vor. Erkennt
man anhand des Streuungsdiagramms gewisse Kurven, z.B. eine para-
belförmige oder exponentiale Verteilung der Beobachtungswerte, so
kann man prinzipiell ebenfalls das Prinzip der kleinsten Quadrate anwenden, was aber rechnerisch äußerst aufwendig ist. Häufig aber hat
man aufgrund größerer Datenmengen und mehr als zwei Variablen
keine erkennbaren Hinweise auf Zusammenhänge zwischen den
Merkmalen, so daß man auf Statistikprogramme zurückgreift, mit deren Hilfe Regressionsgleichungen gefunden werden sollen. Die Anwendung solcher Regressionsanalysen setzt genaue Kenntnisse der
Programme und der Interpretationsmöglichkeiten der so ermittelten
Ergebnisse voraus und sollte in der Regel durch einen Statistiker vorgenommen werden.

Wir haben in diesem Kapitel die Grundlagen der deskriptiven Statistik behandelt, die die Voraussetzung für die induktive Statistik bilden. Bevor wir jedoch auf die induktive Statistik näher eingehen können, müssen zunächst einige Grundlagen der Wahrscheinlichkeitsrechnung gelegt werden.

4.2 Ereignisse und Wahrscheinlichkeiten

In der deskriptiven Statistik haben wir empirische Häufigkeitsverteilungen und Lage- und Streuungsparameter betrachtet sowie Maße für den Zusammenhang von Merkmalen. Der Übergang zu Wahrscheinlichkeiten wird dann notwendig, wenn man testen will, ob die empirischen Befunde zufällig oder mit einer bestimmten Wahrscheinlichkeit plausibel sind. Dabei wird auf die Theorie von Zufallsvorgängen zurückgegriffen, der Wahrscheinlichkeitstheorie. In der Wahrscheinlichkeitstheorie werden Zufallsprozesse mathematisch behandelt. Es handelt sich um eine ‚echte' Theorie, da ein Axiomensystem (s. u.) vorliegt, von dem alle weiteren Aussagen deduziert werden können. Der Bezug des Empirikers (des Statistikers) zu dieser Theorie besteht darin, daß – salopp gesprochen – die Theorie Modelle hervorbringt, an denen empirische Daten ‚überprüft' werden können. Beispielsweise kann geprüft werden, ob aus Stichproben ermittelte empirische Verteilungen und deren Parameter mit einer mehr oder weniger hohen Wahrscheinlichkeit mit denen der Grundgesamtheit übereinstimmen. Da ein mathematisches Modell zugrunde gelegt werden kann, müssen wir unsere empirischen Daten mit dem jeweiligen Modell in Beziehung setzen. Wie wir noch sehen werden, gibt es eine theoretische Verteilungsfunktion, die sog. Gaußsche Verteilung mit der bekannten Glockenkurve (vgl. 10-DM-Schein). Wenn wir nun eine ähnliche empirische Verteilungsfunktion haben, so können wir – bildlich gesehen – prüfen, ob die Kurven übereinstimmen oder nicht, wobei wir unsere Kurve nehmen und mit der an einem Fixpunkt vorliegenden Gaußkurve vergleichen. Der Übergang von der empirischen Seite zur theoretischen und die theoretische Modellierung ist nicht einfach und erfordert einiges an mathematischem Rüstzeug. Wir werden versuchen, mit möglichst einfachen mathematischen Mitteln auszukommen und werden auf komplizierte Verfahren wie die Regressionsanalyse nicht eingehen. Zwei Testverfahren spielen in sprachwissenschaftlichen Untersuchungen eine größere Rolle, der sog. t-Test und der Chi-Quadrat-Test, auf die wir näher eingehen werden.

4.2.1 Wahrscheinlichkeitsrechnung

Grundlegend für die Wahrscheinlichkeitsrechnung ist die Betrachtung von Zufallsvorgängen, auch **stochastische Vorgänge** genannt. Bei einem Zufallsvorgang ist ungewiß, welche Folgesituation, welches konkrete Ergebnis eintritt. Werfen wir eine Münze, so wissen wir vorher nicht, ob Kopf oder Zahl kommt. Wir wissen aber, sofern die Münze nicht auf dem Rand zu stehen kommt, daß Kopf oder Zahl geworfen wird. Diese **Ergebnismenge** des Zufallsvorgangs wird mit Ω bezeichnet. Ω gibt den ganzen **Ereignisraum** an, die Gesamtheit aller in Betracht kommenden Ereignisse; ein beliebiges Ereignis A aus Ω ist eine Teilmenge aus Ω. In unserem Beispiel besteht Ω aus zwei Teilereignissen ω, nämlich $\omega_1 = \{$Eintreffen von Kopf$\}$ und $\omega_2 = \{$Eintreffen von Zahl$\}$. Die Wahrscheinlichkeit, daß Kopf oder Zahl geworfen wird, beträgt jeweils 1/2. Allgemein formuliert: P(A) bezeichnet die Wahrscheinlichkeit des Ereignisses A. Die Tatsache, daß ein Ereignis mit einer bestimmten Wahrscheinlichkeit eintrifft, sagt nichts darüber aus, welches konkrete Ergebnis tatsächlich realisiert wird. Nehmen wir an, wir hätten mehrfach die Münze geworfen, und hintereinander wäre immer Zahl eingetroffen. Obwohl wir intuitiv eine höhere Wahrscheinlichkeit annehmen, daß nun Kopf kommt, ist es so, daß als Ergebnis schlicht Kopf oder Zahl realisiert wird. Der Unterschied zwischen **Ergebnis** und **Ereignis** ist sehr wichtig, weil bei der Interpretation von Wahrscheinlichkeiten verschiedentlich Ergebnis und Ereignis nicht deutlich differenziert worden sind, mit der Folge, daß falsche Konsequenzen z.B. aus der Variablenregelanalyse gezogen worden sind (Kap. 4.3.3). Beim Münzwurf nehmen wir an, daß das Eintreten von Kopf oder Zahl die gleiche Chance besitzt, d.h., daß die beiden möglichen Ereignisse **gleichwahrscheinlich** sind. In diesem speziellen Fall gilt, daß die Wahrscheinlichkeit des Eintretens von Kopf sich errechnet aus der Anzahl der günstigen Fälle (hier 1) dividiert durch die Anzahl der möglichen Fälle (hier 2). Wir sehen hier sofort die Beziehung zur relativen Häufigkeit (vgl. Kap. 4.1.1), wo der Quotient aus Realisierungen eines Versuches (eines Ereignisses) und allen möglichen Realisierungen gebildet wird. Bevor wir hierauf näher eingehen, muß das Wahrscheinlichkeitsmaß weiter präzisiert werden. Das Wahrscheinlichkeitsmaß P (P von engl. probability) erfüllt folgende Bedingungen:

Axiom 1: Für alle $A \subseteq \Omega$ gilt: $0 \leq P(A) \leq 1$
Axiom 2: $P(\Omega) = 1$
Axiom 3: Wenn $A_1 \cap A_2 = \emptyset$, dann ist $P(A_1 \cup A_2) = P(A_1) + P(A_2)$.

Die sog. Kolgomorovschen Axiome sind nicht beweisbar, aber sie entsprechen unserer Erfahrung. Tritt das Ereignis A **sicher** ein, so ist $A = \Omega$ und $P(A) = 1$ (entspricht umgangssprachlich 100%); tritt A hingegen sicher nicht ein, bzw. ist **unmöglich**, so ist $A = \emptyset$ und $P(A) = 0$. Sind zwei Teilereignisse äquivalent, so sind die Wahrscheinlichkeiten für das Eintreffen der Ereignisse gleich, also $P(A) = P(B)$. Eine wichtige Schlußfolgerung aus den Axiomen ist, daß die Wahrscheinlichkeit für das **Komplementärereignis** $P(\bar{A})$ wie folgt definiert ist:

$P(\bar{A}) = 1 - P(A).$

Wenn aus Ω ‚*weil*-Sätze mit finitem Verb' die Wahrscheinlichkeit für das Ereignis ‚*weil*-Sätze mit Finitzweit' 0.2 beträgt, dann beträgt das Komplementärereignis ‚*weil*-Sätze nicht mit Finitzweit' (= ‚*weil*-Sätze mit Finitletzt') 0.8. Oder: Wenn die Wahrscheinlichkeit, daß Kopf geworfen wird, 1/2 ist, so ist die Wahrscheinlichkeit, daß Zahl geworfen wird, ebenfalls 1/2. Weitere Aussagen lassen sich mit Hilfe der Mengenlehre aus den Axiomen deduktiv ableiten. Wichtig für Tests und wahrscheinlichkeitsfundierte Modelle wie die Variablenregelanalyse oder die Varietätengrammatik sind die Begriffe der **bedingten Wahrscheinlichkeit** und der **stochastischen Unabhängigkeit**. Wie wir bereits bei Häufigkeitsverteilungen gesehen haben, interessiert häufig das Eintreten eines Ereignisses A unter der Bedingung, daß Ereignis B eintritt. Man schreibt hierfür P(A I B), zu lesen als ‚die Wahrscheinlichkeit P, daß A unter der Bedingung B eintritt':

$$P(A\,|\,B) = \frac{P(A \cap B)}{P(B)} \quad , \text{ wenn } P(B) > 0$$

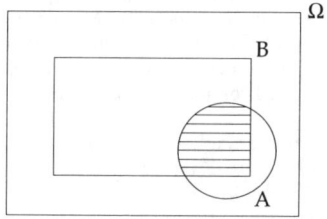

Motivieren wir dies an einem Beispiel mit relativen Häufigkeiten (vgl. auch Kap. 4.1). Wir haben 100 Sätze aus einem Korpus der gesprochenen Sprache entnommen. A bezeichnet die ‚Menge der Hauptsätze' $\bar{A}$ die ‚Menge der Nebensätze'; B bezeichnet die ‚Menge der vollständigen Sätze' und $\bar{B}$ die ‚Menge der elliptischen Sätze'. A ∩ B ist die ‚Menge der vollständigen Hauptsätze'.

	B	$\bar{B}$	
A	n(A ∩ B) = 40	n(A ∩ $\bar{B}$) = 20	n(A) = 60
$\bar{A}$	n($\bar{A}$ ∩ B) = 10	n($\bar{A}$ ∩ $\bar{B}$) = 30	n($\bar{A}$) = 40
	n(B) = 50	n($\bar{B}$) = 50	n = 100

Die relative Häufigkeit der Hauptsätze beträgt

$$\frac{n(A)}{n} = \frac{60}{100} = 0.6.$$

Die relative Häufigkeit der Hauptsätze unter den vollständigen Sätzen n(B) = 50 ist gleich

$$\frac{n(A \cap B)}{n(B)} = \frac{40}{50} = 0.8.$$

Diese relative Häufigkeit heißt bedingte relative Häufigkeit (vgl. auch Kap. 4.1). Vergleichen wir die bedingten relativen Häufigkeiten, so sehen wir, daß in der Definition für P(A|B) die Wahrscheinlichkeiten durch die entsprechenden relativen Häufigkeiten ersetzt worden sind. Wenn A bzw. B unabhängig voneinander sind, so gilt P(B) = P(B|A) bzw. P(A) = P(A|B). Unabhängig heißt, daß das Ereignis A bzw. B keinen Einfluß auf das Ereignis B bzw. A hat. Wenn wir A als Ereignis betrachten, daß wir zufällig aus unserem Korpus eine Menge von Hauptsätzen ziehen, und B, daß wir am Schreibtisch sitzen, so ist das Ziehen von Hauptsätzen (hoffentlich) unabhängig von der Tatsache, ob wir am Schreibtisch sitzen oder nicht. Ereignis A ist also unabhängig von Ereignis B.

Sehen wir uns die stochastische Unabhängigkeit an einem Beispiel an. Aus einem Skatspiel wird zufällig eine Karte gezogen. Ist das Ereignis B ‚Herzkarte wird gezogen' unabhängig vom Ereignis A ‚ein As wird gezogen'? Es gibt 8 Herzkarten, also ist P(B) = 8/32, und 4 Asse, also ist P(A) = 4/32. Das Ereignis A $\cap$ B besagt, daß ein Herz-As gezogen wird, also P(A $\cap$ B) = 1/32. Tragen wir die Werte zunächst in eine Tabelle ein. Die fehlenden Werte können über die Komplementärwahrscheinlichkeiten nachgetragen werden, was der Leser selbst tun möge.

	B	$\overline{B}$	
A	P(A $\cap$ B) = 1/32	✍	P(A) = 4/32
$\overline{A}$	✍	✍	✍
	P(B) = 8/32	✍	✍

Berechnen wir nun die bedingte Wahrscheinlichkeit P(B|A):

$$P(B \mid A) = \frac{P(A \cap B)}{P(A)} = \frac{1/32}{4/32} = 8/32 = P(B)$$

Ereignis B, daß eine Herzkarte gezogen wird, ist also unabhängig von Ereignis A, daß die Karte ein As ist. Es läßt sich nun beweisen, daß die Ereignisse dann unabhängig sind, wenn gilt:

$$P(A \cap B) = P(A)\, P(B) \text{ wobei } P(A), P(B) \neq 0$$

Man nennt dies den **Multiplikationssatz für unabhängige Ereignisse**. Er ist unserem Beispiel leicht zu überprüfen, indem man die entsprechenden Werte in die Formel einsetzt:

$$P(A \cap B) = \frac{4}{8} \cdot \frac{8}{32} = \frac{1}{32}$$

Erinnern wir uns an Kapitel 4.1, in dem wir über die bedingten Häufigkeiten Abhängigkeiten zwischen Merkmalen bzw. die Unabhängigkeit von Merkmalen in einer Kontingenztafel behandelt haben. Wir haben nunmehr eine wahrscheinlichkeitstheoretische Fundierung dieser Zusammenhänge. Exemplarisch sollte die Schnittstelle zwischen empirischen und theoretischen Verteilungen, zwischen Häufigkeitsverteilungen und Zufallsprozessen deutlich geworden sein.

4.2.2 Häufigkeiten, Wahrscheinlichkeiten, Zufallsvariablen und Verteilungen

Wir haben bereits an zwei Stellen auf die Schnittstelle zwischen Häufigkeiten und Wahrscheinlichkeiten hingewiesen. Der Wahrscheinlichkeitsbegriff kann einer Häufigkeitsinterpretation unterzogen werden. Nehmen wir als Beispiel einen Würfel, den wir sehr lange würfeln, sagen wir 12 000 mal. Ausgehend vom Gleichwahrscheinlichkeitsmodell wissen wir, daß die Wahrscheinlichkeit P, daß eine beliebige Zahl gewürfelt wird, 1/6 betrifft. Berechnen wir am Beispiel – und solche Versuche sind gemacht worden[1] – die relative Häufigkeit der Realisierung der einzelnen Zahlen, so werden wir feststellen, daß je größer n wird, sich die relative Häufigkeit auf 1/6 einpendelt. Anders formuliert: Wenn n $\rightarrow \infty$ geht, dann nimmt die Aussagekraft zu, die die $f_n(A)$ über $P(A)$ besitzen. Dieser Zusammenhang zwischen

---

1 Der Franzose Buffon (1707-1788) warf eine Münze 4040 mal und erhielt 2048 mal ‚Kopf'; der Statistiker Pearson (1857-1936) warf eine Münze 24000 mal und erhielt 12012 mal ‚Kopf'. Computersimulationen zeigen, wie sich der Wert ab 10^2 Würfen relativ stabil bei 0.5. einpendelt.

relativen Häufigkeiten und Wahrscheinlichkeiten hilft uns, unbekannte Wahrscheinlichkeiten zu bestimmen und aus Stichproben auf Grundgesamtheiten rückzuschließen. Viele Methoden der induktiven Statistik beruhen auf diesem Zusammenhang. Obwohl der Begriff der Wahrscheinlichkeit nicht über relative Häufigkeiten definiert werden kann, wird über die Definition des Wahrscheinlichkeitsmaßes als axiomatischem System und Häufigkeitsverteilungen in der statistischen Analyse die Brücke zwischen (mathematischer) Theorie und Empirie geschlagen.

Bei der Behandlung von Wahrscheinlichkeiten sind wir von stochastischen Vorgängen wie ‚Ziehen einer Karte' oder ‚Münzwurf' ausgegangen. Häufig interessiert uns nicht, ob die Karte A oder B gezogen oder Kopf (K) oder Zahl (Z) geworfen wird, sondern bestimmte Zahlenwerte, die den Ergebnissen zugeordnet sind. Z.B. kann beim Werfen von zwei Münzen gelten, daß jemand bei gleichen Münzseiten 1 DM erhält, aber keine DM bei ungleichen Münzseiten. Es läßt sich folgende Zuordnungsrelation bilden:

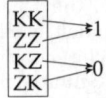

Eine solche Abbildung eines Zufallsvorganges auf die reellen Zahlen heißt **Zufallsvariable**. Die Zuordnungsrelationen aus der Ergebnismenge Ω lassen sich wie folgt begreifen (Abb. 4-25).

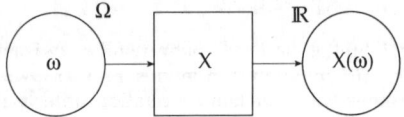

Abb. 4-25: *Ergebnismenge Ω als Zufallsvariable*

Jedem uns interessierenden Ergebnis wird eine relle Zahl zugeordnet. Die Zufallsvariable realisiert sich genau dann, wenn $X_A = 1$, also KK bzw. ZZ eintritt, und wenn $X_A = 0$, also KZ bzw. ZK eintritt.

Die Zufallsvariable steht zu unseren empirischen Untersuchungen insofern in Zusammenhang, als daß wir die (theoretischen) Verteilungen von Zufallsvariablen in Zusammenhang bringen mit unseren empirischen Verteilungen. Explizit deutlich wird der Zusammenhang im Begriff der **phonologischen** oder **syntaktischen Variablen**, wie sie in der Variablenregelanalyse grundlegend sind. Im Prinzip wird ein Merkmal mit seinen Ausprägungen (Empirie) wie eine Zufallsvariable behandelt. Ein Phonem wird als Zufallsvariable X gesehen mit seinen allophonischen Varianten x_1, x_2 usw. Von daher erklärt sich auch die spezielle Notation (x) für die phonologische Variable mit ihren Varianten (x-1), (x-2) usw. (vgl. Abb. 4-26).

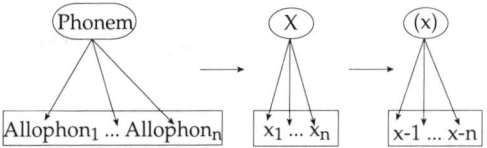

Abb. 4-26: *Zusammenhang zwischen phonologischer Variable und Zufallsvariable*

Wie sich noch erweisen wird, werden in bezug auf phonologische Variablen bestimmte Modelle angenommen, die mit der Verteilung der Variablen zusammenhängen.

In vielen Fällen interessiert uns nun nicht, wie die Zufallsvariable sich im einzelnen realisiert, also welchen Wert X annimmt, sondern es interessiert uns die Wahrscheinlichkeit mit der X kleiner oder größer einer Zahl x ist, also $X \leq x$ bzw. $X \geq x$. Man benutzt also zur Charakterisierung der Zufallsgröße die Verteilungsfunktion F(x). Diese ist wie folgt definiert:

$$F(x) := P(X \leq x)$$

Illustrieren wir die Verteilungsfunktion einer Zufallsvariablen am Münzwurfbeispiel. Wir werfen diesmal nicht zwei Münzen, sondern drei, und es bestehe folgende Zuordnungsrelation zwischen Münzwurf und Gewinn:

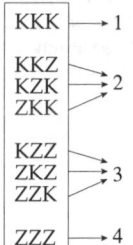

Es gibt 8 Möglichkeiten der Kombination von Kopf und Zahl. Die Wahrscheinlichkeit, daß {KKK} eintritt, beträgt also 1/8. Die Verteilungsfunktion läßt sich wie folgt darstellen:

$F(1) = P(X \leq 1) = P(\{KKK\}) = 1/8$

$F(2) = P(X \leq 2) = P(\{KKK, ZKK, KZK, KKZ\}) = 4/8$

F(3) = P(X ≤ 3) = P({KKK, ZKK, KZK, KKZ, ZZK, ZKZ, KZZ}) = 7/8
F(4) = P(X ≤ 4) = P({KKK, ŻKK, KZK, KKZ, ZZK, ZKZ, KZZ, ZZZ}) = 8/8

Wie die empirischen Verteilungsfunktionen kann die Verteilungsfunktion der Zufallsvariablen graphisch in Form eines Stufendia-
gramms dargestellt werden (Abb. 4-27). Es handelt sich in diesem Fall
wiederum um eine Treppenfunktion.

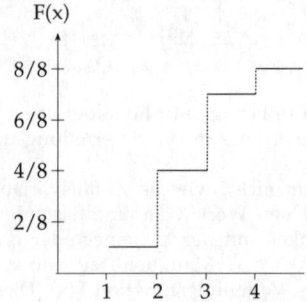

Abb. 4-27: *Diskrete Verteilungsfunktion*

Verteilungen von Zufallsvariablen lassen sich nun danach unterscheiden, ob sie stufenförmig vorliegen oder nicht. Im Falle einer stufenför-
migen Verteilung spricht man von einer **diskreten Verteilung**. Die Zu-
fallsgrößen können nur endlich viele Werte annehmen, wie im Beispiel genau acht Werte. Die bekannteste Verteilung ist die Bernoulli-
Verteilung. In diesem Fall kann die Zufallsvariable genau zwei Werte
annehmen, nämlich 0 und 1 wie beim einfachen Münzwurf. Von
größerer Bedeutung für statistische Analysen sind die sog. **stetigen** oder
kontinuierlichen Verteilungen. Diese haben keine Sprungstellen, sondern eine stetige Funktion, sei es eine Gerade oder Kurve (Abb. 4-28).

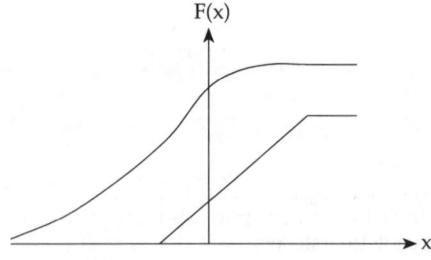

Abb. 4-28: *Stetige Verteilungsfunktionen*

Stetig verteilte Zufallsvariablen lassen sich nicht durch die Wahrscheinlichkeitsfunktion darstellen. Deshalb wird die sog. **Dichtefunktion** (Wahrscheinlichkeitsdichte) oder kurz **Dichte** f(x) der Verteilung F zur Charakterisierung benutzt. Mathematisch gesehen entspricht die Dichte genau der Fläche unter einer Kurve zwischen den Wahrscheinlichkeiten a und b. In Abb. 4-29 entspricht die Fläche zwischen a und b genau der Wahrscheinlichkeit, daß die Zufallsvariable größer/gleich a und kleiner/gleich b ist.

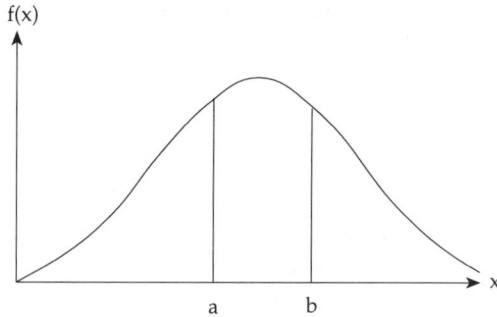

Abb. 4-29: *Dichtefunktion und Wahrscheinlichkeit*

Die Dichte, die der Fläche P(a ≤ X ≤ b) entspricht, läßt sich berechnen. Der Zusammenhang von Dichte und Verteilungsfunktion besteht mathematisch darin, daß über die Differentialrechnung f(x) aus F(x) abgeleitet werden kann. Wir wollen uns den Zusammenhang graphisch veranschaulichen (Abb. 4-30).

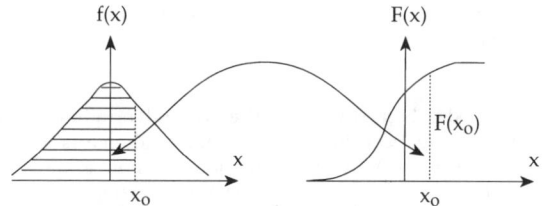

Abb. 4-30: *Zusammenhang von Dichte- und Verteilungsfunktion*

Für empirische Untersuchungen relevant ist nun, daß die Dichtefunktion als die Funktion interpretiert werden kann, durch die empirische Verteilungen approximiert werden können (vgl. Abb. 4-31, Abb. 4-32).

f(x)

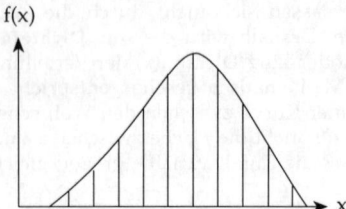

Abb. 4-31: *Stabdiagramm und approximierende Dichtefunktion*

f(x)

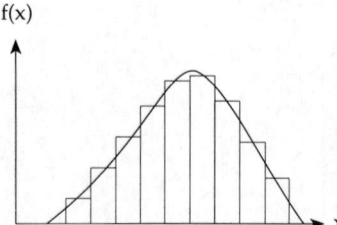

Abb. 4-32: *Histogramm und approximierende Dichtefunktion*

Es gibt verschiedene Verteilungsmodelle von Zufallsvariablen. Von besonderer Bedeutung ist die sog. **Normalverteilung,** da viele empirische Häufigkeitsverteilungen durch die Normalverteilung approximiert werden können und die Normalverteilung zu den am häufigsten angewandten Verteilungsmodellen gehört. Eine Zufallsvariable mit der Dichtefunktion

$$f(x) = \frac{1}{\sqrt{2\pi}\sigma} e^{-\frac{(x-\mu)^2}{2\sigma^2}}$$

heißt normalverteilt oder $N(\mu;\sigma)$-verteilt. Die Normalverteilung wird auch als Gauß-Verteilung bezeichnet, nach dem Mathematiker C.F. Gauß, dessen Kopf sowie die Verteilungsfunktion und eine graphische Abbildung (s. auch Abb. 4-33) den Zehnmarkschein zieren. In der Formel tauchen die zwei griechischen Buchstaben μ und σ auf. Diese beiden kennzeichnen die zwei zentralen Parameter der Normalverteilung. Sie heißen **Erwartungswert** (μ) und **Varianz** (σ^2). Der Erwartungswert ist der Lageparameter der Normalverteilung und die Varianz ist der Streuungsparameter.

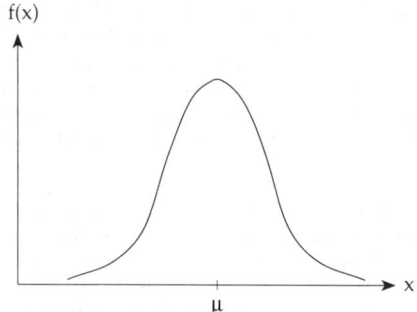

Abb. 4-33: *Dichtefunktion der Normalverteilung*

In vielen Fällen kann ein Zusammenhang zwischen empirischer Verteilung und Normalverteilung dahingehend hergestellt werden, daß das arithmetische Mittel dem Erwartungswert μ entspricht und die Stichprobenvarianz der Varianz σ^2. Aufgrund dieses Zusammenhanges ist die Normalverteilung in praktischen Anwendungen sehr wichtig, und eine Reihe von statistischen Tests haben zur Voraussetzung, daß die empirische Verteilung normalverteilt ist. Um nun empirische Verteilungen in Relation zur Normalverteilung zu bringen, ist die Normalverteilung standardisiert worden, und zwar so, daß $\mu = 0$ und $\sigma = 1$. Die Normalverteilung mit diesen speziellen Parametern heißt **Standardnormalverteilung**. Wir können nunmehr empirische Verteilungen auf eine Normalverteilung und eine beliebige Normalverteilung auf die Standardnormalverteilung zurückführen. Für den Zusammenhang von Normalverteilung und Standardnormalverteilung gilt, daß die Zufallsvariable X als standardisierte Zufallsvariable

$$Z = \frac{X - \mu}{\sigma}$$

verteilt ist. Die Verteilungsfunktion einer beliebig normalverteilten Zufallsvariable X kann durch die Standardnormalverteilung ausgedrückt werden:

$$F(x) = P(X \leq x) = P\left(\frac{X - \mu}{\sigma} \leq \frac{x - \mu}{\sigma}\right) = P\left(Z \leq \frac{x - \mu}{\sigma}\right) = \phi\left(\frac{x - \mu}{\sigma}\right)$$

Bildlich gesprochen können wir jede $N(\mu;\sigma)$-Verteilung im Raum auf die an einem Punkt fixierte $N(0;1)$-Verteilung abbilden. Da wir die

Verteilung der Standardnormalverteilung kennen, wird diese vertafelt (s. Anhang 1, S. 251), und wir können die Wahrscheinlichkeiten eines beliebigen Ereignisses berechnen. Für eine beliebige Normalverteilung F(x) genügt es also $z = (x-\mu)/\sigma$ auszurechnen und den Wert $p = \Phi(z)$ der Tabelle zu entnehmen. Wir wollen uns diesen prinzipiellen Zusammenhang, der auch für andere Verteilungsmodelle gilt, an einem Beispiel klar machen.

In einer Untersuchung zur Grundfrequenz (in Hz) wurde ein Durchschnittswert von 100 Hz und eine Stichprobenvarianz von 100 ermittelt, wobei die Verteilung normalverteilt ist. Unter der Annahme, daß das arithmetische Mittel durch μ und die Stichprobenvarianz durch die Varianz σ^2 ausgedrückt werden können, wird nun die Wahrscheinlichkeit gesucht, daß die Grundfrequenz höchstens 70 Hz beträgt. Gegeben ist also $x = 70$, gesucht $P(X \leq 70)$. Veranschaulichen wir uns die Fragestellung anhand einer Abbildung (Abb. 4-34).

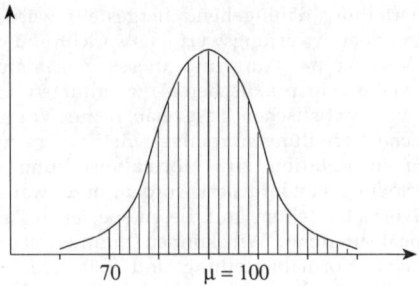

70   μ = 100

Abb. 4-34: *Hilfsgraphik*

Gesucht wird die Wahrscheinlichkeit, die durch die nicht-schraffierte Fläche gekennzeichnet ist. $P(X \leq 70)$ ist also gleich der Verteilungsfunktion an der Stelle $x = 70$, also F(70). Wir nehmen nunmehr die Standardnormalverteilung zu Hilfe. Es gilt:

$$F(x) = \phi\left(\frac{x-\mu}{\sigma}\right)$$

Setzen wir die Werte ein, so errechnet sich F(70) wie folgt:

$$F(x) = \phi\left(\frac{x-\mu}{\sigma}\right) = \phi\left(\frac{70-100}{10}\right) = \phi(-3)$$

Schauen wir nun in der Tabelle der Standardnormalverteilung nach und lesen an der Stelle $z = -3$ den Wert ab, so erhalten wir $\Phi(-3) =$

0.0014. Die Wahrscheinlichkeit beträgt also 0.14%, daß die Grundfrequenz kleiner/gleich 70 Hz ist. Da die Normalverteilung symmetrisch ist, können wir sofort die Wahrscheinlichkeit berechnen, daß die Grundfrequenz größer/gleich 130 Hz ist, nämlich ebenfalls 0.14%. Die Wahrscheinlichkeit, daß die Grundfrequenz kleiner/gleich 130 Hz ist, beträgt 99,86%. Nun kann es möglich sein, daß interessiert, welche Hertzzahl bei einer festgesetzten Wahrscheinlichkeit mindestens bzw. höchstens erreicht wird. Führen wir unser Beispiel fort. Uns interessiert, welche Grundfrequenzen höchstens mit einer Wahrscheinlichkeit von 1% erreicht wird. Gegeben ist also wiederum μ = 100 und σ = 10. Gesucht ist nun derjenige Wert, unterhalb dessen durchschnittlich 1% aller Hertzfrequenzen liegen, also $x_{0.01}$. Sehen wir uns dies wiederum an einer Hilfsgraphik an (Abb. 4-35).

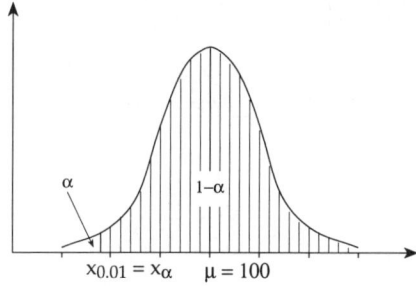

Abb. 4-35: *Hilfsgraphik*

Der Prozentpunkt $x_{0.01}$ wird allgemein als xα bezeichnet. Die Wahrscheinlichkeit, daß X ≤ xα, entspricht der Fläche α unterhalb der Kurve. Ein solches xα heißt α-**Fraktil** der Verteilung von X. Aus der Standardnormalverteilung können wir zα = $z_{0.01}$ ≈ −2.33 ablesen. Es läßt sich nun berechnen:

$$z = \frac{x-\mu}{\sigma} = y_{0.01} = \frac{x_{0.01}-\mu}{\sigma} = -2.33 \frac{x_{0.01}-100}{10}$$

$$x_{0.01} = -2,33 \cdot 10 + 100 = -23,3 + 100 = 76.7$$

Der Wert, unterhalb dessen durchschnittlich 1% aller Hertzfrequenzen liegen, liegt bei 76,7 Hz. Man kann sich nun auch fragen, wie groß die Wahrscheinlichkeit ist, daß die Grundfrequenzen zwischen 80 und 120 Hertz liegen. Es wird also ein Intervall gebildet mit einer Obergrenze x_O und einer Untergrenze x_U, das zu beiden Seiten symmetrisch durch Fraktile begrenzt ist. Dieses Intervall spielt bei vielen statistischen Untersuchungen eine Rolle und heißt **zentrales Schwankungsintervall**. Wir können dies graphisch darstellen (Abb. 4-36 und Abb. 4-37).

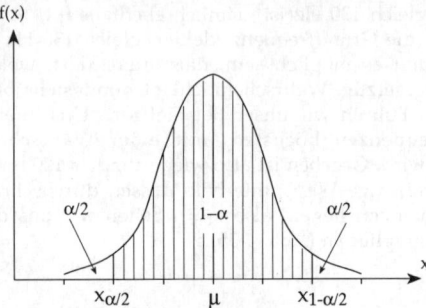

Abb. 4-36: *Zentrales Schwankungsintervall*

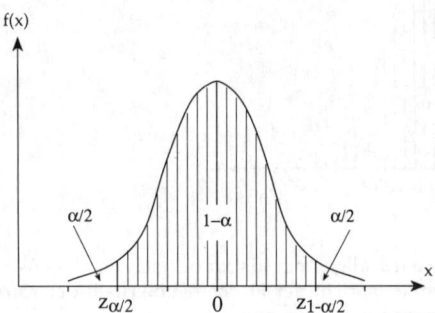

Abb. 4-37: *Zentrales Schwankungsintervall der Standardnormalverteilung*

α gibt die Wahrscheinlichkeit an, daß Werte der Zufallsvariablen außerhalb des Schwankungsintervalles liegen, während die Wahrscheinlichkeit, daß die Werte realisiert werden, $1-\alpha$ beträgt. Da α symmetrisch verteilt ist, sind die Überschreitungswahrscheinlichkeiten $\alpha/2$ gleich groß. Das zentrale Schwankungsintervall spielt bei Schätz- und Testfunktionen eine zentrale Rolle, weshalb den Wahrscheinlichkeiten $1-\alpha$ Grenzen $x_{1-\alpha/2}$ für die Normal- bzw. $z_{1-\alpha/2}$ für die Standardnormalverteilung zugewiesen werden. Die Bedeutung wird uns anschaulich, wenn wir uns daran erinnern, daß bei der Standardabweichung (s. S. 107) eine bestimmte Anzahl von Beobachtungswerten in bestimmten Intervallen liegt, nämlich im Intervall $[\bar{x}-s;\ \bar{x}+s]$ liegen ungefähr zwei Drittel der Beobachtungswerte und im Intervall $[\bar{x}-$

2s; $\bar{x}$ +2s] liegen ungefähr 95% der Beobachtungswerte. Über das zentrale Schwankungsintervall läßt sich der Zusammenhang wahrscheinlichkeitstheoretisch behandeln und graphisch veranschaulichen (Abb. 4-38 und Abb. 4-39).

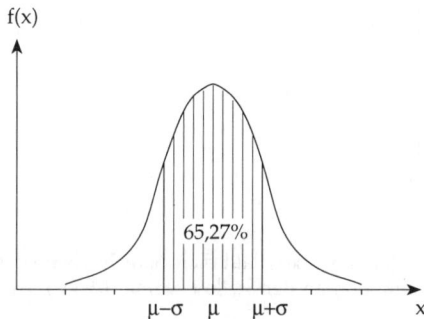

Abb. 4-38: *Zentrales Schwankungsintervall der Standardnormalverteilung für*
$P(\mu - \sigma \leq X \leq \mu + \sigma) = 0.6527$

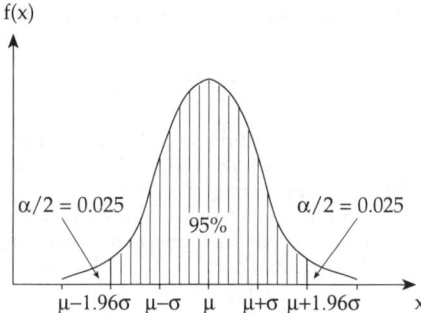

Abb. 4-39: *Zentrales Schwankungsintervall der Standardnormalverteilung für*
$P(\mu - 2\sigma \leq X \leq \mu + 2\sigma) \approx 0.95$

Kehren wir zu unserem Beispiel zurück. Uns interessiert die Frage, wieviel Prozent der Grundfrequenzen zwischen 80 und 120 Hertz liegen. Uns interessiert die Wahrscheinlichkeit $P(80 \leq X \leq 120)$. Zur Veranschaulichung machen wir uns wiederum eine Hilfsgraphik (Abb. 4-40).

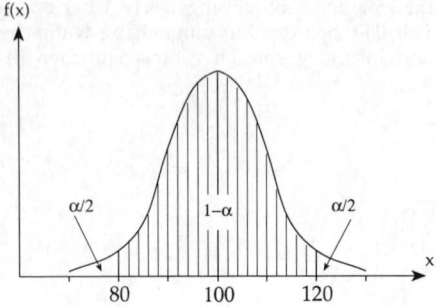

Abb. 4-40: *Hilfsgraphik*

Die Wahrscheinlichkeit $P(x_U \leq X \leq x_O)$ läßt sich berechnen über die Differenz der Verteilungsfunktion an der Stelle $F(x_O)$ und $F(x_U)$. Also

$$P(x_U \leq X \leq x_O) = F(x_O) - F(x_U)$$
$$P(80 \leq X \leq 120) = F(120) - F(80).$$

Durch Transformation in die standardisierte Variable Z ergibt sich

$$F(120) - F(80) = \phi\left(\frac{120-100}{10}\right) - \phi\left(\frac{80-100}{10}\right) = \phi(2) - \phi(-2)$$

Durch Ablesen in der Tabelle 2 des Anhangs (s. S. 252) erhalten wir 0.9772 − 0.0228 = 0.9544. Die Wahrscheinlichkeit, daß die Grundfrequenzen im Intervall [80;120 Hz] liegen, beträgt 95, 44%.

Wir haben die Normalverteilung ausführlich behandelt, um zum einen exemplarisch zu zeigen, wie bei theoretischen Verteilungen Wahrscheinlichkeiten prinzipiell berechnet werden können. Die Bedeutung für die Statistik besteht in verschiedenen Punkten:

1. Viele empirische Verteilungen sind normalverteilt oder können an die Normalverteilung approximiert werden. Dabei spielt der Zusammenhang zwischen dem Erwartungswert μ und der Varianz σ^2 der Normalverteilung und dem arithmetischen Mittel sowie der Stichprobenvarianz einer empirischen Verteilung eine wichtige Rolle.

2. Die Summe normalverteilter Zufallsvariablen ist selbst wieder normalverteilt.

3. Andere Verteilungen konvergieren unter bestimmten Bedingungen (große Anzahl n) gegen die Normalverteilung. Dies bedeutet, daß diskrete Verteilungen wie die sog. Binomialverteilung an die Normalverteilung approximiert werden kann.

4. Verschiedene Tests setzen normalverteilte Daten voraus.

4.3 Induktive Statistik

In der induktiven Statistik steht im Zentrum der Rückschluß von der Stichprobe auf die Grundgesamtheit, wobei dieser Rückschluß auf den Gesetzen der Wahrscheinlichkeitsrechnung basiert. Unser Ausgangspunkt der Überlegung war der, daß die Stichprobe die Grundgesamtheit widerspiegelt. Die Grundgesamtheit kann durch Parameter $\theta_1,..$, wie z.B. den Erwartungswert oder die Varianz charakterisiert werden. Diese Parameter sind uns unbekannt. In der Stichprobe nun erhalten wir empirische Parameter $t_1,..$, wie z.B. das arithmetische Mittel oder die Stichprobenvarianz. Der Schluß von den empirischen Parametern auf die Verteilungsparameter der Grundgesamtheit ist eine induktive Schlußweise (s. Abb. 4-41).

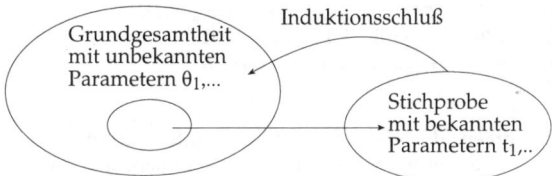

Abb. 4-41: *Induktive Schlußweise von der Stichprobe auf die Grundgesamtheit*

Beim Induktionsschluß spielen in der Statistik zwei Verfahren eine wichtige Rolle: das **Schätzen** und das **Testen**. In bezug auf die unbekannten Parameter in der Grundgesamtheit stellt sich die Frage, inwieweit die empirischen Parameter die Parameter in der Grundgesamtheit ‚gut' treffen, inwieweit sie den Parameter ‚korrekt' widerspiegeln und inwieweit sie ‚nahe' bei dem Parameter liegen. Hierfür gibt es spezielle Schätzverfahren. Aufbauend auf den Schätzverfahren gibt es verschiedene Tests, die uns Auskunft darüber geben, wieviel Vertrauen (operationalisiert als Wahrscheinlichkeit) wir unseren Schätzungen geben bzw. mit wieviel Vertrauen wir annehmen können, daß die Stichprobe ein getreues Spiegelbild der Grundgesamtheit gibt. Neben Tests, die auf der Grundlage von Parameterschätzungen aufgebaut sind (sog. parametrische Tests), gibt es solche, die unabhängig von Parametern sind und die auf dem Vergleich von empirischen und theoretischen Veteilungsfunktionen opererien (sog. nicht-parametrische Tests). Auf beide Testverfahren werden wir exemplarisch in Kap. 4.3.2 eingehen.

4.3.1 Schätzfunktionen und Testkonstruktion

Bei Schätzungen gibt es prinzipiell zwei Arten von Schätzungen, die relevant sind, die **Punktschätzung** und die **Konfidenzschätzung** (*confi-*

dere ,vertrauen'), bei der eine **Intervallschätzung** zugrunde liegt. Bei der Punktschätzung geht es um die Frage, wann und wie ein Parameter der Grundgesamtheit ,gut' getroffen wird. Bei der Konfidenzschätzung wird ein Konfidenzintervall konstruiert, welches mit einer vorgegebenen Wahrscheinlichkeit den unbekannten Parameter überdeckt; die Konfidenzschätzung ist grundlegend für die Testkonstruktion. Machen wir uns den prinzipiellen Unterschied zwischen Punkt- und Intervallschätzung an einem Beispiel klar. Nehmen wir an, wir wissen den Erwartungswert und die Standardabweichung einer Grundgesamtheit μ = 100, σ = 10. Wir ziehen nun sechs Stichproben aus der Grundgesamtheit und erhalten folgende Werte für die arithmetischen Mittel (Tab. 4-16):

Stichprobe	1	2	3	4	5	6
arithm. Mittel	88	95	103	98	111	102

Tab. 4-16: *Beispiel*

Wenn wir annehmen, daß das arithmetische Mittel ein guter Punktschätzer für μ ist, so werden wir die Forderung stellen, daß die arithmetischen Mittel ,nahe' bei μ liegen (vgl. Abb. 4-42).

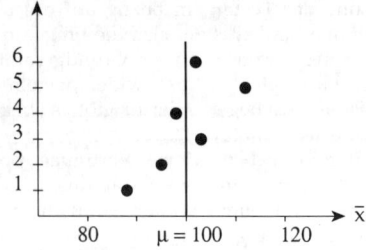

Abb. 4-42: μ *und* 6 *Stichprobenmittelwerte (Beispiel)*

Bei der Intervallschätzung nun fragen wir nicht, wie ,gut' wir den unbekannten Parameter ,getroffen' haben, sondern fragen, welches Vertrauen wir in die Schätzung setzen können, wenn wir ein Intervall mit vorgegebenen Grenzen oder einer vorgegebenen Wahrscheinlichkeit konstruieren. Erinnern wir uns: Bei normalverteilten Variablen haben wir gezeigt, daß in einem Intervall $[\bar{x}_i - \sigma; \bar{x}_i + \sigma]$ 68.27% der Beobachtungswerte liegen. Wenn wir annehmen, daß die arithmetischen Mittel normalverteilt sind, so müßten idealerweise (und bei hohen n) ca. 2/3 der so konstruierten Intervalle μ = 100 überdecken, was in der Tat auch realisiert ist (vgl. Abb. 4-43). Anders formuliert: 4 unserer 6 Intervalle überdecken den Parameter μ, den wir bei der Punktschätzung nicht ‚getroffen' hatten. Mit einer Wahrscheinlichkeit von 68.27% können wir sagen, daß wir μ überdecken.

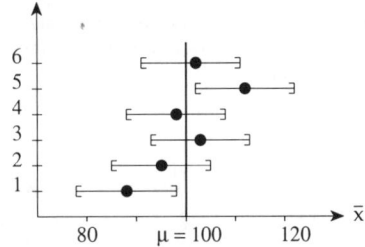

Abb. 4-43: *μ und 6 Stichprobenmittelwerte mit den Intervallen* $\left[\bar{x}_i - \sigma; \bar{x}_i + \sigma\right]$

Gegenüber der Intervallschätzung geht es bei der Punktschätzung darum, für einen Parameter einen Schätzer zu finden. Um eine möglichst genaue Schätzung vorzunehmen, kann man mehrere Stichproben unter gleichen Bedingungen ziehen und die Schätzfunktion für jede Stichprobe berechnen. Die Abweichungen der Schätzfunktionen vom unbekannten Parameter ist ein **Stichprobenfehler**, der mehr oder weniger groß ausfällt. Unser Ziel ist es natürlich, den Stichprobenfehler möglichst klein zu halten.

Gehen wir von einem Beispiel aus. Wir nehmen an, daß wir verschiedene arithmetische Mittel aus Stichproben erhalten haben (Tab. 4-17).

Stichprobe	1	2	3	4	5
arithm. Mittel	0,2	0,3	0,2	0,2	0,1

Tab. 4-17: *Beispiel*

Zum einen wollen wir annehmen, daß das arithmetische Mittel (über die relative Häufigkeit) ein Schätzer für den Erwartungswert μ der Grundgesamtheit sei. Wir bezeichnen ihn mit μ_1. Es gilt:

$$\mu_1 : \bar{\bar{x}} = \frac{1}{n}\sum_{i=1}^{n}\bar{x}_i$$

Zum anderen wollen wir annehmen, daß ein anderer Schätzer μ_2 den Erwartungswert widerspiegele. Er hat folgende Funktion:

$$\mu_2 : \bar{x} = \frac{1}{n+(n+1)} \sum_{i=1}^{n} \bar{x}_i$$

Setzen wir nun die Beobachtungswerte in die Formeln ein, so errechnet sich für $\mu_1 = 0{,}2$ und für $\mu_2 \approx 0{,}4$. Welcher der beiden Schätzer wird nun besser den (unbekannten) Erwartungswert treffen? Erklären wir dies mit Hilfe einer Graphik (Abb. 4-44).

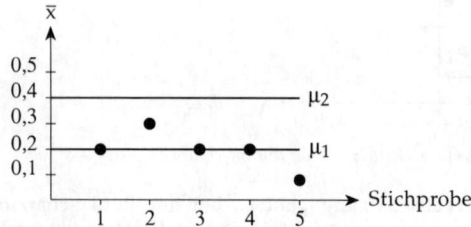

Abb. 4-44: *Unterschiedliche Schätzer am Beispiel*

Offensichtlich ist es so, daß beim Schätzer μ_1 die Beobachtungswerte wesentlich näher liegen als beim Schätzer μ_2. Wir werden deshalb annehmen, daß der Schätzer für μ_1 wesentlich besser ist als der für μ_2. Schätzer μ_1 ist gegenüber μ_2 **erwartungstreuer**. Erwartungstreue ist eine wichtige Güteeigenschaft von Schätzern.

Wie sind nun die einzelnen arithmetischen Mittel $\bar{x}$ im Beispiel einzuschätzen? Nehmen wir an, der unbekannte Parameter wäre $\mu = 0{,}15$. Es ergäben sich folgende Stichprobenfehler:

$$\mu - \bar{x}_1 = +0{,}05$$
$$\mu - \bar{x}_2 = +0{,}15$$
$$\mu - \bar{x}_3 = +0{,}05$$
$$\mu - \bar{x}_4 = +0{,}05$$
$$\mu - \bar{x}_5 = -0{,}15$$

Der Mittelwert der Stichprobenverteilung ist der beste Schätzwert für den Parameter der Grundgesamtheit. Die Abweichungen des Parameters μ von diesem Mittelwert nennt man **Standardfehler**. Es gilt nun, daß je größer n (>30) wird, desto mehr wird das Mittel der Mittelwerte identisch mit μ. D. h. je größer n, desto kleiner wird der Standardfehler. Die Verteilungsfunktion der Stichprobenverteilung ist nun selbst wieder normalverteilt. Ein anderes Kriterium für die Erwartungstreue ist deshalb die Varianz der Stichprobe. Je kleiner die Varianz, d.h., je kleiner die Streuung der Stichprobenverteilung ist, desto zuverlässiger ist der Schätzer μ. Der Schätzer für die Stichprobenvarianz ist um so besser, je kleiner die Varianz des Stichprobenmittels ist. Und die Stichprobenvarianz wird mit zunehmendem Stichprobenumfang kleiner. Deshalb ist ein guter Schätzer für die Varianz des Stichprobenmittels die Varianz der Zufallsvariablen $\bar{x}$ bezogen auf n. Es gilt:

$$\sigma_{\bar{x}}^2 = \frac{\sigma^2}{\sqrt{n}}$$

Da das arithmetische Mittel normalverteilt ist, wird der Standardfehler um so größer, je größer die Variabilität in der Grundgesamtheit ist. Der Stichprobenfehler verhält sich nun umgekehrt proportional zu n: Je größer die Stichprobe, desto kleiner wird $\sigma_{\bar{x}}$. D. h., je kleiner die Streuung wird, desto kleiner wird der Stichprobenfehler. Für die Prüfstatistik und die Konstruktion des sog. Vertrauensintervalls wird die Berücksichtigung des Fehlers ein wichtiges Gütekriterium. Aufgrund der Verteilung des arithmetischen Mittels

$$\bar{X} \sim N\left(\mu,\sigma^2\right) \quad \text{mit Standardabweichung} \quad \frac{\sigma}{\sqrt{n}}$$

kann man den Standardfehler berechnen und zu Prüfstatistiken kommen (s.u.).

Für die Beurteilung von Schätzern gibt es verschiedene Schätzfunktionen wie die Maximum-Likelihood-Methode oder die ‚Methode der kleinsten Quadrate', auf die wir hier nicht eingehen wollen. Für die meisten sprachwissenschaftlichen Untersuchungen reicht es zu wissen, daß die empirischen Lageparameter aus Kap. 4.1.2 als Schätzer benutzt werden können. Das arithmetische Mittel ist erwartungstreu für μ, die Stichprobenvarianz ist erwartungstreu für die Varianz. Wichtig werden die Schätzfunktionen wie die Maximum-Likelihood-Methode dann, wenn Sprachwissenschaftler selbst bestimmte Parameter konstruieren, was relativ häufig vorkommt. Dort, wo der Statistiker das arithmetische Mittel als Lageparameter nutzen würde, manipulieren Sprachwissenschaftler an der Schätzfunktion, indem zusätzliche Konstanten und Parameter eingegeben werden, schreiben dann aber, daß ‚durchschnittlich' dieses oder jenes gelte. Wenn solche Lageparameter konstruiert werden, dann muß unbedingt geprüft werden, inweweit diese erwartungstreu sind. Dies wird allerdings dann in den wenigsten Untersuchungen getan. Lehrreich in diesem Punkt das Studium der verschiedenen Dialektindizees, die von Dialektologen ,konstruiert' worden sind.

Bei der Punktschätzung haben wir uns mit der Schätzfunktion für einen unbekannten Parameter θ der Grundgesamtheit beschäftigt. Wir haben gesagt, daß das arithmetische Mittel ein guter Schätzer für den Erwartungswert der Grundgesamtheit ist. Wir hatten anfangs gezeigt, daß wir über die Konstruktion eines Intervalls abschätzen können, inwieweit ein unbekannter Parameter durch die Intervalle überdeckt wird. Die Intervallschätzung kann man nun derart nutzen, daß man von den Beobachtungswerten $x_1, x_2,..., x_n$ zu einer Aussage über einen unbekannten Parameter kommt, z.B. zu einer Aussage über den Erwartungswert μ. Dabei legt man nicht die Intervallgrenzen fest, sondern legt ,das Vertrauen' fest, berechnet die Intervalle und prüft, ob die Beobachtungswerte gemäß dem festgelegten Vertrauen durch die Intervalle überdeckt werden. Das Vertrauen, das wir über Wahrscheinlichkeiten festlegen und das nicht statistisch, sondern erfahrungsgemäß begründet ist, liegt gewöhnlich bei $1-\alpha = 0.95$ bzw. $1-\alpha = 0.99$, seltener bei $1-\alpha = 0.90$. Wählen wir $1-\alpha = 0.95$, so besagt dies, daß man damit rechnen kann, daß 95% aller Beobachtungswerte mit ihren Intervallgrenzen den unbekannten Parameter, in unserem Fall μ, überdecken. 5% werden von den berechneten Intervallen nicht überdeckt. Sollte unsere Erwartung jedoch nicht erfüllt werden, sollten z.B. mehr als 5% der Intervalle den Erwartungswert nicht überdecken, so werden wir unserer Schätzung wenig Vertrauen geben. Veranschaulichen wir uns dies zunächst graphisch (Abb. 4-45).

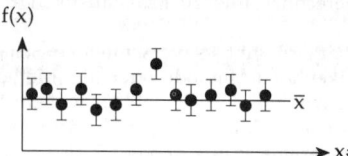

Abb. 4-45: *Beispiel (Schätzer 1) für Konfidenzintervall bei 1-α = 0.95*

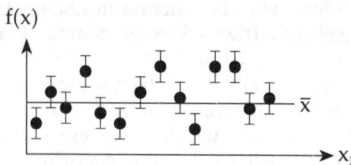

Abb. 4-46: *Beispiel (Schätzer 2) für Konfidenzintervall bei 1-α = 0.95*

In Abb. 4-45 haben wir 14 Beobachtungswerte und für den unbekannten Parameter μ als Schätzer das arithmetische Mittel, als vorgegebene
Vertrauenswahrscheinlichkeit 1-α = 0.95. Wie wir sehen, wird unsere
Erwartung erfüllt: Mehr als 95% der Intervalle überdecken das arithmetische Mittel. Anders im zweiten Fall (Abb. 4-46). Dort überdecken
nur 50% der Intervalle das arithmetische Mittel. Der Zufallsfaktor, daß
die Intervalle das arithmetische Mittel nicht überdecken, ist wesentlich
größer, so daß unser Vertrauen in die Schätzung erschüttert wird. Im
folgenden nun wollen wir uns mit Vertrauensintervallen beschäftigen
und dabei wieder auf die Normalverteilung mit dem unbekannten
Parameter μ und bekanntem σ zurückgreifen. Unsere Vertrauenswahrscheinlichkeit 1-α bezeichnet man auch als **Konfidenzniveau**. Das aufgrund eines festgelegten Konfidenzniveaus zu berechnende Intervall
nennt man **Konfidenzintervall**. Wie berechnet sich nun das Konfidenzintervall für μ zum Konfidenzniveau 1-α? Wir greifen auf das bereits
behandelte zentrale Schwankungsintervall zurück (s. S. 131 ff.). Während wir dort jedoch die Intervallgrenzen festgelegt und uns gefragt
hatten, wie groß die Wahrscheinlichkeit ist, daß die Beobachtungswerte in das Intervall fallen, drehen wir nun den Spieß um: Wir legen
das Konfidenzniveau fest und fragen uns, ob die Konfidenzintervalle
zur vorgegebenen Wahrscheinlichkeit den Parameter μ überdecken. Das
Konfidenzniveau für μ zum Konfidenzniveau 1-α ist also:

$$\bar{x} - z_{1-\frac{\alpha}{2}} \sigma_{\bar{x}} \leq \mu \leq \bar{x} + z_{1-\frac{\alpha}{2}} \sigma_{\bar{x}}$$

Dies läßt sich mathematisch beweisen. Veranschaulichen wir uns den
Zusammenhang an einer Graphik (Abb. 4-47).

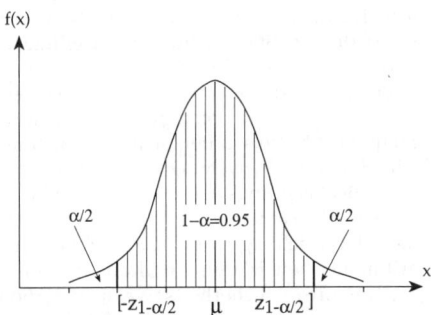

Abb. 4-47: *Standardnormalverteilung mit Konfidenzniveau 1-α*

Bei der Standardnormalverteilung haben wir in einer Tabelle zu einem festen Prozentpunkt die entsprechenden Wahrscheinlichkeiten tabelliert. Umgekehrt können wir zu festgelegten Wahrscheinlichkeiten die Werte für die Prozentpunkte ($z_{1-\alpha/2}$) tabellieren (s. Tab. 2 im Anhang). Für die Standardnormalverteilung gilt:

$$\left[\mu - z_{1-\frac{\alpha}{2}}\sigma_{\bar{x}} ; \mu + z_{1-\frac{\alpha}{2}}\sigma_{\bar{x}} \right] = \left[0 - z_{1-\frac{\alpha}{2}}1 ; 0 + z_{1-\frac{\alpha}{2}}1 \right]$$

Schauen wir ($z_{1-\alpha/2}$) in der Tabelle nach (Anhang 2, S. 252), so finden wir den Wert ($z_{1-\alpha/2}$) = 1.96. Graphisch dargestellt zeigt sich nun folgendes (Abb. 4-48):

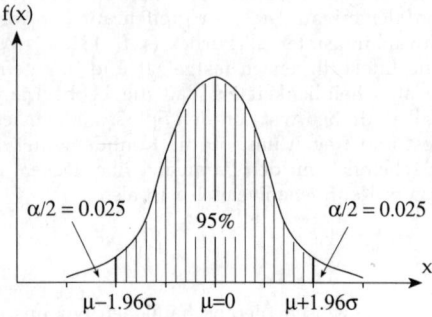

Abb. 4-48: *Konfidenzintervall und -niveau (1-α) der Standardnormalverteilung*

Damit haben wir den auf S. 132 dargestellten Sachverhalt zwischen zentralem Schwankungsintervall und Standardnormalverteilung nun wahrscheinlichkeitstheoretisch fundiert. Exemplifizieren wir den Sachverhalt nun an einem Beispiel und greifen zurück auf die Verteilung des Formanten 1 (vgl. S. 103). Für die konkrete Berechnung wird die Verteilung des arithmetischen Mittels untersucht. Das arithmetische Mittel war $\bar{x}$ = 100, die Standardabweichung σ = 10. Ferner nehmen wir an, wir haben n = 25 Beobachtungswerte. Bei der Punktschätzung hatten wir erwähnt, daß die Normalverteilung des arithmetischen Mittels mit der Standardabweichung $\sigma/\sqrt{n}$ (s. S. 139) erfolgt. Da wir die Verteilung des arithmetischen Mittels der Konstruktion des Intervalls zugrunde legen, um unser Sicherheitsniveau zu erhöhen (s.o.), wird $\sigma/\sqrt{n}$ eingesetzt. Berechnen wir nun das Konfidenzintervall für μ.

1. Festlegung des Konfidenzniveaus: 1-α = 0.99.

2. Bestimmung des zugehörigen $z_{1-\alpha/2}$ aus der Tabelle: 2.576.

3. Berechnung von $\bar{x}$. Bereits gegeben: $\bar{x} = 100$.

4. Berechnung von $z_{1-\frac{\alpha}{2}} \cdot \dfrac{\sigma}{\sqrt{n}} = 2.576 \cdot \dfrac{10}{\sqrt{25}} = 5{,}15$

5. Aufstellung des Konfidenzintervalls:

$$\left[\bar{x} - z_{n-1;1-\frac{\alpha}{2}} \frac{\sigma}{\sqrt{n}} \; ; \bar{x} + z_{n-1;1-\frac{\alpha}{2}} \frac{\sigma}{\sqrt{n}} \right] = [100 - 5{,}15; \; 100 + 5{,}15].$$

Bei der gezogenen Stichprobe ist das Konfidenzintervall zum Konfidenzniveau $1-\alpha = 0.99$ also [94,85; 105,15]. Inhaltlich heißt das, daß wir mit einer Wahrscheinlichkeit von 99% annehmen können, daß wir die durchschnittliche Hertzzahl in der Grundgesamtheit durch das Intervall [94,85; 105,15 Hz] überdecken.

Bei der Konstruktion des Konfidenzintervalls sind wir davon ausgegangen, daß wir die Varianz σ^2 kennen. In der Regel ist es aber so, daß σ^2 unbekannt ist. In diesem – in der Praxis sehr wichtigen – Fall legen wir nicht die Normalverteilung, sondern die sog. **t-Verteilung** zugrunde. Bei der t-Verteilung handelt es sich um eine Schar von Verteilungen (vgl. Abb. 4-49), die sich für größere n immer der Normalverteilung angleichen. Ab $n \geq 120$ kann man die Normalverteilung zugrunde legen. Für jeden Wert n gibt es eine Verteilungsfunktion. Der Wert, durch den sich die Verteilungen unterscheiden, bezeichnet man als **Freiheitsgrad** (vgl. S. 252).

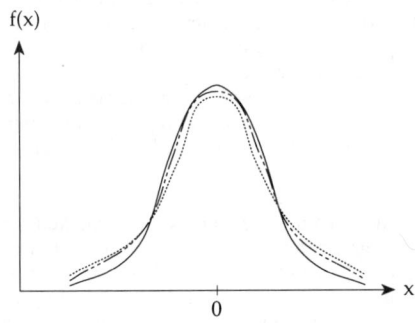

Abb. 4-49: *t-Verteilungen mit verschiedenen Freiheitsgraden*

Die Anzahl der Freiheitsgrade bei der t-Verteilung beträgt $df = n-1$, wenn wir eine Stichprobe vom Umfang n haben. Wie die Normalverteilung ist die t-Verteilung tabellarisiert (Tabelle 3 im Anhang). Man muß in der Tabelle die Werte für Fraktile nach den Freiheitsgraden nachschlagen. Statt des Prozentpunktes der Normalverteilung $z_{1-\alpha/2}$ nehmen wir das Quantil $t_{(n-1;1-\alpha/2)}$. Als Schätzer für die σ nehmen wir die Schätzfunktion für die Standardabweichung s (s. S. 106). Das Konfidenzintervall berechnet sich zum Konfidenzniveau $1-\alpha$ nun wie folgt:

$$\left[\bar{x} - t_{n-1;1-\frac{\alpha}{2}} \frac{s}{\sqrt{n}}; \bar{x} + t_{n-1;1-\frac{\alpha}{2}} \frac{s}{\sqrt{n}} \right]$$

Führen wir unser Beispiel fort, und nehmen an, daß wir s = 10 errechnet haben. Das Konfidenzintervall für μ berechnet sich wie folgt:

1. Festlegung des Konfidenznivaus: $1-\alpha = 0.99$.
2. Bestimmung des zugehörigen $t_{n-1;1-\alpha/2}$ aus der Tabelle: $t_{24;0.99} \approx 2.797$.
3. Berechnung von $\bar{x}$. Bereits gegeben: $\bar{x} = 100$.
4. Berechnung von s. Bereits gegeben: s = 10.
5. Berechnung von $t_{n-1;1-\frac{\alpha}{2}} \cdot \frac{s}{\sqrt{n}} = 2.797 \cdot \frac{10}{\sqrt{25}} = 5{,}59$
6. Aufstellung des Konfidenzintervalls:

$$\left[\bar{x} - t_{n-1;1-\frac{\alpha}{2}} \frac{s}{\sqrt{n}}; \bar{x} + t_{n-1;1-\frac{\alpha}{2}} \frac{s}{\sqrt{n}} \right] = [100 - 5{,}59; 100 + 5{,}59].$$

Bei der Stichprobe ist das Konfidenzintervall zum Konfidenzniveau $1-\alpha = 0.99$ also [94,41; 105,59]. Gegenüber dem Fall der Normalverteilung ist nunmehr das Intervall größer, unsere Sicherheit etwas geringer, was darauf zurückzuführen ist, daß wir die Schätzung für σ und die damit verbundene Unsicherheit mit berücksichtigen.

In den bisherigen Fällen sind wir davon ausgegangen, daß die Verteilungen normalverteilt seien. Die Konstruktion der Vertrauensintervalle ist auch bei anderen Verteilungen möglich. Allerdings gibt es verschiedene Schwierigkeiten. Aber glücklicherweise tendieren eine Reihe anderer Verteilungen bei hohen n gegen die Normalverteilung, so daß diese Fälle auf die uns bekannten zurückgeführt werden können. Man muß zuvor allerdings prüfen, ob die Verteilungen normalverteilt sind. Und ferner gibt es partiell die Möglichkeit, unabhängig von der Annahme der Normalverteilung gewisse Prüfungen des ‚Vertrauens' vorzunehmen, also verteilungsunabhängig Prüfverfahren aufzubauen. Zunächst jedoch soll aufgrund der bisherigen Ausführungen dargestellt werden, wie man mit Hilfe des Konfidenzintervalls Tests konstruiert. Dabei überführen wir unsere Vermutungen über die Verteilung einer Grundgesamtheit und das Vertrauen unserer Stichprobe in eine **Hypothese** über die Verteilung. Ein Test ist nichts anderes als ein Überprüfungsverfahren einer solchen Hypothese. Wir wollen uns dies wiederum an einem Beispiel mit Normalverteilung klar machen. Wir wissen, daß der Kammerton a eine Grundfrequenz von 440 Hz hat. Wenn der Ton auf Tonband aufgenommen wird, so wissen wir ferner, daß es eine aufnahmetechnisch bedingte Standardabweichung von 5 Hz gibt. Wir prüfen nun bei 25 Sprechern, ob sie den Kammerton treffen, indem wir die Proben auf Band aufnehmen. Es ergab sich $\bar{x}$ = 430 Hz. Es soll also die Hypothese geprüft werden, daß der Erwartungswert μ dem Sollwert μ_0 = 440 (Hz) entspricht. Die Hypothese lautet also:

$$H_0: \mu = \mu_0$$

Diese zu untersuchende Hypothese bezeichnet man als **Nullhypothese** (H_0). Zu der Nullhypothese gibt es eine **Gegenhypothese** (H_1)::

$$H_1: \mu \neq \mu_0$$

Es gilt nun zu klären, wann wir uns für die Nullhypothese bzw. für die Gegenhypothese entscheiden wollen. Ein **Signifikanztest** ist nun ein Entscheidungsverfahren, sich für die Nullhypothese und gegen die Gegenhypothese zu entscheiden bzw. nicht zu entscheiden. Um die Entscheidung zu fällen, bestimmen wir wieder mit Hilfe der zuvor behandelten Gauß-Statistik ein Konfidenzintervall zu einem vorgegebenen Konfidenzniveau und stellen eine Entscheidungsregel auf:

Konfidenzintervall:
$$\left[\bar{X} - z_{1-\frac{\alpha}{2}} \sigma_{\bar{x}} ; \bar{X} + z_{1-\frac{\alpha}{2}} \sigma_{\bar{x}} \right]$$

Entscheidungsregel für H_0:
$$\left[\bar{x} - z_{1-\frac{\alpha}{2}} \sigma_{\bar{x}} \leq \mu_0 \leq \bar{x} + z_{1-\frac{\alpha}{2}} \sigma_{\bar{x}} \right]$$

Entscheidungsregel für H_1:
$$\left[\mu_0 < \bar{x} - z_{1-\frac{\alpha}{2}} \sigma_{\bar{x}} \right] \text{ oder } \left[\mu_0 > \bar{x} + z_{1-\frac{\alpha}{2}} \sigma_{\bar{x}} \right]$$

Da das Stichprobenmittel $\bar{X}$ eine erwartungstreue Schätzfunktion für den unbekannten Parameter μ ist, erwarten wir, daß die Realisierung $\bar{x}$ nicht allzu stark von μ abweicht und somit $\bar{x}$ als Schätzer für μ mit μ_0 verglichen werden kann. Wenn wir eine Sicherheit von 95% annehmen, werden wir also erwarten (H_0), daß das zu berechnende Konfidenzintervall den Parameter μ_0 überdeckt.

$$\left[\bar{x} - z_{1-\frac{\alpha}{2}} \frac{\sigma}{\sqrt{n}} ; \bar{x} + z_{1-\frac{\alpha}{2}} \frac{\sigma}{\sqrt{n}} \right] = \left[430 - 1.96 \frac{5}{\sqrt{25}} ; 430 + 1.96 \frac{5}{\sqrt{25}} \right] = [428.04; 431.96]$$

Das vorgegebene Konfidenzintervall überdeckt μ nicht und $\mu_o > 431.94$. Man wird H_0 folglich verwerfen und sich für H_1 entscheiden. Das heißt, daß wir nicht annehmen können, daß die Befragten den Kammerton a treffen.

Die Annahme bzw. Verwerfung der Nullhypothese können wir uns an der Standardnormalverteilung veranschaulichen (Abb. 4-50).

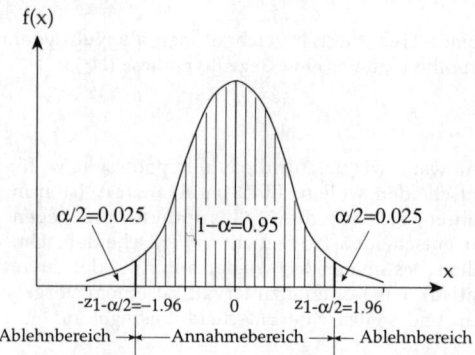

Abb. 4-50: *Annahme- und Ablehnbereich für die Normalverteilung bei einer Irrtumswahrscheinlichkeit von $\alpha = 0.05$ und der Annahme H_0: $\mu = \mu_0 = 0$*

Der **Annahmebereich** ist durch die schraffierte Fläche dargestellt, der **Ablehn-** oder **Verwerfungsbereich** durch die nicht-schraffierte Fläche. Die z-Punkte heißen **kritische Werte**, da bei ihnen der Annahme- in den Ablehnbereich übergeht. Das Konfidenzniveau entspricht der schraffierten Fläche unter der Kurve mit der Wahrscheinlichkeit $1-\alpha$. Die Komplementärwahrscheinlichkeit α, mit der man einen Irrtum zuläßt, also ein Intervall zuläßt, daß μ_o nicht überdeckt, nennt man **Irrtumswahrscheinlichkeit** oder **Signifikanzniveau**. In der Abbildung sehen wir einen zweiseitigen Ablehnbereich mit $\alpha = \alpha/2 + \alpha/2$. Prüfstatistiken, die auf einem zweiseitigen Ablehnbereich basieren, führen zu sog. **zweiseitigen Signifikanztests**. Es gibt natürlich auch **einseitige Signifikanztests**, bei denen der Ablehnbereich einseitig ist, was wir uns graphisch veranschaulichen können (vgl. Abb. 4-51).

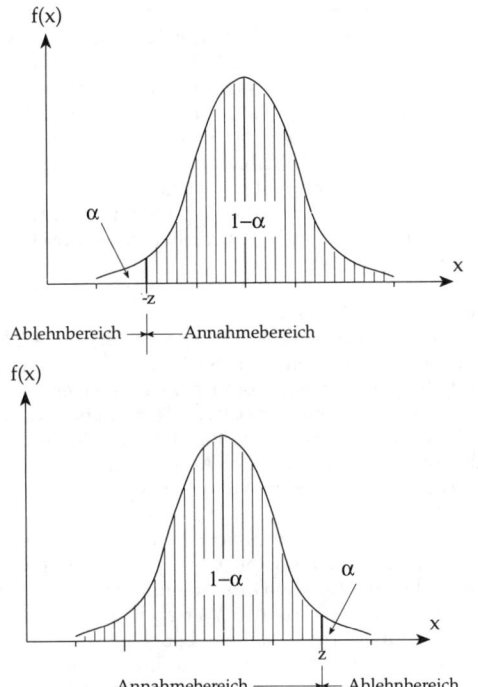

Abb. 4-51: *Annahme- und Ablehnbereiche für einen einseitigen Test*

Bei einseitigen Tests liegt folglich eine andere Hypothesenbildung vor:

(a) $H_0: \mu \leq \mu_o$
       $H_1: \mu > \mu_o$

(b) $H_0: \mu \geq \mu_o$
       $H_1: \mu < \mu_o$

Es wird nicht geprüft, ob ein Parameter gleich bzw. ungleich einem Wert ist, sondern ob der Parameter diesen Wert nicht über- bzw. nicht unterschreitet. An der Teststatistik ändert sich bis auf die Änderung des Ablehnbereichs nichts. Signifikanztests sind nach einem einheitlichen Schema aufgebaut, das wir exemplifiziert haben und dessen einzelne Schritte im folgenden zusammengefaßt werden:

1. *Formulierung der Nullhypothese H_0 und der Gegenhypothese H_1.* Bei der Formulierung der Hyothesen sind prinzipiell zwei Fälle zu unterscheiden, von denen wir einen Fall davon bereits behandelt haben. Wir haben bisher Hypothesen formuliert, die sich auf einen unbekannten Parameter θ (z. B. μ) beziehen. Man kann aber auch Hypothesen aufstellen, die sich nicht auf einzelne Parameter einer Verteilung, sondern auf andere Aussagen beziehen, z.b. darauf, daß die Hypothese geprüft wird, ob eine Verteilung normalverteilt ist in bezug auf ein Untersuchungsmerkmal. Signifikanztests, die Hypothesen in bezug auf unbekannte Parameter einer Verteilung testen, heißen **parametrische Tests**, alle anderen **nicht-parametrische Tests**.

2. *Festlegung des Signifikanzniveaus α,* bei dem die Werte $\alpha = 0.05$ und $\alpha = 0.01$, gelegentlich auch $\alpha = 0.1$ üblich sind.

3. *Berechnung der Testfunktion aufgrund der Stichprobendaten.* Die Testfunktion ist abhängig von den Daten. Bei der Testfunktion auf der Basis der Normalverteilung haben wir vorausgesetzt, daß eine Normalverteilung vorliegt und σ bekannt ist; bei der Testfunktion auf der Basis der t-Verteilung haben wir vorausgesetzt, daß eine Normalverteilung vorliegt und σ unbekannt ist. Vor der Anwendung eines Signifikanztests sind die Voraussetzungen unbedingt zu prüfen, um nicht einen falschen Test anzuwenden.

4. *Konstruktion des Ablehnbereiches bzw. Berechnung des Prozentpunktwertes.*

5. *Testentscheidung,* nach der die H_0 zugunsten von H_1 abgelehnt wird, wenn die Realisierung der Testfunktion im Ablehnbereich liegt. H_0 wird nicht abgelehnt, wenn die empirischen Werte nicht in signifkantem Widerspruch zur Nullhypothese stehen. Die Nicht-Ablehnung der Nullhypothese ist nicht gleichzusetzen mit ihrer Bestätigung. Denn es kann durchaus sein, auch wenn die Wahrscheinlichkeit gering ist, daß wir uns für H_0 entscheiden, obwohl die Gegenhypothese korrekt ist. Man kann sich natürlich auch für die Gegenhypothese entscheiden, selbst wenn die Nullhypothese richtig ist. Wir können also Fehler machen, die man letztlich nur dann ausschließen kann, wenn man eine Irrtumswahrscheinlichkeit ausschließt, wenn man letztlich keine Signifikanztests durchführt.

4.3.2 Signifikanztests

Wir haben gesagt, daß bei dem Aufbau eines Signifikanztests grundsätzlich zu berücksichtigen ist, ob ein parametrischer oder ein parameterfreier Test durchgeführt wird. Für die Klassifikation von Signifikanztest ist weiter entscheidend, ob es sich bei der Stichprobe um eine einfache, um unabhängige oder um verbundene Stichproben handelt. Den Fall einer einfachen Stichprobe haben wir bisher immer voraus-

gesetzt. Aus der Grundgesamtheit G wird eine Stichprobe S entnommen. Es wird dann z.B. geprüft, ob die Stichprobe die Grundgesamtheit angemessen widerspiegelt. Viel häufiger interessiert uns in der Praxis jedoch der Fall, wo wir zwei Stichproben miteinander vergleichen bzw. zwei Merkmale aus der Grundgesamtheit. Beispielsweise könnte uns interessieren, ob die Satzkomplexität als metrisch skaliertes Merkmal in verschiedenen sozialen Schichten gleich bzw. unterschiedlich ist. Wir ziehen hierfür unabhängig voneinander eine Stichprobe von Informanten aus verschiedenen sozialen Schichten, wobei zwischen den Schichten kein systematischer Zusammenhang bestehen darf. In diesem Fall spricht man von **unabhängigen Stichproben**. Ganz anders ist der Zusammenhang insbesondere in Langzeituntersuchungen. Hier werden oftmals bestimmte Merkmale immer von denselben Probanden unter gleichen Bedingungen in bestimmten Zeitabschnitten erhoben. In diesem Fall liegen abhängige oder sog. **verbundene Stichproben** vor. Tests lassen sich nun nach den verschiedenen Eingangsvoraussetzungen klassifizieren. Folgende Faktoren spielen eine Rolle:
1. parametrisch versus nonparametrisch;
2. unabhängige versus verbundene Stichproben;
3. einfache versus mehrfache Stichprobe;
4. normalverteilt versus beliebig verteilt;
5. Daten nominal versus ordinal versus kardinal.

Ein Überblick über wichtige Signifikanztests wird in den Abb. 4-52 bis 4-56 gegeben. Besonders erwähnt sei der Chi-Quadrat-Anpassungstest, der dann angewandt wird, wenn man sich dafür interessiert, ob die unbekannte Verteilung einer Grundgesamtheit G zu einem hypothetischen Verteilungstyp gehört, z.B. zu einer Normalverteilung. Natürlich gibt es noch eine Reihe weiterer Tests, als in den Abbildungen aufgelistet sind, und die man in Statistikbüchern nachlesen kann. Zudem gibt es noch eine Reihe von statistischen Analyseverfahren, die mathematisch recht kompliziert sind und auf die wir nicht im weiteren eingehen wollen: die Faktorenanalyse, die Clusteranalyse und die Regressionsanalyse. Nur so viel: Bei der Faktorenanalyse geht es darum, die Variablen (Faktoren) zu ,extrahieren', die zu Korrelationen beitragen. Bei der Clusteranalyse richtet sich das Interesse auf die Zusammenhänge zwischen den Untersuchungsobjekten selbst. Faktoren- und Clusteranalyse sind Techniken der sog. multivariaten Verfahren. Bei der Regressionsanalyse soll – wie wir ansatzweise gesehen haben – die Abhängigkeit einer Variablen auf die andere gemessen werden, wobei in den seltensten Fällen eine lineare Regression (wie in Kap. 4.1.3 behandelt) vorliegt.

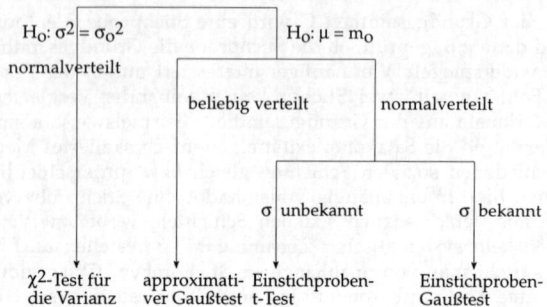

Abb. 4-52: *Parametrische Signifikanztests bei einer einfachen Stichprobe*

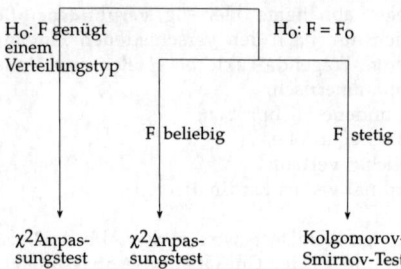

Abb. 4-53: *Nichtparametrische Signifikanztests bei einer einfachen Stichprobe*

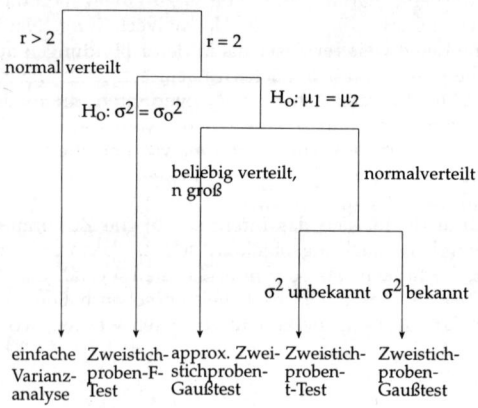

Abb. 4-54: *Parametrische Signifikanztests bei r unabhängigen Stichproben*

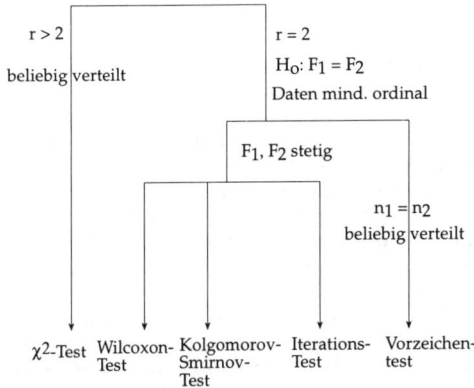

Abb. 4-55: *Nonparametrische Signifikanztests bei r unabhängigen Stichproben*

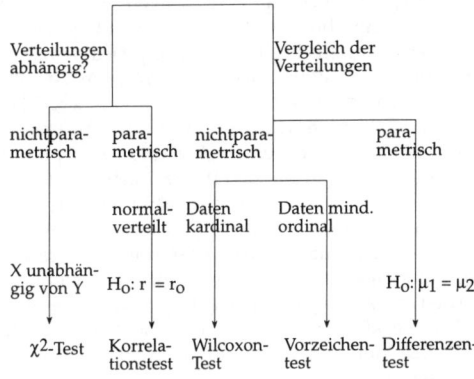

Abb. 4-56: *Signifikanztests bei zwei verbundenen Stichproben*

Im folgenden sollen einige Tests genauer behandelt werden, die in sprachwissenschaftlichen Untersuchungen häufiger zur Anwendung kommen:

1. der t-Test,
2. der Wilcoxon-Test und insbesondere
3. der Chi-Quadrat-Test.

Der Chi-Quadrat-Test wird am häufigsten angewandt, und die zugrundeliegende Statistik ist zentral für die Variablenregelanalyse.

4.3.2.1 t-Test

Den t-Test haben wir im Prinzip im letzten Kapitel bereits kennengelernt, und zwar den **Einstichproben-t-Test**. Es ging um die Prüfung des
Mittelwertes in bezug auf den Erwartungswert in der Grundgesamtheit. Voraussetzung war, daß die Stichprobe normalverteilt ist und wir
σ nicht kennen. Die Prüfgröße muß nicht der Normalverteilung, sondern der $t(n-1)$-Verteilung genügen. Der Faktor $(n-1)$ gibt die Anzahl
der Freiheitsgrade an. Für große n nähert sich die t-Verteilung der
Normalverteilung an, woraus gefolgert werden kann, daß der t-Test
insbesondere bei kleinen n zur Anwendung kommt, was in sprachwissenschaftlichen Untersuchungen relativ häufig der Fall ist (vgl. hierzu
auch Kap. 2.2.2). Wir haben bereits im vorigen Kapitel gesagt, daß uns
in empirischen Untersuchungen in der Regel nicht der Lageparamter
der Grundgesamtheit auf der Basis der Stichprobe interessiert, sondern
uns interessiert vielmehr der Vergleich von Mittelwerten bei zwei
unabhängigen Stichproben oder bei zwei verbundenen einfachen
Stichproben. Wird der t-Test bei zwei verbundenen einfachen Stichproben angewandt, so liegt im Prinzip eine Anwendung des Ein-
stichproben-t-Tests vor, indem die Differenzen von Stichprobenvariablen getestet werden. Man spricht deshalb vom sog. **Differenzentest**.
Beim Test zweier Erwartungswerte aus zwei unabhängigen einfachen
Stichproben mit unbekannten σ_1 und σ_2 spricht man vom sog. **Zweistichproben-t-Test** (vgl. auch Abb. 4-54). Sehen wir uns zunächst den
Differenzentest an und gehen wir von einem konkreten Beispiel aus.
In einer Langzeituntersuchung zum Zweitspracherwerb werden
monatlich unter gleichen Bedingungen spezifische Sprachfertigkeiten
getestet, u.a. die Satzkomplexität. Es wurde ein Maß für die Messung
der Satzkomplexität entwickelt, das kardinal ist und von geringer
Komplexität (nahe 0) bei steigender Komplexität gegen 1 tendiert. In
einer Pilotstudie wurden im Abstand von einem Monat 10 Versuchspersonen getestet. Das Merkmal Satzkomplexität zum Zeitpunkt t_i
wird mit X_i bezeichnet, das Merkmal Satzkomplexität zum Zeitpunkt t_j
wird mit Y_i. Es interessiert die Frage, ob sich die Satzkomplexität
innerhalb des einen Monats bei den Versuchspersonen erhöht hat.
Hierfür bilden wir $\mu_X - \mu_Y$ aus der Differenz $\mu_X - \mu_Y$. Wenn μ_Z gleich Null
oder kleiner gleich 0, dann hätte die Satzkomplexität nicht zuge-
nommen. Wenn jedoch μ_Z signifikant größer Null, dann können wir
annehmen, daß die Komplexität zugenommen hat. In Hypothese und
Gegenhypothese formuliert lautet unser Test somit:

$H_0: \mu_Z \leq \mu_0 = 0$
$H_1: \mu_Z > \mu_0 = 0$

Aus den Rohdaten bilden wir die Differenz zwischen den Beobachtungswerten und berechnen die durchschnittliche Differenz $\bar{z}$ sowie die Standardabweichung.

i	X_i	Y_i	$Z_i = X_i - Y_i$
1	0.4	0.5	0.1
2	0.3	0.4	0.1
3	0.4	0.4	0.0
4	0.2	0.3	0.1
5	0.4	0.4	0.0
6	0.3	0.3	0.0
7	0.4	0.5	0.1
8	0.2	0.3	0.1
9	0.3	0.4	0.1
10	0.1	0.3	0.2

Tab. 4-17: *Beispiel zum Differenzentest*

1. Festlegung des Konfidenzniveaus: $1-\alpha = 0.99$.
2. Bestimmung des zugehörigen kritischen Wertes $t_{n-1;1-\alpha}$ für $n-1 = 9$ aus der Tabelle: 3.25.
3. Berechnung von $\bar{z}$ und s^2. $\bar{z} = 0.07$ sowie $s^2 = 0.78$.

4. Testfunktion: $T = \dfrac{\bar{Z} - \mu_0}{\dfrac{s}{\sqrt{n}}} = \dfrac{\bar{Z}}{\dfrac{s}{\sqrt{n}}} = \dfrac{0.07}{\dfrac{0.88}{3}} = 0.24$ wird berechnet.

5. Annahme von H_0, wenn $T \leq t_{n-1;1-\alpha}$ und Ablehnung von H_0 bzw. Annahme von H_1, wenn $T > t_{n-1;1-\alpha}$.
Da $0.24 < 3.25$ wird H_0 angenommen, d.h. die Hypothese, daß die Satzkomplexität nicht zugenommen hat, kann nicht verworfen werden.

Der in der Praxis am häufigsten vorkommende Fall ist der, daß man an zwei unabhängigen Stichproben dieselbe Variable untersucht und zu unterschiedlichen Mittelwerten kommt. Dieser Unterschied kann rein zufällig sein, es kann aber auch sein, daß dieser Unterschied signifikant ist. Es gilt nun zu prüfen, ob die Mittelwerte signifikant voneinander abweichen. Wir wollen wiederum von einem Beispiel ausgehen. Bezüglich einer lautlichen Variable wurden bei 11 Männern und 11 Frauen die dialektalen Allophone zur Gesamtzahl der Allophone berechnet. Es ergaben sich folgende Rohdaten, aus denen die arithmetischen Mittel für die beiden Gruppen berechnet werden können:

i	X_i (m)	i	Y_i (f)
1	0.2	1	0.6
2	0.3	2	0.5
3	0.2	3	0.5
4	0.2	4	0.5
5	0.3	5	0.4
6	0.3	6	0.5
7	0.2	7	0.6
8	0.2	8	0.5
9	0.3	9	0.5
10	0.1	10	0.6
11	0.2	11	0.5
	$\bar{x} = 0.23$		$\bar{y} = 0.52$

Tab. 4-18: *Beispiel zum Zweistichproben-t-Test*

Aufgrund zahlreicher Untersuchungen haben wir die Erwartung, daß Männer so häufig wie Frauen oder häufiger Dialektformen gebrauchen. Wir nehmen dies als Ausgangshypothese. Die Gegenhypothese lautet, daß Frauen häufiger Dialektformen gebrauchen als Männer. Wenn die Mittelwerte beider Gruppen relativ gleich sind, also die Differenzen zwischen den Mittelwerten nahe/gleich Null, dann werden wir annehmen, daß die Unterschiede zwischen den Gruppen gering und nicht signifikant verschieden sind. Wenn jedoch die Differenzen zwischen den Mittelwerten groß sind, kann ein signifikanter Unterschied in bezug auf die Variable zwischen den Gruppen vorliegen. Wir formulieren dies für unseren Signifikanztest:

H_0: $\mu_X \geq \mu_Y$
H_1: $\mu_X < \mu_Y$

In die Testfunktion fließt die Differenz zwischen den Mittelwerten ein. Somit auch die Stichprobenvarianzen beider Gruppen. Eine Voraussetzung für den Zweistichproben-t-Test ist, daß beide Stichprobenvarianzen gleich sind. Ferner fließen von beiden Gruppen die Freiheitsgrade ein, so daß df = $n_1 + n_2 - 2$. Der Testaufbau ist nun wie folgt:

1. Festlegung des Konfidenzniveaus: $1-\alpha = 0.99$.
2. Bestimmung des zugehörigen kritischen Wertes $t_{(n_1 + n_2 - 2);1-\alpha}$ für $n_1 + n_2 - 2 = 20$ aus der Tabelle: 2.85.
3. Berechnung von $\bar{x}$ und $\bar{y}$ (s. Tab.); $s_X^2 = s_Y^2 = 0.19$.
4. Testfunktion:

$$T = \frac{\overline{X} - \overline{Y}}{\sqrt{\dfrac{(n_1 - 1)s_X^2 + (n_2 - 1)s_Y^2}{n_1 + n_2 - 2} \cdot \dfrac{n_1 + n_2}{n_1 \cdot n_2}}} = -4.41 \text{ wird berechnet.}$$

5. Annahme von H_0, wenn $T \geq -t_{(n_1 + n_2 - 2);1-\alpha}$ und Ablehnung von H_0 bzw. Annahme von H_1, wenn $T < -t_{(n_1 + n_2 - 2);1-\alpha}$. Da $T = -4.41 < -2.85$ wird H_0 abgelehnt und H_1 angenommen.

Aufgrund der Beobachtungsdaten und des Tests müssen wir davon ausgehen, daß die Hypothese ‚Männer gebrauchen gleich häufig oder häufiger die Dialektvarianten' abgelehnt wird zugunsten der Gegenhypothese, nach der Frauen häufiger die Dialektvarianten gebrauchen als Männer.

Beim Zweistichproben-t-Test gilt die Voraussetzung $\sigma_1 = \sigma_2$, dies muß dann nicht gelten, wenn $n_1 = n_2$, allerdings ändert sich dann die Zahl der Freiheitsgrade (vgl. Pfanzagl 1968: 217). Die t-Statistik muß nur dann angewandt werden, wenn $n_1 + n_2 - 2 \leq 30$, sonst kann approximativ die Gaußstatistik benutzt werden. Man verwendet dann den sog. **approximativen Gaußtest.** Liegen mehr als $r > 2$ unabhängige einfache Stichproben vor, so kann man testen, ob die Erwartungswerte der r Stichproben alle gleich sind bzw. nicht. D. h.

H_0: $\mu_1 = \mu_2 = ... = \mu_r$
H_1: mindestens zwei der μ_r sind verschieden.

Das diese Hypothesen testende Verfahren heißt **einfache Varianzanalyse.** Wiederum muß die Ausgangsbedingung $\sigma_1 = \sigma_2 = ... = \sigma_r$ erfüllt sein, was z. B. durch den sog. **Bartlett-Test** überprüft werden kann. Ergibt die Varianzanalyse, daß mindestens zwei der Erwartungswerte signifikant divergieren, dann wissen wir nicht, welche einzelne Stichprobe abweicht. Man kann dann wiederum die einzelnen Stichproben untereinander mit Hilfe des t-Tests vergleichen und überprüfen.

4.3.2.2 Wilcoxon-Test

Bisher haben wir Testverfahren kennengelernt, bei denen in bezug auf die Parameter der Verteilung eine Teststatistik entwickelt wurde. Wir haben diese als parametrische Tests bezeichnet. Wenn jedoch unabhängig von den Parametern einer Verteilung Verteilungen verglichen werden, dann greift man auf nicht-parametrische Tests zurück. Wenn wir z.B. eine verbundene Stichprobe haben und festgestellt, daß die Variablen nicht der Normalverteilung folgen, so können wir keinen Differenzentest auf der Basis der t-Statistik durchführen. Wir werden

Testverfahren wählen, die unabhängig von der Verteilung einer Variablen operieren. Da bei kleinen Stichproben die Normalverteilung nur schwer nachzuweisen ist, greift man in diesem Fall auf verteilungsfreie Tests zurück. Ein parameterfreies Verfahren, das bei kleinen verbundenen Stichproben genutzt wird, ist der sog. Wilcoxon-Test, der zu den schärfsten parameterfreien Verfahren gehört.

Beim Wilcoxon-Test wird von der Nullhypothese ausgegangen, daß die Verteilungen der verbundenen Stichproben gleich sind. Die Gegenhypothese besagt, daß die Verteilungen sich in der ,zentralen Tendenz' unterscheiden. (Man vergleiche die Analogie zum Differenzentest.) Gehen wir von folgendem Beispiel aus. Uns interessiert, ob der Laut [ʌ] in der Wortklasse der Nomina signifikant verschieden gebraucht wird als in der Wortklasse der Verben, wobei wir 10 Personen befragt haben; die Werte finden sich in Tab. 4-19. Die grundlegende Testidee besteht darin, die Rangwerte der Variablen zur Berechnung der Prüfgröße heranzuziehen. Da wir in unserem Beispiel ordinale und kardinale Daten haben, werten wir die kardinalen Daten auf ordinale ab und bilden entsprechende Rangplätze. In Analogie zum Differenzentest werden nun die Differenzen zwischen den Rängen berechnet, und diese werden nun nach den Absolutwerten in eine Rangfolge gebracht, wobei der kleinste Absolutbetrag den Rangwert 1 erhält. Die so gebildeten Rangdifferenzen werden nach den positiven und negativen Rängen addiert (vgl. die letzten beiden Spalten von Tab. 4-19). Die Summe der letzten beiden Spalten in Tab. 4-19 muß gleich sein:

$$\frac{n(n+1)}{2} = \frac{10 \cdot 11}{2} = 55 = \sum_{i=1}^{10} R|d_i|$$

| | | | | | Rangplatz für | |
i	$[\Lambda]_N$	$[\Lambda]_V$	d_i	$R|d_i|$	$d_i < 0$	$d_i > 0$
1	0.5	0.9	−4	8,5	8,5	
2	0.5	1.0	−5	10	10	
3	0.2	0.3	+1	2,5		2,5
4	0.3	0.5	+2	6,5		6,5
5	0.1	0.2	+1	2,5		2,5
6	0.4	0.7	−3	4,5	4,5	
7	0.2	0.4	−2	4,5	4,5	
8	0.1	0.1	0	1		1
9	0.4	0.8	−4	6,5	6,5	
10	0.3	0.6	+3	8,5		8,5
				55	T′ = 34	T = 21

Tab. 4-19: *Arbeitstabelle für Wilcoxon-Test (Beispiel)*

Als Prüfgröße T fungiert die kleinere der beiden Summen, die über die Rangplätze für $d_i < 0$; $d_i > 0$ gebildet wurden, die größere Summe wird als T' gekennzeichnet. Der Erwartungswert der Prüfgröße E(T) unter der Nullhypothese, also unter der Annahme, daß die Verteilungen gleich sind, berechnet sich wie folgt:

$$E(T) = \frac{n(n+1)}{4}$$

Im vorliegenden Fall beträgt E(T) = 22,5. Wenn unser berechneter Wert nah am Erwartungswert liegt, so werden wir die Nullhypothese nicht ablehnen. Je mehr der berechnete Wert T (hier 21) jedoch abweicht von E(T), desto eher werden wir die Nullhypothese zugunsten der Gegenhypothese ablehnen. Da als Prüfgröße die kleinere der beiden Rangsummen gewählt wurde, widerspricht ein kleinerer Wert von T der Nullhypothese eher als ein größerer, der näher am Erwartungswert liegt. Wir werden die Nullhypothese dann annehmen, wenn $T > T_{\alpha;n}$, und sie ablehnen, wenn $T \leq T_{\alpha;n}$. Zu der von Wilcoxon berechneten Verteilung der Prüfgöße T lassen sich zu vorgegebenen Signifikanzniveaus und in Abhängigkeit vom Stichprobenumfang die kritischen Werte $T_{\alpha;n}$ ermitteln (vgl. Claus/Ebner 1977: 491). Stellen wir wiederum unser Testschema auf:
1. Festlegung des Konfidenzniveaus: $1-\alpha = 0.95$.
2. Bestimmung des zugehörigen kritischen Wertes $T_{\alpha;n}$ für n = 10 aus der Tabelle: = 8 (Claus/Ebner 1977: 491)
3. Berechnung von T = 21 (vgl. Tab. 4-19)
4. Test: Wenn $T > T_{\alpha;n}$, dann Annahme von H_0, wenn $T \leq T_{\alpha;n}$, dann Ablehnung von H_0.
Da 21 > 8 wird die Nullhypothese angenommen, d.h., wir gehen davon aus, daß die zentralen Tendenzen in der Stichprobenvariablen gleich sind. Dies bedeutet, daß wir davon ausgehen, daß der Laut [ʌ] in beiden Wortklassen nicht unterschiedlich verteilt vorkommt.

Parallel zur t-Statistik gibt es einen nicht-parametrischen Test für den Fall, daß zwei unabhängige einfache Stichproben vorliegen. Es wird dann der sog. **Mann-Whitney-U-Test** angewandt. Bei ordinalen Daten und unabhängigen Stichproben kann wiederum der Wilcoxon-Test angewandt werden. In der Praxis sollte man bei kleinen Stichproben und dann, wenn man die Verteilungen nicht kennt (oder sie nicht prüfen kann), auf nicht-parametrische Tests zurückgreifen. Häufig ist der Fall zu beobachten, daß t-Tests angewandt werden, obwohl die Voraussetzungen für seine Anwendungen nicht gegeben sind bzw. nicht überprüft wurden. Es kann nicht oft genug darauf hingewiesen werden, daß Statistikprogramme in jedem Falle ‚rechnen' und man zu positiven oder negativen Ergebnissen kommt, unabhängig davon, ob die Voraussetzungen stimmen oder nicht. In Zweifelsfällen sollte man anstelle des Differenzentests den Wilcoxon-Test durchführen (oder einen Statistiker fragen).

4.3.2.3 Der Chi-Quadrat-Unabhängigkeitstest

Der für sprachwissenschaftliche Untersuchungen besonders wichtige Chi-Quadrat-Unabhängigkeitstest (auch Kontingenztest) prüft die Hypothese, ob zwei kategoriale Merkmale X und Y aus der Grundgesamtheit G voneinander unabhängig sind oder nicht, wobei die Voraussetzung gilt, daß X und Y zwei verbundene einfache Stichproben aus G sind. Folgende Hypothesen werden also getestet:

H_0: X und Y sind unabhängig
H_1: X und Y sind abhängig

Die Prüfstatistik knüpft an die Unabhängigkeitshypothese an, wie sie in Kap. 4.1.3 und 4.2.1 bereits erläutert wurde. Wir führen das dort eingeführte Beispiel fort (Tab. 4-20, vgl. S. 113).

Stil Schicht	dialektal	umgs.	Σ
US	600	600	1200
MS	400	200	600
OS	200	0	200
Σ	1200	800	2000

Tab. 4-20: *Fortführung Beispiel S. 113*

Stil Schicht	dialektal	umgs.	Σ
US	720	480	1200
MS	360	240	600
OS	120	80	200
Σ	1200	800	2000

Tab. 4-21: *Unabhängigkeitstabelle (Beispiel)*

Wir hatten argumentiert und gezeigt, daß unter der Unabhängigkeitsannahme die Werte in den einzelnen Zellen über die Randhäufigkeiten ermittelt werden können. Es gilt:

$$\tilde{h}_{ij} = \frac{h_{i.} \cdot h_{.j}}{n}$$

Für unser Beispiel ergeben sich folgende theoretischen Werte (Tab. 4-21). Ist H_0 richtig, so werden wir erwarten, daß

$$\tilde{h}_{ij} = h_{ij}$$

Als Testgröße fungiert der Chi-Quadrat-Wert:

$$\chi^2 = \sum_{i=1}^{m} \sum_{j=1}^{n} \frac{(h_{ij} - \tilde{h}_{ij})^2}{\tilde{h}_{ij}}$$

Ist der Chi-Quadrat-Wert hoch, so spricht dies für Abhängigkeit, ist der Wert klein, so ist Unabhängigkeit zu erwarten. Die Anzahl der Freiheitsgrade ist abhängig von der Anzahl der Zeilen und Spalten. Es gilt: $df = (m-1)(n-1)$. Die benutzte Verteilung, die Chi-Quadrat-Verteilung, ist hinreichend genau, wenn die einzelnen Zellenhäufigkeiten $h_{ij} \geq 5$. Die Verteilung ist wiederum in bezug auf Freiheitsgrade und Prozentpunkte tabelliert (vgl. Tab. 3 im Anhang). Als Entscheidungsregel gilt nun:

H_0 ist anzunehmen, wenn $\quad \chi^2 = \sum\limits_{i=1}^{m} \sum\limits_{j=1}^{n} \frac{(h_{ij} - \tilde{h}_{ij})^2}{\tilde{h}_{ij}} \leq \chi^2_{df;1-\alpha}$

H_0 ist abzulehnen, wenn $\quad \chi^2 = \sum\limits_{i=1}^{m} \sum\limits_{j=1}^{n} \frac{(h_{ij} - \tilde{h}_{ij})^2}{\tilde{h}_{ij}} > \chi^2_{df;1-\alpha}$

Führen wir unser Beispiel als Test durch.
1. Festlegung des Konfidenzniveaus: $1-\alpha = 0.99$
2. Berechnung von $df = (2-1)(3-1) = 2$
3. Bestimmung des zugehörigen kritischen Wertes aus der Tabelle: $\chi^2_{2;0.01} = 9{,}21$
4. Berechnung von $\chi^2 = \sum\limits_{i=1}^{m} \sum\limits_{j=1}^{n} \frac{(h_{ij} - \tilde{h}_{ij})^2}{\tilde{h}_{ij}} = 22.4$

5. Da 22,4 > 9,21 wird die Nullhypothese zugunsten der Gegenhypothese abgelehnt. Die Unabhängigkeitshypothese zwischen dem Merkmal Schicht und Dialektgebrauch ist zu verwerfen. Die bereits in Kap.

4.1.3 vermutete Annahme, daß die Merkmale abhängig sind, konnte nun in Form eines Signifikanztests weiter gestützt werden. Der empirisch berechnete Wert weicht so weit von dem theoretischen ab, daß die Unabhängigkeitsannahme mit sehr hoher Wahrscheinlichkeit abgelehnt werden kann. Man würde nun gern wissen, mit welcher Wahrscheinlichkeitsgenauigkeit man die Unabhängigkeitshypothese zurückweisen kann. Dies ist per Hand rechnerisch sehr aufwendig. Mit Statistikprogrammen indes ist dies ohne Probleme möglich. Deshalb wird das Signifikanzniveau gar nicht erst vorgegeben, sondern aus den Daten wird automatisch errechnet, zu welchem Signifikanzniveau die Nullhypothese abzulehnen ist bzw nicht. Man findet deshalb in Computerausdrucken Angaben wie p = 0.023. Dies besagt, daß die Irrtumswahrscheinlichkeit gleich 0.023 ist. Im obigen Beispiel erhielten wir die Angabe p = 0.0000, d.h., die Irrtumswahrscheinlichkeit ist kleiner 0.0001. Anders formuliert: Unser Konfidenzniveau liegt über 0.9999. Wir können also mit mehr als 99,99% Wahrscheinlichkeit annehmen, daß die Unabhängigkeitshypothese zu verwerfen ist.

Die Chi-Quadrat-Teststatistik spielt eine zentrale Rolle bei probabilistisch fundierten Grammatikansätzen, wie sie im Konzept der Variablenregel und der Varietätengrammatik vorliegen. Den Zusammenhängen zwischen statistischen Prozeduren und konzeptuellen sprachwissenschaftlichen Ansätzen wollen wir im nächsten Kapitel nachgehen.

4.3.3 Variablenregel und Varietätengrammatik

Die Variablenregel knüpft an den Regelapparat der generativen Phonologie an. Während dort nur zwischen kategorischen und optionalen Regeln unterschieden wird, werden variable Regeln in bezug auf Kontextbedingungen probabilistisch bewertet. Formal ändert sich die Zeichenkonvention: Die in optionalen Regeln gebräuchlichen runden Klammern werden durch spitze Klammern ersetzt. Durch Hochstellungen werden die Wahrscheinlichkeiten der Regelanwendung wiedergegeben. Sehen wir uns dies an einem Beispiel der Rundung im Berlinischen an:

kategorische Regel   ɪ → y / __ {r,m,l,ʃ}
optionale Regel   ɪ → (y) / __ {r,m,l,ʃ}
variable Regel   ɪ → <y>p / __ {<r>p1,<m>p2,<l>p3,<ʃ>p4}

Die variable Regel ist so zu lesen, daß die Anwendung der Rundung vor dem lautlichen Kontext [m] (z. B. ymᴅ) mit der Wahrscheinlichkeit p_2 auftritt. Labovs fundamentale Annahme bestand darin, daß die Wahrscheinlichkeit der Realisierung einer Regel einerseits von innersprachlichen Faktoren wie dem lautlichen Kontext abhängt, zum anderen von außersprachlichen Faktoren wie z. B. Alter oder soziale Schicht. Den Anwendungswahrscheinlichkeiten p_i liegen empirisch ermittelte relative Häufigkeiten f_i zugrunde, die über die bereits erwähnte Maximum-Likelihood-Funktion geschätzt werden. Als erstes Modell der Variablenregel wurde von Labov (1969) das sog. **additive Modell** vorgeschlagen. Es hat die folgende Form:

$$p = p_0 + p_1 + p_2 + \ldots + p_n \text{ (additives Modell)}$$

Die Anwendungswahrscheinlichkeit einer variablen Regel setzt sich aus den Parametern p_i, ..., p_n zusammen, die innersprachliche Beschränkungen (constraints) repräsentieren, sowie einem konstanten sog. Inputparameter (input parameter) p_0, der als Korrekturfaktor eine Funktion der sozialen Parameter ist. Über p_0 werden also außersprachliche Faktoren in die Regel integriert. Dabei tritt nun ein elementarer Fehler auf. Die Wahrscheinlichkeiten der Regelanwendung und der Komplementärwahrscheinlichkeiten, also daß die Rundung nicht realisiert wird, ist nach den Kolgomorovschen Axiomen und den daraus resultierenden Schlußfolgerungen gleich 1 (vgl. S. 120). Dadurch, daß der Faktor p_0 hinzuaddiert wird, wird die Gesamtwahrscheinlichkeit größer 1, was den Grundaxiomen der Wahrscheinlichkeitstheorie widerspricht. Aus diesem Grunde wurde von Sankoff et al. das **multiplikative Modell** ‚entwickelt'. Es hat die folgende Form:

$$p = p_0 \times p_1 \times p_2 \times \ldots \times p_n \text{ (multiplikatives Anwendungsmodell)}$$
$$(1-p) = (1-p_0) \times (1-p_1) \times (1-p_2) \times \ldots \times (1-p_n) \text{ (multiplikatives Nicht-Anwendungsmodell)}$$

Dahinter verbirgt sich ein Modell, das von der Unabhängigkeitshypothese ausgeht. Mit Hilfe des Chi-Quadrat-Tests wurde getestet, ob das Modell eine gute Anpassung an die empirischen Daten liefert (vgl. Rousseau/Sankoff 1978: 59), wobei signifikante Effekte im einzelnen nicht geprüft werden konnten (vgl auch S. 114). Schwierigkeiten bereitet zudem wieder der Faktor p_0. Während Rousseau/Sankoff (1978) und Cedergren/Sankoff (1974) den Parameter p_0 als Korrekturgröße mit rein statistischer Funktion faßt – was immer dies sein mag –, geht Labov (1977: 96) weiter davon aus, daß außersprachliche Faktoren p_0 über die Regelanwendung beeinflussen. Dagegen argumentiert Klein (1974): „Da ja p_0 – bzw. $1-p_0$ – gleichförmig mit den Werten jeder Umgebung multipliziert wird, muß man annehmen, daß sich die soziale Schicht (und entsprechend die übrigen außersprachlichen Faktoren) stets in gleicher Weise bei allen Umgebungen geltend macht.

Es wäre jedoch ein Zufall, wenn dies zuträfe. Im allgemeinen ist der Faktor ‚Umgebung'...keineswegs von der Schicht unabhängig" (Klein 1974: 142). Infolge der Probleme, die mit dem additiven und multiplikativen Modell verbunden sind, wurde das logistische Modell (Rousseau/Sankoff 1978) und schließlich das log-lineare Modell (Schlobinski 1987) angewandt. Beides sind statistische Analyseverfahren im Rahmen der Kontingenztafelanalyse. Wie wir gleich sehen werden, kann die Variablenregelanalyse unter statistischen Gesichtspunkten einfach als Kontingenztafelanalyse begriffen werden. Zuvor jedoch noch einige Bemerkungen zur sog. **Varietätengrammatik**, die von Klein (1974) aufgrund der Kritik an der Labovschen Variablenregelanalyse formuliert und zunächst auf syntaktische Strukturen angewandt wurde. Die Grundidee besteht darin, daß ein **Regelblock** angenommen wird, in dem Teilregeln probabilistisch bewertet werden (Abb. 4-57).

$$X \rightarrow A \qquad p_1$$
$$X \rightarrow AB \qquad p_2$$
$$X \rightarrow ABC \qquad p_3$$
$$X \rightarrow ABCD \qquad p_4$$

$$\sum_{i=1}^{n} p_i = 1$$

Abb. 4-57: *Regelblock in der Varietätengrammatik*

Übertragen wir die Idee des Regelblocks auf unser Beispiel der Rundung im Berlinischen (vgl. Abb. 4-58), so zeigt sich, daß dem Regelblock im Prinzip eine Umformulierung des additiven Variablenregelmodells zugrunde liegt, wobei der Faktor p_0 eliminiert wurde. Man kann also sagen ‚Varietätengrammatik gleich additives Variablenregelmodell minus Inputparameter p_0', wobei nun die wahrscheinlichkeitstheoretische Axiomatik ‚gerettet' ist. Die von Klein allerdings zu Recht erwähnten komplexen Interaktionseffekte (s.o.) sind mit der Varietätengrammatik nicht analysiert worden. Dies ist darin begründet, daß der Zusammenhang zwischen Variablenregel, Varietätengrammatik und Kontingenztafelanalyse nicht gesehen oder nicht umgesetzt wurde (vgl. Abb. 4-58).

Variablenregel

$$I \rightarrow \langle Y \rangle P \; / \; \_ \; \{\langle r \rangle P1, \langle m \rangle P2, \langle l \rangle P3, \langle \int \rangle P4\}$$

Es gilt:

$$p = p1 + p2 + p3 + p4 = 1 - \bar{p}_1 + \bar{p}_2 + \bar{p}_3 + \bar{p}_4;$$
$$p_1 + p_2 + p_3 + p_4 + \bar{p}_1 + \bar{p}_2 + \bar{p}_3 + \bar{p}_4 = 1$$

Varietätengrammatik

$I \rightarrow Y / \underline{} r$	p_1
$I \rightarrow Y / \underline{} m$	p_2
$I \rightarrow Y / \underline{} l$	p_3
$I \rightarrow Y / \underline{} \int$	p_4
$I \rightarrow I / \underline{} r$	$p_5 (= \bar{p}_1)$
$I \rightarrow I / \underline{} m$	$p_6 (= \bar{p}_2)$
$I \rightarrow I / \underline{} l$	$p_7 (= \bar{p}_3)$
$I \rightarrow I / \underline{} \int$	$p_8 (= \bar{p}_4)$

Es gilt:

$$\sum_{i=1}^{8} p_i = 1; \ p = p_1 + p_2 + p_3 + p_4; \ \bar{p} = p_5 + p_6 + p_7 + p_8$$

Kontingenztafel

	r	m	l	$\int$	
I	p_{11}	p_{12}	p_{13}	p_{14}	$p_{1\cdot}$
Y	p_{21}	p_{22}	p_{23}	p_{24}	$p_{2\cdot}$
	$p_{\cdot1}$	$p_{\cdot2}$	$p_{\cdot3}$	$p_{\cdot4}$	1

Abb. 4-58: *Zusammenhang zwischen Variablenregel, Varietätengrammatik und Kontingenztafelanalyse*

Beide Modelle zur Analyse sprachlicher Variation sind reduzierbar auf die Analyse von Kontingenztafeln. Die Analyse der Kontingenztafel nach Unabhängigkeit und spezifischen Interaktionseffekten ist am besten möglich mit der sog. log-linearen Kontingenztafelanalyse, die mittlerweile in jedem gängigen Statistikpaket enthalten ist. Eine grundlegende Analyse mit Hilfe des Chi-Quadrat-Tests, der Berechnung des Kontingenzkoeffizienten sowie der tabellarischen Darstellung zwischen beobachteten Werten und theoretischen unter der Unabhängigkeitsannahme kann der Leser bereits aufgrund des bisher Dargestellten vornehmen.

Einen weiteren lehrreichen Aspekt stellt die Interpretation der Variablenregel dar. Wir sind davon ausgegangen, daß die Variablenregel eine aufgrund von empirisch ermittelten Häufigkeiten probabilistisch bewertete Regel ist, der die Chomskysche Regelformulierung zugrunde liegt. Aufgrund der ‚Erweiterung' des Chomskyschen Regelapparates und der Interpretation auf der Folie der generativen Phonologie wurde die Variablenregel in das Performanz-Kompetenz-Modell integriert. Dabei wurden die empirisch ermittelten Werte als Teil der Performanz interpretiert, die (über die Maximum-Likelihood-Funktion) geschätzten Werte p als Teil der Sprecherkompetenz. Am deutlichsten haben

dies Cedergren/Sankoff (1974) formuliert: „The variable rules develo-
ped by Labov should be interpreted as part of individual competence"
(Cedergren/Sankoff 1974: 335). Und: „Frequencies are clearly part of
performance; but we use them to estimate probabilities, which are inherent in the ability to generate the observed behaviour. It is our con-
tention that these probabilities are properly part of competence" (ibid.,
S. 343). Der Fehler bei der Konzipierung der Variablenregel als Teil der
individuellen Sprecherkompetenz liegt darin, daß statistisch ermittelte
Durchschnittswerte, also Werte die über eine Anzahl von Individuen,
deren sprachliche Resultate mitteln, in das Sprachwissen des einzelnen Sprechers projiziert werden und somit die Lautproduktion gene-
rieren (vgl. Abb. 4-49). Zu Recht wundert sich MaCaulay, „how a
speaker knows how to produce the appropriate percentages of, say, glot-
tal stops for his particular station in life" (MaCaulay 1976: 269), und
Bailey schreibt „...mass statistics cannot prove what individual patterns
are" (Bailey 1980: 172).

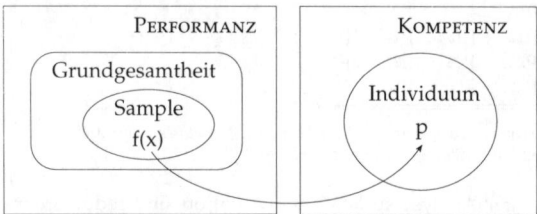

Abb. 4-49: *Interpretation der Variablenregel im Performanz-Kompetenz-Modell*

Die berechtigte Kritik an der Einbettung der Variablenregel in das Performanz-Kompetenz-Modell hat andererseits zu völlig überzogener
und sachlich falscher Kritik geführt, indem behauptet wurde, Wahrscheinlichkeitsaussagen hätten keinen empirischen Gehalt: „If probability statements are not falsifiable then they have no empirical content.
Thus, they can have no explanatory or predictive power" (Romaine
1981: 99). Romaine begründet dies mit dem in der modernen Wissenschaftstheorie nicht mehr angenommenen Popperschen Falsifika-
tionsprinzip, nach dem eine Hypothese dann falsifiziert worden ist,
wenn ein Fakt dieser Hypothese widerspricht. In bezug auf Wahrscheinlichkeiten folgt Romaine Poppers Unterscheidung in Ereignis-
und Hypothesenwahrscheinlichkeit und wendet im Prinzip dessen
Würfelbeispiel – wenn auch darauf nicht explizit referiert wird – auf
die Realisierung einer phonologischen Variablen an, die man als Zufallsvariable definieren kann (vgl. auch Abb. 4-25 auf S. 124): „Die Aussage: ‚Die Würfelseite 1 wird mit der Wahrscheinlichkeit 1/6 eintreffen' wird durch das Eintreffen oder Nichteintreffen der Seite eben we-

der bestätigt noch widerlegt; denn sie ist ja eine Prognose für eine Ereignisreihe. Die Aussage, ‚die Würfelseite 1 trifft ein', stellt sich nach dem Wurf als wahr oder falsch heraus" (Popper 1979: 144). Daß Wahrscheinlichkeitsaussagen im Popperschen Sinne falsifizierbar sind, wird kein Statistiker behaupten. Wir hatten anfangs auf die grundlegende Unterscheidung zwischen Ereignis und Ergebnis als der Realisierung eines Ereignisses hingewiesen (s. S. 120). Ist aber deshalb eine Wahrscheinlichkeitsaussage ohne jeden empirischen Gehalt? Gehen wir von einem fiktiven Beispiel aus. Eine Statistikerin und ihre Kritikerin stehen vor Gott, der zu ihnen spricht: „Ob ihr in die Hölle oder ins Paradies kommt, will ich nicht an euren Taten messen, sondern von einem kleinen Spiel abhängig machen. Ich habe hier eine Münze von einem Spielbudenbesitzer, der – nebenbei – im Paradies seiner Beschäftigung nachgeht. Wenn ich die Münze werfe und ihr erratet das Eintreffen der richtigen Seite, so kommt ihr ins Paradies, anderenfalls in die Hölle. Bevor ihr euch jedoch jede für ‚Engel' oder ‚Zahl' entscheidet, muß ich euch noch eines sagen. Ich habe dieses Spiel bereits 100 000 mal gespielt und bisher kam nur zweimal ‚Zahl'. Und nun wählt!" Die Kritikerin ist als erste an der Reihe. „Ich kann nicht wissen, ob ‚Zahl' oder ‚Engel' kommt. ‚Gott würfelt nicht!' Andererseits, man kann nie wissen...", denkt sie sich und spricht: „Ich wähle ‚Engel'!" Die Statistikerin sagt sich: „Hier geht es nicht um Wahrscheinlichkeiten, hier geht es darum, ob man Bereitschaft zeigt, Eintritt zu zahlen oder nicht", und sie wählt ‚Zahl'. Gott wirft die Münze und es kommt ‚Zahl'. Sehen wir vom vielleicht ungewöhnlichen Ende ab, so entspricht es unserer Erfahrung, aufgrund der bekannten Häufigkeitsverteilung auf ‚Engel' zu setzen, wenn man unterstellt, daß hier ein Bias vorliegt, vielleicht deshalb, weil Gott mogelt. Nimmt man jedoch an, daß das Gesetz der Serie nun gebrochen werden muß – wenn so oft ‚Engel' eingetroffen ist, muß endlich wieder ‚Zahl' kommen –, so wird man auf ‚Zahl' setzen. Was letztlich als Ergebnis sich realisiert (‚Engel' oder ‚Zahl'), ist nicht vorhersehbar. Trotzdem werden wir der Information über die Häufigkeitsverteilung in der Regel einen empirischen Gehalt insofern zusprechen, als daß wir die Häufigkeitsverteilung interpretieren und unser Verhalten entsprechend ausrichten. Kehren wir zur Variablenregel zurück: Natürlich kann die konkrete lautliche Realisierung eines Sprechers zu einem spezifischen Sprechzeitpunkt nicht vorhergesagt werden, trotzdem werden wir plausible Annahmen machen können in bezug auf das Sprachverhalten eines Sprechers, wenn wir beispielsweise wissen, daß der Sprecher im Durchschnitt z.B. die Rundung des /ı/ zu 99,99% realisiert. Insbesondere werden wir die Informationen dann nutzen, wenn wir ein Ergebnis interpretieren wollen. Sehen wir uns hierzu ein Beispiel an, bei dem deutlich wird,

1. welchen Sinn Wahrscheinlichkeitsaussagen und statistische Ansätze haben,
2. wie Wahrscheinlichkeiten auf Ergebnisse hin zu interpretieren sind und
3. wie ‚quantitative' und ‚qualitative' Ansätze gemeinsam zur Erklärung herangezogen werden können.

In dem folgenden Beispiel (Schlobinski 1988) handelt es sich um eine verschriftete Sequenz aus einer Rundfunksendung des Sender Freies Berlin mit dem Titel ‚Hörer fragen, Experten antworten', in der sich ein älterer Berliner über die Flächennutzung in Berlin beklagt:

> Was sich hier seit Jahren tut, wissen Se, ich denke immer an eine, an ein Ausspruch unseres alt verdienten und verstorbenen Willem Laulin - habe das Gefühl, ich spreche gegen eine Wand. Dieser Mann hat wahrscheinlichlich Zeit seines Lebens gegen eine Wand jesprochen [jə'ʃprɔxən], und so is'es nämlich bis heute jeblie'm [jə'bli:m]. Sie denken immer, sie können den einfachsten Weg nehm' und auf die Kleingärten zurückgreifen.

Die normale Sprachlage des Sprechers ist Berlinisch, angesichts des situativen Kontextes versucht er Hochdeutsch zu sprechen, ‚fällt aber zweimal zurück' in das Berlinische, indem er die anlautend palatale Spirans realisiert. Emotionale Betroffenheit und persönliches Engagement sowie die für den Sprecher ungewohnte Hörfunksituation erklären das Phänomen des Code-switching. Warum aber wechselt der Sprecher gerade im Präfix *ge-* und nicht in den anderen Kontexten (vgl. Unterstreichungen im Text)? Eine Erklärung hierfür liefert die Variablenregelanalyse. Auf der Basis der log-linearen Kontingenztafelanalyse konnte gezeigt werden (Schlobinski 1987: 98f.), daß die Spirantisierung [j] gegenüber dem Plosiv [g] eine extrem hohe Wahrscheinlichkeit vor dem Schwa hat und insbesondere nach einer Wortgrenze, wobei dies in der Regel immer im Präfix [gə] vorkommt. Andererseits ist die Wahrscheinlichkeit der anlautenden Spirantisierung vor [r] äußerst gering, im Prinzip wird fast ausschließlich der Plosiv realisiert. Offensichtlich ist es so, daß bei Switch-Phänomenen die wahrscheinlichste Variante favorisiert wird. Da zwischen Markiertheit und Wahrscheinlichkeit (Quantität) ein enger Zusammenhang besteht, kann man für den konkreten Fall sagen, daß ein Wechsel in unmarkierten Fällen (in [gə]) wahrscheinlicher und erwartbarer ist als in markierten (z.B. vor [r]). Das Präferenzprinzip auf der Grundlage probabilistischer Zusammenhänge gibt uns Hinweise darauf, warum im obigen Fall das Code-switching in den spezifischen Fällen erfolgt. Wir betrachten die Spirantisierung nicht mehr im Rahmen der ‚freien Variation', wonach die Spirantisierung nach lautlichen Kontexten einem Gleichwahrscheinlichkeitsmodell folgt, sondern wir gehen von bedingten Wahrscheinlichkeiten aus, wobei die lautlichen Kontexte die bedingenden

Variablen sind. Unsere Informationen über die Wahrscheinlichkeiten der Spirantisierung in Abhängigkeit von lautlichen Kontexten nutzen wir zur *post-facto*-Erklärung eines konkreten Ergebnisses. Ferner zeigt das Beispiel anschaulich, daß verschiedene Ebenen der Erklärung: Einbettung in den situativen Kontext (pragmatische und sozialpsychologische Faktoren) und innersprachlich bedingte Variation (statistisch fundierte Faktoren) integrativ zur Interpretation genutzt werden können.

5. ‚Qualitative' Analysen sprachlicher Daten

Im vorangehenden Kapitel haben wir den Schwerpunkt auf statistische Analysen gelegt, wobei die grundlegenden Aspekte einer statistischen Untersuchung im Vordergrund standen. In diesem Kapitel nun werden Methoden zur Analyse verbaler Daten behandelt, die als Texte zur Verfügung stehen. Diese Methoden, die im einzelnen sehr unterschiedlichen Fragestellungen und Voraussetzungen folgen, werden in der Regel als ‚qualitative Methoden' bezeichnet. Obwohl wir im ersten Kapitel auf die problematische Unterscheidung zwischen quantitativen und qualitativen Methoden eingegangen sind, ist mir kein besserer übergeordneter Begriff bekannt, unter den die diversen Methoden subsumiert werden können, weshalb weiterhin von ‚qualitativ' gesprochen werden soll, wenn auch in Anführungszeichen. Die im folgenden behandelten Methoden können mehr oder weniger quantifiziert werden. Das Untersuchungsinteresse liegt jedoch primär auf der kategorialen Ebene; metrisierte Daten, insbesondere auf Kardinalniveau, liegen in der Regel nicht vor. Während jedoch bei der Inhaltsanalyse in zahlreichen Untersuchungen auch in hohem Maße quantifiziert wird, ist dies bei hermeneutischen Verfahren nicht der Fall. In Abhängigkeit von der Fragestellung und den substanzwissenschaftlichen Voraussetzungen können quantifizierende Verfahren angewandt werden. Der Schwerpunkt der Analyse liegt jedoch auf nicht-statistischen Verfahren. Methoden der induktiven Statistik werden nur in den seltensten Fällen angewandt. Man könnte salopp formuliert sagen, daß ‚qualitative' Analysen solche sind, bei denen aufgrund erkenntnistheoretischer und forschungslogischer Voraussetzungen Methoden der induktiven Statistik nicht (oder nur in Ausnahmefällen) zur Anwendung kommen.

5.1 Inhaltsanalyse

Die Inhaltsanalyse ist ein Verfahren, das in der 30er und 40er Jahren dieses Jahrhunderts in den Kommunikationswissenschaften entwickelt wurde, um verbale Daten möglichst ‚objektiv' – im Gegensatz zu interpretativen Verfahren wie in der Literaturwissenschaft – zu analysieren. Dabei standen von Anfang an syntaktische und semantische Merkmale von Symbolen im Vordergrund und die Quantifizierung dieser Merkmale (Berelson 1971: 135f.). Die Inhaltsanalyse kann definiert werden als „eine empirische Methode zur systematischen intersubjektiv nachvollziehbaren Beschreibung inhaltlicher und formaler

Merkmale von Mitteilungen" (Früh 1991: 24). Die Inhaltsanalyse hat also Kommunikation zum Gegenstand, die über Texte und Verschriftungen von Gesprächen der Analyse zur Verfügung steht. Die Analyse erfolgt systematisch und theoriegeleitet und ist intersubjektiv nachprüfbar. Das Ziel ist, spezifische Aspekte der Kommunikation zu analysieren. Die Inhaltsanalyse kann als eine Suchstrategie begriffen werden, die durch ein Selektions- und Klassifikationsinteresse gekennzeichnet ist, „die sich nur auf theoretisch relevante Bedeutungsaspekte bezieht (...) [und] ein offengelegter Vorschlag des Forschers zur theoretisch relevanten Strukturierung bzw. Gruppierung von Bedeutungen [ist]" (Früh 1991: 110). Gegenüber der Textlinguistik liegt der Fokus nicht auf der Frage, welche sprachlichen Strukturen einen Text überhaupt zu einem Text machen und welche Vernetzungen auf semantischer und pragmatischer Ebenen bestehen, sondern auf der Rekonstruktion des Inhalts eines Textes. Das Erkenntnisinteresse liegt weniger darauf, wie ein Text aufgebaut ist, sondern vielmehr darauf, was durch einen Text kommuniziert wird. Allerdings wird in zunehmendem Maße bei der Inhaltsanalyse explizit auf linguistische Konzepte zurückgegriffen, um formale und inhaltliche Aspekte eines Textes zu erfassen. Dies ist besonders interessant, da die Inhaltsanalyse mit grundlegenden sprachwissenschaftlichen Konzepten arbeitet, ihre breite Anwendung indes außerhalb der Sprachwissenschaft liegt, insbesondere in den Kommunikations- und Medienwissenschaften sowie in den Sozialwissenschaften.

Der methodische Kanon der Inhaltsanalyse ist in dem Grundlagenwerk von Krippendorff (1980: 27f.) ausformuliert worden. Bei der Inhaltsanalyse muß zunächst klar sein, welche Beziehung zwischen Daten und Grundgesamtheit besteht, welchen Charakter die Daten haben, in welchem Kontext sie stehen und wie sie definiert sind. Die Konstruktion des Kontextes, innerhalb dessen Schlüsse gezogen werden, ist determiniert durch die Interessen und das Wissen des Forschers. Um das Schlußverfahren evident zu gestalten, muß das Ziel explizit formuliert werden, um die datengestützten Schlüsse zu validieren. Für das Schlußverfahren braucht der Forscher eine operationale Theorie, die so formuliert ist, daß die Daten als unabhängige Variablen erscheinen. Es muß validiert werden, ob die Schlüsse von den Daten auf den Kontext korrekt waren.

Die Analyse läßt sich grundlegend in die Schritte Reduktion, Explikation und Strukturierung einteilen, unabhängig davon, welche einzelnen schwerpunktmäßigen Inhaltsanalysen (z.B. Häufigkeitsanalysen, semantische Analysen oder Valenz- und Intensitätsanalysen) durchgeführt werden. Die einzelnen konkreten Analyseschritte sollen nach dem weit verbreiteten Grundlagenwerk von Mayring (1993: 57f.) im folgenden dargestellt und exemplifiziert werden. Als Beispiel dient

die folgende Verschriftung (ibid., S. 116f.), aufgrund derer die Frage
„Was sind die hauptsächlichen Erfahrungen der arbeitslosen Lehrer
mit dem ‚Praxisschock'?" inhaltsanalytisch verfolgt werden soll. Das
Transkriptionsverfahren ist literarisch, spezielle sprechsprachliche
Eigenschaften des Interviews sind ansatzweise verschriftet. Bei anderen Methoden wie der Konversationsanalyse ist die genaue Verschriftung des Gesprächs nach den Konventionen in Kap. 3 Voraussetzung.

L: Ja, das ist in der Tat ein starkes Problem, wobei ich sagen würde, daß bei, während der Referendarzeit, nur zum Teil der Schulalltag irgendwie auf einen selber, –
fällt, so daß man sich selber bewußt macht, denn primär glaube ich sieht man da die
Funktion oder die Abhängigkeit von einem selber von den Seminarlehrern, das ist
eigentlich das, was zunächst einmal dominierend war, – während des Studiums war
ja mal diese pädagogische Praxis, der Praxisnachweis, daß man an Schulen geht und
ein paar, das glaube ich jetzt intensiviert worden.
F: Hmm, ja.
L: Früher war das also noch nicht und da ist an nur über 14 Tage in die eine oder andere Klasse gegangen, meistens nur hospitiert und irgendwann dann auch Unterricht
gehalten, dann habe ich mir auch gedacht, um Gottes Willen, das ist eigentlich
trübsinnig, so hab ich mir das nicht vorgestellt, da müßte man vielleicht mehr das
und das machen, nur zu dem was man da, – diese Vorstellung, die man da vielleicht
entwickelt, die kann man in der Referendarzeit überhaupt nicht verwirklichen, und
ich sehe es eigentlich selber, – habe es eigentlich auch nicht selber so gesehen, natürlich, mehr – meine Rolle denn mehr, wie alle anderen wohl auch, – alle anderen
Referendare auch, daß man irgendwie – schaut möglichst günstig beurteilt zu werden, und jeder sucht sich da irgendwie (lacht) vielleicht ein Konzept aus, oder meint
eins zu finden.
F: Hmm.
L: Wie er dann am ehesten dann vielleicht die Vorstellungen des Seminarlehrers realisiert und das führt natürlich dann schon zu einem Konflikt, wenn man, – selber eigentlich in der Situation was anderes machen wollte, aber wegen äußeren Kriterien,
die eben zur Bewertung erklärtermaßen anstehen.
F: Hmm.
L: Vom Seminarleiter, -lehrer würde diese - würde diese, ja, Aktionsweise jetzt ja
eben nicht adäquat sein und daher kann man sie auch nicht machen, das heißt also
man würde, man muß auf Deutsch sofort sich von vorneherein anpassen und umstellen
auf das, was vom Seminarlehrer irgendwie ausgeht. Ja das war also nicht so...
F: Haben Sie da Probleme gehabt?
L: Bitte?
F: Hat es irgendwelche Probleme gemacht, ist das schwergefallen?
L: Doch, ja eigentlich schon, weil ichs nicht, weil ich irgendwie nicht der Typ bin,
der das vom Anfang an, wenn man das, wenn man einer Klasse zum ersten Mal begeg-
net, das man hier, schematische Regeln abfahren kann.
F: Hmm.
L: Sondern man sucht ja doch die Beziehung zu den Schülern und dann würde als
Schlußfolgerung der Reaktionen oder man würde auf die Schülerreaktionen viel-
leicht anders reagieren in manchen Fällen, als es irgendwie, – nach offizieller
Maßgabe,– gewünscht wird, zum Teil auch wie man dann glaubt, daß es richtig ist,
wobei man sich dann auch vielleicht dann auch hin und wieder verschätzen kann
(lacht).

Die Analyse in die übergeordneten Analyseschritte Reduktion, Explikation und Strukturierung wird wiederum in einzelne Handlungsschritte zerlegt. Zunächst zur **Reduktion**. Der Ausgangstext wird so reduziert, daß die zentralen Inhalte erhalten bleiben. Das neue Korpus ist ein über Abstraktion und Paraphrasierung gewonnener Text. Für diesen Schritt wird eine Reihe von ,Interpretationsregeln' angenommen, mit denen der Text ,reduziert' werden kann:

1. **Paraphrasierung**

1.1 Streiche alle nicht (oder wenig) inhaltstragenden Textbestandteile wie ausschmückende, wiederholende, verdeutlichende Wendungen!

1.2 Übersetze die inhaltstragenden Textstellen auf eine einheitliche Sprachebene!

1.3 Transformiere sie in eine grammatische Kurzform!

2. **Generalisierung**

2.1 Generalisiere die Gegenstände der Paraphrase auf die definierte Abstraktionsebene, so daß die alten Gegenstände in den neu formulierten impliziert sind!

2.2 Generalisiere die Satzaussagen auf die gleiche Weise!

2.3 Belasse die Paraphrasen, die über dem angestrebten Abstraktionsniveau liegen!

2.4 Nimm theoretische Vorannahmen bei Zweifelsfällen zu Hilfe!

3. **Erste Reduktion**

3.1 Streiche bedeutungsgleiche Paraphrasen innerhalb der Auswertungseinheiten!

3.2 Streiche Paraphrasen, die auf dem neuen Abstraktionsniveau nicht als wesentlich inhaltstragend erachtet werden!

3.3 Übernimm die Paraphrasen, die weiterhin als zentral inhaltstragend erachtet werden (Selektion)!

3.4 Nimm theoretische Vorannahmen bei Zweifelsfällen zuhilfe!

4. **Zweite Reduktion**

4.1 Fasse Paraphrasen mit gleichem (ähnlichem) Gegenstand und ähnlicher Aussage zu einer Paraphrase zusammen!

4.2 Fasse Paraphrasen mit mehreren Aussagen zu einem Gegenstand zusammen (Konstruktion/Integration)!

4.3 Fasse Paraphrasen mit gleichem (ähnlichem) Gegenstand und verschiedener Aussage zu einer Paraphrase zusammen (Konstruktion/Integration)!

4.4 Nimm theoretische Vorannahmen bei Zweifelsfällen zuhilfe!

Für den oben stehenden Textabschnitt sieht der Analyseschritt ,Reduktion' wie folgt aus:

PARAPHRASE: Abhängigkeit vom Seminarlehrer zunächst dominierend.

GENERALISIERUNG: Abhängigkeit vom Seminarlehrer.

PARAPHRASE: Praxisschock als starkes Problem.
GENERALISIERUNG: Praxisschock als starkes Problem.
PARAPHRASE: Zunächst Unterricht als trübsinnig gesehen, das kann man doch anders.
GENERALISIERUNG: Am Anfang Meinung, es anders machen zu können.
PARAPHRASE: Diese Vorstellung in der Referendarzeit nicht verwirklichbar.
GENERALISIERUNG: Dies nicht verwirklichbar.
PARAPHRASE: Man will möglichst günstig beurteilt werden.
GENERALISIERUNG: Abhängigkeit von Benotung.
PARAPHRASE: Das führt zu Konflikt.
GENERALISIERUNG: Führt zu Konflikt.
PARAPHRASE: Was dem Seminarleiter nicht adäquat erscheint, kann man nicht machen.
GENERALISIERUNG: Anpassungszwang an Seminarlehrer.
PARAPHRASE: Man muß sich an Seminarlehrer von vornherein anpassen.
GENERALISIERUNG: Anpassungszwang an Seminarlehrer.
REDUKTION: Praxisschock als starkes Problem durch Anpassungszwang an Vorstellungen der Seminarleiter wegen Benotung; hat Selbstvertrauen, eigenes Ich angekratzt.

Aus sprachwissenschaftlicher Sicht ist interessant, daß dem Verfahren der Reduktion zwei wesentliche Aspekte zugrunde liegen. Zum einen der Problemkreis ,Paraphrase' und damit verbunden das Prinzip der semantischen Äquivalenz. Die Handlungsanweisung zur Paraphrasierung und Generalisierung lautet bezogen auf einen Satz/eine Äußerungssequenz ,Formuliere die zugrunde liegende(n) Proposition(en) p des Satzes/der Äußerungssequenz S der Form X in die Form Y der Sprache des Forschers F.' Bei diesem Transformationsprozeß darf die Bedeutungsstruktur nicht verändert werden. Wenn sie jedoch verändert wird – und dies ist beim Herausstreichen „nicht oder wenig inhaltstragender Textbestandteile" zu erwarten, dann wären Kriterien anzugeben, inwieweit die Bedeutungsstruktur verändert werden darf, ohne daß die Interpretation der Textstelle durch den Forscher zu Verzerrungen der ursprünglichen Äußerungssequenz führt. Eine Explizierung dessen, was genau unter semantischer Äquivalenz zu fassen ist, fehlt indes. Ähnliche Probleme bestehen bei der ,ersten und zweiten Reduktion': Die inhaltliche Zusammenfassung von Propositionen ist stark abhängig von der Interpretationsleistung des Forschers. So wird im obigen Beispiel die Reduktion psychologisch ausgedeutet („hat eigenes Ich angekratzt"), obwohl dies nicht aus den Paraphrasierungen und Generalisierungen entnommen werden kann. Um die individuelle Interpretationsleistung des einzelnen Forschers einzuschränken, wird bei strukturellen Inhaltsanalysen versucht, die Interpretationen intersubjektiv abzusichern (s.u.).

Während bei der Reduktion der Text vereinfacht und in eine für den Forscher weiter zu analysierende Form gebracht wird, werden bei der **Explikation** zu einzelnen Teilen des Ausgangstextes zusätzliche Materialien herangezogen, durch die der betreffende Text erweitert und erläutert wird. Dabei sind folgende konkrete Handlungsschritte auszuführen:

1. **Lexikalisch-grammatische Definition**

1.1 Bestimme die vom sprachlichen oder sozio-kulturellen Hintergrund relevanten Lexika und Grammatiken!

1.2 Analysiere danach die Textstelle auf ihre grammatikalische und lexikalische Bedeutung!

1.3 Überprüfe, ob die Textstelle dadurch bereits hinreichend erklärt ist!

2. **Bestimmung des Explikationsmaterials**

2.1 Beginne beim ersten Textkontext, d.h. beim direkten Umfeld der zu explizierenden Stelle im Text!

2.2 Schreite zu immer weiterem Kontext fort, wenn die Überprüfung der Explikation nicht befriedigend war!

3. **Enge Kontextanalyse**

3.1 Sammle alle Aussagen, die in einer direkten Beziehung zur fraglichen Stelle im direkten Textkontext stehen, d.h. die sich

– definierend, erklärend
– ausschmückend beschreibend
– beispielsgebend, Einzelheiten ausführend
– korrigierend, modifizierend
– antithetisch, das Gegenteil beschreibend

zur Textstelle verhalten!

3.2 Überprüfe, ob die zu erklärende Textstelle im Text noch in gleicher oder ähnlicher Form auftaucht, und untersuche den dortigen engen Textkontext!

4. **Weite Kontextanalyse**

4.1 Überprüfe, ob zum Verfasser der Textstelle weiteres explizierendes Material zugänglich ist!

4.2 Ziehe Material über die Entstehungssituation des Textes zur Erklärung heran!

4.3 Überprüfe, ob aus dem theoretischen Vorverständnis explizierendes Material abgeleitet werden kann!

4.4 Überprüfe, ob aufgrund des eigenen allgemeinen Verstehenshintergrundes weiteres Material heranzuziehen ist!

4.5 Begründe die Relevanz, den Bezug des gesammelten Materials zur fraglichen Textstelle!

5. **Explizierende Paraphrase**

5.1 Fasse das zur Explikation gesammelte Material zusammen und formuliere daraus eine Paraphrase für die fragliche Textstelle!

5.2 Bei widersprüchlichem Material formuliere mehrere alternative Paraphrasen!

6. **Überprüfung der Explikation**

6.1 Füge die explizierende Paraphrase anstatt der fraglichen Stelle in das Material ein!

6.2 Überprüfe, ob im Gesamtzusammenhang des Materials die Textstelle ausreichend sinnvoll ist!

6.3 Wenn die Explikation nicht ausreichend erscheint, bestimme neues Explikationsmaterial!

Wir wollen uns dies wiederum verdeutlichen und das Ausgangsbeispiel fortführen.

> L: Wobei es einfach typmäßig unterschiedlich ist, glaube ich, manchen macht es weniger aus, die spielen da mehr, die sehen das eben mehr als sagen wir mal vielleicht kann man das auch so sehen, daß das die pädagogischen Fähigkeiten, daß die die schon mitbringen, wobei da aber doch die pädagogischen Fähigkeiten da doch in Anführungszeichen setzen würde, daß die eben sagen, das muß man so machen, das muß man so machen, da machen die das so. Und wenn sie Glück haben, dann klappts dann auch so und weil die es so gemacht haben, ist das dann gut, ne.
>
> F: hmm.
>
> L: Das ist vielleicht etwas überspitzt formuliert – Es ist, glaube ich auch sehr wichtig, gerade bei Sport, da bin ich also nicht der Typ, je – möchte nicht sagen extravertiert, je temperamentvoller einer einfach vom Typ her ist, wenn er spricht oder wenn er lebendig mit Erwachsenen umgeht, oder ständig – neue Ideen auf Lager hat oder auch mal Kritik an – Seminarlehrern vielleicht bringt, aber sofort in ein Bonmot gekleidet, also Conferenciertyp mehr; da glaube ich, die kommen mächtig an.

Im Beispiel soll die Bedeutung des Wortes *Conferencier-Typ* in seinem Kontext expliziert werden. In der Inhaltsanalyse werden zunächst Lexika zu Rate gezogen. *Conferencier-Typ* ist ein Kompositum, das jenen Menschentypus bezeichnet, der als „unterhaltender Ansager" (Pfeifer 1989: 247), oftmals in Verbindung gebracht mit Varieté und Theater, ein Publikum unterhält. Für die enge Kontextanalyse wird der unmittelbare Kontext, in dem das Wort steht, nach Beschreibungsmerkmalen abgesucht. Die genannten Beschreibungsmerkmale lauten:

– extravertiert (?)
– temperamentvoll, wenn er spricht
– lebendiges Umgehen mit Erwachsenen
– ständig neue Ideen auf Lager
– Kritik am Seminarleiter, in Bonmots gekleidet, bringend.

In einer ersten Definition „könnte man also sagen, ein Conferencier-Typ ist ein extravertierter, temperamentvoller, spritziger Mensch" (Mayring 1993: 75).

Für die ‚weite Kontextanalyse' wird nun der Vortext weiter nach beschreibenden Merkmalen abgesucht, im vorliegenden Fall die erste Äußerungssequenz. Die Beschreibungsmerkmale, die hier genannt werden, lauten:
– spielt mehr
– scheint die ‚pädagogische Fähigkeit' schon mitzubringen
– weiß immer, was man tun muß
– verhält sich auch danach
– wird deshalb gut beurteilt.
Der Analytiker weist der ersten Äußerung (spielt mehr) eine besondere Bedeutung zu, da die lexikalische Analyse ergeben hat, daß die lexikalische Bedeutung von Conferencier mit Theaterspielen zu tun hat. Sämtliche Merkmale werden dahingehend interpretiert, daß der Conferencier-Typ ein „selbstüberzeugter Mensch" ist.

Im Schritt der ‚explizierenden Prapharase' werden die relevanten Beschreibungsmerkmale zusammengefaßt. Der Conferencier-Typ wird als eine Person definiert, „der die Rolle eines extravertierten, temperamentvollen, spritzigen und selbstüberzeugten Menschen spielt". Diese Paraphrase wird dadurch überprüft, daß sie an die Stelle von *Conferencier-Typ* im Text eingesetzt wird, und es wird geprüft, ob dies kompatibel ist, ob dies Sinn macht.

Bei der bisher durchgeführten Inhaltsanalyse gibt es verschiedene kritische Punkte, die in der Inhaltsanalyseforschung nicht berücksichtigt werden:
1. In bezug auf die semantische Explikation wird nicht zwischen Denotation und Konnotation sowie deskriptiven und restriktiven Modifikationen unterschieden;
2. bei der Reduktion, Explikation und Paraphrasierung werden die Bedingungen für Bedeutungsäquivalenz nicht reflektiert. Modal-, Abtönungspartikeln zum Beispiel, die für die Satz- bzw. Äußerungsbedeutung konstitutiv sind, werden einfach weggelassen;
3. auf etablierte Methoden im Rahmen von Wortfeldanalysen wird nicht zurückgegriffen (Lutzeier 1993).
Der wichtigste Schritt bei der Inhaltsanalyse ist der der **Strukturierung**. Bei der Strukturierung werden Aspekte des Ausgangstextes nach Ordnungskriterien herausgefiltert, wobei quantifiziert werden kann. Dabei können formale oder inhaltliche Strukturierungskriterien benutzt werden. Unabhängig davon, wie das Material strukturiert wird, sind zwei grundsätzliche Faktoren relevant:
1. die Definition von Kategorien, denen Text- bzw. Äußerungssequenzen zugeordnet werden können;
2. die Explikation von Kodierregeln, die die Zuordnung von Text- bzw. Äußerungssequenzen explizit erlauben.

Bei Strukturierungen wird zunächst so vorgegangen, daß ausgehend von einer Fragestellung, die als Nullhypothese formuliert ist, ein Kategoriensystem entwickelt wird, dem Text- bzw. Äußerungssequenzen zugeordnet werden (vgl. Früh 1991: 135f.). Die Schwierigkeit für den Forscher besteht nun darin, eine sprachliche Sequenz unter eine definierte Kategorie zu subsumieren, weshalb den Kategorien einzelne Indikatoren zugeordnet werden. Ein Beispiel. In einer Untersuchung wurde der Frage nachgegangen, welchen Stellenwert das Thema ,Kernkraft' in der deutschen Presse hatte. Es wurde von der Hypothese ausgegangen, daß vor der Energiekrise 1973 die Presseberichterstattung zu einem weiteren Ausbau der Kernenergie negativer war als nachher. Es wurde ein Zeitungskorpus aufgebaut, das nach einem Kategoriensystem untersucht wurde. Die Suchstrategie, nach der der Text abgesucht wurde, erfolgt auf der Ebene der definierten Kategorien. Die KATEGORIE ,Sicherheit von Kernkraftwerken' wird über die INDIKATOREN ,Sicherheit; technische Bewährung von Kernreaktoren; Harrisburg (Reaktorunfall); Fernüberwachung für Kernreaktoren; Sicherheit; Terror/Sabotage' operationalisiert. Für die Kodierung nach den Kategorien gibt es eine Anweisung und eine Kodiererschulung, bei der in einer Testphase verschiedene Kodierer den gleichen Text kodieren müssen. Über einen Reabilitätstest wird geprüft, ob die Kodierer annähernd gleich den Text kodiert haben, oder ob es starke Abweichungen gibt. Erst wenn sichergestellt ist, daß die Kodierleistungen homogen sind, wird die eigentliche Untersuchung vorgenommen. Die Vorgehensweise wie im Beispiel, wo nach inhaltlichen Gesichtspunkten ein Text auf der Folie eines Kategoriensystems analysiert wird, kann als inhaltlich-kategoriale Strukturierung begriffen werden. Ausgangspunkt dieser Methode ist die Zusammenfassung des Datenmaterials nach spezifischen Inhaltsbereichen und Kategorien. Demgegenüber sind formal solche Methoden, bei denen das Datenmaterial zerlegt, schematisiert und partialisiert wird wie bei Satz- und Bedeutungsanalysen. Einen besonderen Stellenwert hat die semantische Strukturierung, wo versucht wird, über semantische Netzwerke oder semantische Struktur- und Inhaltsanalysen den Aufbau eines Textes operationabel zu erfassen. Die elaborierteste Inhaltsanalyse dieser Art[1] ist die semantische Struktur- und Inhaltsanalyse (SSI) nach Früh (1993), die „die in den Texten zum Ausdruck gebrachten Bedeutungen und Bedeutungsbeziehungen aussersprachlicher Sachverhalte erfassen [soll]" (Früh 1993: 73). Die Texte werden in eine formale Metasprache kodiert, die dann weiter per EDV ausgewertet wird. Zusätzlich zur semantischen Bedeutungsstrukturen werden zusätzliche Bedeutungsebenen angenommen,

---

1 Ich beziehe mich hier nur auf inhaltsanalytische Modellierungen und nicht auf die wesentlich differenzierteren und linguistisch relevanteren Modelle im Rahmen der KI-Forschung und Computerlinguistik.

deren wechselseitiges Beziehungsgeflecht eine ‚Bedeutungspartitur'
konstituiert (vgl. Abb. 5-1).

	1. Bedeutungsebene (Struktur)	1. Bedeutungsebene (Semantik)	2. Bedeutungsebene				3. Bedeutungsebene				4. Bedeutungsebene			
TEXT	Strukturinformation/Funktion (Summe aller Informationen auf Begriffsebene)	Semantische Information (Summe aller Informationen auf Begriffsebene)	Strukturelle Information Summe der prop. Inform	Stil, formale Merkmale Summe der prop. Inform	Sprachpragmatische Information	Zusatzinformation/ Kommentare	Strukturelle Information Summe inform. Netz	Stil, formale Merkmale Summe inform. Netz	Sprachpragmatische Information	Zusatzinformation/ Kommentare	Struktur. Information (z.B. Umfang)	Stil, formale Merkmale (Textsorte etc.)	Sprachpragmatische Information	Zusatzinformation /Kommentare
NETZ	Strukturinformation/Funktion (Summe aller Informationen auf Begriffsebene)	Semantische Information (Summe aller Informationen auf Begriffsebene)	Strukturelle Information Summe der prop. Inform	Stil, formale Merkmale Summe der prop. Inform	Sprachpragmatische Information	Zusatzinformation/ Kommentare	Struktur. Information (z.B. Kohärenz)	Stil, formale Merkmale (Passiv etc.)	Sprachpragmatische Information	Zusatzinformation/ Kommentare				
PROPOSITION	Strukturinformation/Funktion (Summe der Informationen auf Begriffsebene)	Semantische Information (Summe der Informationen auf Begriffsebene)	Strukturelle Information (Teil e. Relation)	Stil, formale Merkmale (Passiv etc.)	Sprachpragmatische Information	Zusatzinformation/ Kommentare								
BEGRIFF	Strukturinf./Funktion (z. B. Akteur, Handlung)	Semantische Inform. (inhaltsanal.Kategorien)												

Abb. 5-1: *Textaufbau als Bedeutungspartitur* (aus Früh 1993: 80)

Auf der untersten Ebene werden Begriffe nach der semantischen Rolle
und der inhaltsanalytischen Kategorie (=Form) analysiert, z.B. ‚Peter'
als (Akteur, Peter) kodiert. Die semantischen Rollen basieren auf der
Kasusgrammatik von Fillmore (1968). Neben dem sog. ‚Argumentkon-

zept' besteht eine Proposition aus einem ‚Relationskonzept', wodurch Konnexionen zwischen den Argumenten des Prädikats und dem Prädikat sowie zwischen Propositionen untereinander ausgedrückt werden, wie z.B. disjunktive Relationen, wenn der Konnektor *oder* vorkommt. Auf den Ebenen der Proposition, der semantischen Vernetzung sowie des Textes können zusätzliche Informationen und Kommentare notiert und kodiert werden, die dann bei der Auswertung per Statistikprogramm ermittelt werden. Ziel der so durchgeführten Analyse ist die „Beschreibung und [der] Vergleich von Texten hinsichtlich Struktur und Inhalt, und zwar wahlweise unter dynamischen (Text als sukzessiver Aufbau mentaler Bedeutungsstrukturen) oder statischen (Text als Resultat einer Bedeutungs(re)konstruktion) Gesichtspunkten" (Früh 1993: 82).

Neben der inhaltlich-kategorialen und semantischen Strukturanalyse spielt noch die **skalierende Strukturierung** eine Rolle. Das Ziel dieser Art der Textbearbeitung ist die Einordnung von Sequenzen auf einer Skala, in der Regel einer Ordinalskala. Nehmen wir an, wir interessieren uns für die Forschungsfrage, ob sich die Berichterstattung in CDU-nahen Zeitungen und SPD-nahen Zeitungen in bezug auf die Bewertung der Antrittsrede des Bundespräsidenten Roman Herzog unterscheidet. Ein entsprechendes Zeitungskorpus soll analysiert werden, wobei Argumentationszusammenhänge nach expliziten und impliziten positiven bzw. negativen Bewertungen eingestuft werden. Hierfür wird eine 7punktige Ordinalskala angenommen, bei der explizite positive Stellungnahmen auf der Rangstufe 2, explizit negative auf der Rangstufe 6 eingeordnet werden. Neutrale explizite Argumente werden auf der Rangstufe 4 eingeordnet. Neben den expliziten Bewertungen interessieren auch implizite Bewertungen, die über Implikaturen, Ironisierungen, Umschreibungen und Bewertungen mittels Abtönungspartikeln ausgedrückt werden. Schwächen diese mehr oder weniger stark die positive oder negative Bewertung ab, so wird auf der Ordinalskala eine Rangstufe bzw. zwei Rangstufen von 2 bzw. 6 heruntergestuft. Bei einer Verstärkung der Bewertung wird entsprechend eine Rangstufe hochgestuft. Die Einordnung auf der Rangskala läßt sich schematisch (nach Früh 1991: 215) wie folgt darstellen (s. Abb. 5-2). Wenn die Zuordnung im gesamten Textkorpus erfolgt ist, läßt sich vergleichend prüfen (vgl. hierzu Kap. 4), ob in verschiedenen Zeitungen unterschiedliche Bewertungsmuster bestehen.

Das Grundproblem dieser Art der Analyse liegt in der Explikation latenter Sinnstrukturen. Die Analyse von Präsuppositionen und Implikaturen ist keineswegs einfach, und verschiedene linguistische Ansätze haben diese Analyse zum Gegenstand (s. Kap. 5.2.3).

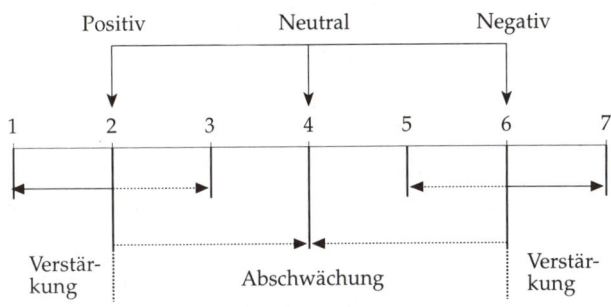

Abb. 5-2: *Ordinalskala zum inhaltsanalytischen Rating von Bewertungen*

Fassen wir zusammen: Die Inhaltsanalyse ist der Versuch, eine Methode zur Beschreibung inhaltlicher und formaler Merkmale von Texten bzw. Diskursen zu etablieren. Sie hat ihre breite Anwendung in der Kommunikationsforschung, der Psychologie und Soziologie gefunden. Aus sprachwissenschaftlicher Sicht muß festgestellt werden, daß bei der Inhaltsanalyse stark vereinfachend und eklektisch auf linguistische Konzepte und Analysemethoden zurückgegriffen wird.

5.2 Diskursanalyse

Die Diskursanalyse knüpft an die Sprechakttheorie von Austin (1972) und Searle (1983) an, bei der davon ausgegangen wird, daß „das Sprechen einer Sprache eine regelgeleitete Form des Verhaltens [ist]" (Searle 1983: 29). Die Diskursanalyse hat zum Gegenstand nicht allein Sprechakte mit ihren illokutionären und perlokutionären Funktionen, sondern Sprechhandlungen im interaktiv strukturierten Handlungsraum. Es wird davon ausgegangen, daß die Handlungsmöglichkeiten eines Individuums durch gesellschaftliche Strukturen bedingt sind. Die Diskursanalyse geht von einem teleologischen oder normativen Handlungsmodell aus, nach denen Handlungen in institutionellen Kontexten zweckgerichtet und/oder in bezug auf normative Kontexte vollzogen werden. Ein zentrales, die Diskursanalyse fundierendes Handlungsmodell, hat Rehbein (1977) vorgelegt, spezifische Analyseinstrumente Labov/Fanshel (1978).

Rehbein (1977) geht davon aus, daß sprachliches Handeln in Handlungsräume eingebettet ist. „Ein **Handlungsraum** (...) umfaßt ein spezifisches ausgrenzbares Ensemble von voraussetzenden Bestimmungen,

180   *,Qualitative' Analysen*

die durch die gesellschaftlichen Gesamtstrukturen auskristallisiert sind
und spezifisch in die Handlungen, die in dem betreffenden Handlungsraum stattfinden, eingehen" (Rehbein 1977: 12). Handlungsräume sind gesellschaftlich strukturierte Kontexte, in denen sprachliches
Handeln erfolgt, z.B. Einkaufen, eine Vorlesung halten, ein Essen be-
stellen etc. Das Sprechhandeln erfolgt auf einer **Haupthandlungslinie**,
auf der die Zwecke der Institution als komplexe verbale Aufgabe realisiert werden. Als gesellschaftliche Strukturen bilden sich Formen des
Handelns, von denen die Sprachteilnehmer Gebrauch machen, dadurch aus, daß Handlungen, wenn auch Veränderungen unterliegend,
sich immer wiederholen, also reflexiv und rekursiv sind. Diese Hand-
lungsstrukturen nennt Rehbein **Handlungsmuster**. „Handlungsmuster
sind komplex; das bedeutet, daß gesellschaftliches Handeln meist in
spezifischen Folgen von Handlungen realisiert wird und nicht aus
einer isolierten Einzelhandlung besteht" (Rehbein 1979: 16). So besteht
in abendländischen Gesellschaften das Handlungsmuster ‚Begrüßung'
aus normalerweise zwei Einzelhandlungen, nämlich der wechselseitigen Begrüßung. Solche sprachlichen Handlungen, die in Interaktions-
kontexte eingebettet sind, nennen wir **Sprechhandlungen**. Für Handlungsmuster ist zentral, daß diese eine Konfiguration aus aktionalen
und interaktionalen Handlungen sowie kognitiven Schemata sind, die
einem Sprecher in spezifischen Kontexten zur Verfügung stehen, um
einen Zweck zu realisieren. Um in einem Verkaufsgespräch einen
Kaufakt zu realisieren, muß man ein kognitives Schema dieses Handlungsmusters zur Verfügung haben und dieses in einer entsprechenden Situation realisieren. Die Realisierung des Handlungsmusters erfolgt wiederum durch einzelne Sprechhandlungen, denen konstitutive Regeln der Form „X gilt in einem Kontext Z als Y" (Searle 1983: 58)
zugrunde liegen. So gilt die Frage (X) in einer Prüfung seitens des
Prüfers/Sprechers (S) an den Prüfling/Hörer (H) im Kontext Prüfungssituation (Z) als Aufforderung zur Antwort (Y). Um das Ziel ‚Antwort
auf die ‚Prüfungsfrage' zu erreichen, bedient sich der Prüfer des
Äußerungstyps ‚Frage'. Dabei gelten im institutionellen Kontext ‚Prü-
fungsgespräch' folgende Bedingungen:
(1) S ist in der Rolle des Prüfers.
(2) H ist in der Rolle des Prüflings.
(3) S gibt vor, bezüglich des Sachverhalts SV eine Wissenslücke p zu
haben.
(4) S nimmt an, daß H über das Wissen von p verfügt oder nicht verfügt.
(5) S hat das Recht und die Pflicht, H zu einer Handlung über p aufzufordern.
(6) S verwendet unter syntaktisch-semantischem Aspekt eine geeignete
Äußerungsform (Fragesatz, Aussagesatz mit Frageintonation etc.).

(7) Wenn H S in der Situation Z korrekt interpretiert, hat H die Pflicht, eine Handlung H über p in einer geeigneten und angemessenen Äußerungsform zu tun.

Unabhängig von den situationsspezifischen Handlungsbedingungen läßt sich ein Austauschschema in bezug auf die Handlungs- und Äußerungsstrukturen zwischen Sprecher und Hörer aufstellen (vgl. hierzu Abb. 5-3).

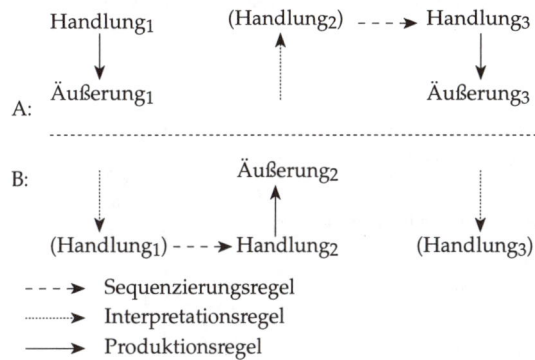

$--\rightarrow$ Sequenzierungsregel

$\cdots\cdots\rightarrow$ Interpretationsregel

$\longrightarrow$ Produktionsregel

Abb. 5-3: *Handlungs- und Äußerungsstrukturen im Interaktionszusammenhang* (nach Labov 1972: 254)

Das Schema in Abb. 5-3 ist so zu lesen, daß Sprecher A die Absicht hat, eine Handlung H_1 auszuführen; er tut dies mittels einer Produktionsregel durch die Äußerung U_1. Sprecher B wendet die entsprechende Interpretationsregel an, um U_1 als A's Handlung zu interpretieren. Darauf folgt eine sequenzbildende Regel, um eine reaktive Handlung A_2 zu entscheiden. Dann kodiert Sprecher B A_2 durch eine Produktionsregel zur Äußerung U_2, die wiederum von Sprecher A interpretiert wird. Dieses wiederholt sich rekursiv im Interaktionsprozeß.

Die Diskursanalyse hat nun zum Gegenstand, die Rahmenstrukturen und Einzelhandlungen, die Handlungsmuster und Sprechhandlungen in spezifischen Kontexten auf der Folie komplexer Interaktionsprozesse zu analysieren. Dabei sind drei Analyseschritte notwendig:

(1) Den Ausgangspunkt bildet das, was gesagt wird;

(2) unter Einbeziehung des sprachlichen und außersprachlichen Kontextes wird rekonstruiert, was mit dem, was gesagt wird, gemeint ist;

(3) die kommunikative Funktion des Gemeinten wird bestimmt, d.h. das, was mit dem Gemeinten getan wird (vgl. Labov/Fanshel 1978: 68f.).

5.2.1 Sprechhandlungsanalyse

Die Diskursanalyse von Sprechhandlungen und Handlungsmustern soll im folgenden an einem Verkaufsgespräch exemplifiziert werden. Es handelt sich hierbei um die Analyse eines Verkaufsgesprächs, das in einem kleinen Tante-Emma-Laden erhoben wurde, in dem Obst und Gemüse verkauft wird (Schlobinski 1982). [K = Kundin, V = Obstverkäufer und v = Gemüseverkäuferin, Ehefrau von V, C = weiterer Kunde]

```
 1  K:   guten tag.
 2  v:   tag. (7.0)
 3       was darf's sein?
 4  K:   ich möchte hier (.) ran ((zeigt zum Obst/lacht)) (12.0)
 5  V:   hmhm (.) wat darf's sein?
 6  K:   hiervon hätt ich (   ) was (2.0)
 7  V:   ja
 8       dit sind (.) einsfünfundzwanzich.
 9  K:   ja (  )
10  V:   bitte?
11  K:   die auch noch.
12  V:   die auch noch.
13       ((Poltern)) (2.0) bomms 'ne tüte (.)
14       dit is ja spannend wat da se
15  K:   wat kost'n die weintrauben heute?
16  V:   die? drei mark fuffzich.
17       das sind zweisechzich.
18  K:   geben sie mir bitte eine schöne traube!
19  V:   die schönste bitte. (3.0)
20  v:   für mein' lieben kleinen enkel
21  V:   für mein' lieben kleinen enkel darf nüscht
22       teuer genug sein. (2.0) so. (15.0)
23  K:   hmhm=
24  V:   =so. (5.0)
25       reicht? oder nehm'wa diese ja?
26  K:                      diese ja
27  V:   hmjanz schön teuer oma zu sein wa?
28  K:   ((lacht))
29  V:   dreifünfzich (.) vierzwanzich (.)
30       außerdem?
31  C:   guten morgen.
32  V:   freundlichen guten morgen.
33  K:   vier äpfel bitte.
34  V:   mhm
35       na woll'n wa ma da (3.0) so. (.)
36  K:   granny ja↑
37  V:   ja
38       vierzwanzich und zwo-sechzich und dit stimmt.
39       (5.0) fünfe (3.0) bomms. dit sind einsfuffzich (.)
40       eins-fünf-fuffzich. danke schön.
41  K:   dit wär's herr müller!
```

```
42  V:  dit jenücht. fünfe fuffzehn (.) acht-achtfünfundfuffzich
43      ((packt die waren ein)) schön verkauft (.) sie sind schuld.
44      achtfünfundfuffzich achtfünfundfuffzich. dit sind neun mark
45      zehn dreißich vierzich fuffzich. achtfünfundfuffzich. dit sind
46      neun und 'n danke. danke vielmals.
47  K:  danke auch danke auch.
48  V:  ja. (2.0)
49  K:  wiedersehen.
50  V:  tschüß. danke.
```

Den Dreh- und Angelpunkt des Verkaufsgesprächs bildet das Handlungsmuster ‚Kaufakt', das rekursiv angewandt wird und das als zentrale aktionale Einheit den konstitutiven Baustein der Haupthandlungslinie bildet. Der Kaufakt wird eingeleitet durch die Äußerung des Kaufwunsches und geschlossen durch die Erfüllung des Kaufwunsches und/oder die Berechnung der Ware. Die Äußerung des Kaufwunsches ist die den Kaufakt initiierende Sequenz, die als Handlungsanweisung für und durch den Verkäufer interpretiert wird. Die Struktur der Aufforderung im Rahmen zweckorientierten Handelns läßt sich hier anwenden (vgl. Abb. 5-4).

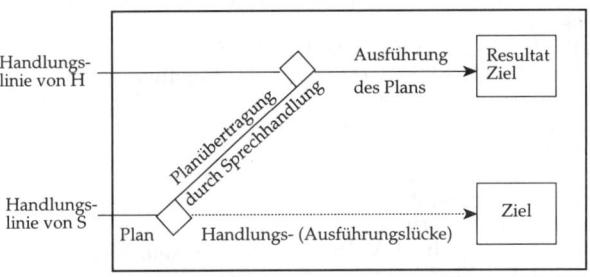

Abb. 5-4: *Situationsdiagramm für die Aufforderung* (nach Rehbein 1977: 337)

Im Rahmen des institutionellen Zusammenhangs ‚Verkaufssituation' befindet sich der Sprecher (Kunde) in der Situation, in der er über den Plan zu einer Handlung verfügt, aber nicht in der Lage ist, diesen Plan selbst auszuführen (wie hingegen im Supermarkt). Zwischen seinem Ziel, die Ware in Besitz zu nehmen und seinem Handlungspunkt auf der Handlungslinie vor Äußerung des Kaufwunsches, ist eine ‚Ausführungslücke'. Der Verkäufer ist in der Lage, diese Handlung auszuführen, denn er verfügt über die für den Kauf-Verkauf notwendigen Waren; ohne ihn kann die geplante Handlung nicht ausgeführt werden. Der Austausch kann nur stattfinden, wenn die Interaktionspartner gesellschaftlich kooperieren. Durch die Äußerung des Kaufwun-

sches seitens des Käufers übermittelt dieser seinen Plan an den Verkäufer, wobei dies als Aufforderung verstanden wird, die Ausführung
des Planes zu realisieren. Die Aufforderung an den Verkäufer erhält
ein informatives Element, „durch das der Plan mitgeteilt wird: dieses
Element entspricht dem propositionalen Gehalt der Aufforderung. Je
nachdem, wieviel an gemeinsamem Wissen in der Situation des gemeinsamen Handelns enthalten ist, braucht S (der Sprecher, d. Verf.)
nur einen bestimmten Gegenstand zu benennen (z.B. drei Zitronen, d.
Verf) oder auch nur auf ihn zu zeigen, um damit bereits den gesamten
Plan, nämlich die Handlung, die mit dem Gegenstand durch H (den
Hörer, d.Verf.) ausgeführt werden soll, an H zu transferieren" (Rehbein 1977: 338). Auf der Hörerseite wird durch die Aufforderungshandlung ein kognitiver Prozeß angesprochen, und die Aufforderung umgesetzt, wenn der Hörer in der Lage und motiviert ist, den Plan zu
übernehmen. Das obige Diagramm läßt sich nun wie folgt konkretisie-
ren:

VORBEDINGUNGEN
1. V(erkäufer) und K(äufer) befinden sich im Handlungssystem
‚Kaufladen', in dem ein gesellschaftliches Verhältnis der Koopera-
tion besteht.
2. K, der eine Ware kaufen will, hat Plan für V.
3. K kann die Handlung nicht ausführen (Handlungslücke).
4. V ist in der Lage, die Handlungs X zu tun; er verfügt über die für
den Kauf-Verkauf notwendigen Waren.
AUFFORDERUNGSHANDLUNG
1. Äußerungsakt: Planübertragung von K an V
2. V übernimmt den Plan
FOLGE DER AUFFORDERUNGSHANDLUNG
1. Planausführung durch V: Durchführen des Kaufaktes
2. Resultat: Der Kaufakt ist +/−ausgeführt

Abb. 5-6: *Aufforderungshandlung im Kaufakt*

Die Äußerungssequenz, durch die als Aufforderung der Kaufakt initiiert wird, läßt sich als eine **Sprechhandlungsregel** (SPR) formulieren, bei
der die interaktive Dimension mitberücksichtigt ist und das gemeinsam geteilte Wissen zwischen V und K (Labov/Fanshel 1978). Wir
wollen im folgenden die zentralen Sprechhandlungsregeln geben und
am Beispiel anwenden. Zunächst die einzelnen Sprechhandlungsregeln, die für das Handlungsmuster ‚Kaufakt' obligatorisch oder fakultativ konstitutiv sind:

SPR-1 für die direkte Aufforderung zur Durchführung des Kaufaktes:
Wenn K V zum Zeitpunkt t_j durch eine Äußerung U zum Vollzug des Kaufaktes durch Erfüllung des Kaufwunsches (X) auffordert, und V glaubt, daß K glaubt, daß
1. a) X getan werden muß
   b) V X ohne Aufforderung nicht tun würde
2. V fähig ist, X zu tun
3. V die Verpflichtung hat, X zu tun
4. K das Recht hat, V aufzufordern, X zu tun,
dann wird K's Äußerung als eine gültige Aufforderung zur Durchführung des Kaufaktes verstanden.

SPR-1' für die indirekte Aufforderung zur Durchführung des Kaufaktes:
Wenn K V um eine Information bittet oder V gegenüber eine Feststellung trifft über
1. den Stand der von V auszuführenden Handlung X
2. die Folgen, die Handlung nicht auszuführen
3. den Zeitpunkt t_i, zu dem die Handlung X durch V ausgeführt sein kann
4. irgendeine der Bedingungen für eine gültige Aufforderung zu X, wie sie in SPR-1 formuliert sind, in die übrigen Bedingungen wirksam sind, dann wird K's Äußerung von V als eine gültige Aufforderung zur Handlung X verstanden.

SPR-2 zur Ratifizierung der Aufforderungshandlung:
Wenn V gegenüber K eine Äußerung U zum Zeitpunkt t_j macht, und K glaubt, daß V glaubt, daß Konsens über die auszuführende Handlung X besteht, so wird V's Äußerung als gültige Ratifizierung der auszuführenden Handlung X verstanden.

SPR-3 zur Beendigung des Kaufaktes:
Wenn V K gegenüber zum Zeitpunkt t_k eine Äußerung U macht über
1. den Preis des Gegenstandes der Handlung X oder
2. die Summierung der Preise der Objekte der Handlungen X, dann wird V's Äußerung als eine gültige Beendigung des Kaufaktes verstanden.

Für das Handlungsmuster Kaufakt sind die Sprechhandlungsregeln 1 und 1' obligatorisch konstitutiv. Mit einer starken Präferenz erfolgt als direkte Anschlußhandlung die Ratifizierung der vorangehenden Sprechhandlung, wodurch das Äußern des Kaufwunsches und die Übernahme des Planes bestätigt wird. Nach der Durchführung des Planes seitens des Verkäufers schließt dieser häufig den Kaufakt da-

durch, daß er den Preis der Ware nennt. In seiner Grundstruktur besteht der Kaufakt aus folgenden (Sprech)handlungen:
1. obligatorisch SPR-1 oder SPR-1' als Handlungsaufforderung,
2. präferiert-fakultativ SPR-2 zur Ratifizierung,
3. Handlungsausführung,
4. fakultativ SPR-3 und Schließen des Kaufaktes.

Wie das Beispiel zeigt, können die sprachlichen Realisierungen der Sprechhandlungen recht unterschiedlich sein, z.B.:

SPRECHHANDLUNG	ÄUSSERUNG
SPR-1	geben sie mir bitte eine schöne traube (18)
	hiervon hätt ich ( ) was (6)
	vier äpfel bitte (33)
SPR-2	mhm (34)
	ja (7)
	die schönste bitte (19)

Die Interpretation der Sprechhandlungsregeln basiert auf dem Zusammenspiel zwischen den lexikalischen Elementen, der Äußerungsbedeutung und dem situativen Kontext, wobei gilt, daß die Kontextbedingungen um so wichtiger werden, je weniger spezifiziert die Äußerungsbedeutung aufgrund der lexikalischen Einheiten ist. Allein die Nennung des Objektes oder gar das Zeigen auf ein Objekt reicht aus, um den Effekt der Handlungsausführung zu erreichen.

Das Verkaufsgespräch besteht in seiner minimalsten Form aus dem Kaufakt mit der Sprechhandlung SPR-1. Wie wir gesehen haben, ist aber der Kaufakt normalerweise insbesondere um die Sprechhandlung SPR-2 erweitert. Zudem hat ein Verkaufsgespräch noch weitere konstitutive Handlungsmuster:
1. die eigentliche Kaufhandlung wird umrahmt von der gegenseitigen Begrüßung und Verabschiedung zwischen K und V;
2. dem Kaufakt, der rekursiv angewandt werden kann, folgt ein Zahlakt (Z 42f.), durch den die Kaufhandlung abgeschlossen wird und
3. steht nach dem Kaufakt / den Kaufakten das Dankritual seitens der Verkäufers (und Käufers), häufig parallel mit der Verabschiedung, also ebenfalls den Handlungsrahmen schließend (vgl. Abb. 5-6).

Das Schema Aufforderungshandlung – Ratifizierung tritt als solches nur dann auf, wenn das Kauf-Verhältnis abgesichert und geregelt ist. Wenn aber der Verkäufer um Spezifizierung der Proposition der Aufforderung bittet, dann wird das Handlungsschema erweitert um die Sprechhandlungen ,Bitte um Information' und ,Erfüllung der Bitte um Information (s. SPR-4 und SPR-5).

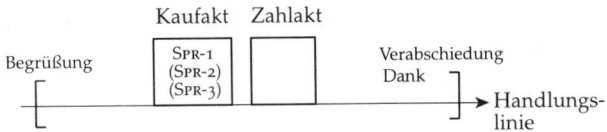

Abb. 5-6: *Handlungsgerüst eines Verkaufsgesprächs*

Spr-4: Bitte um Information:
Wenn V(K) K (V) gegenüber eine Äußerung macht, und K(V) glaubt,
daß
1. V (K) über I verfügt
2. K (V) nicht über I verfügt
dann wird V's (K's) Äußerung als eine gültige Bitte um Information
verstanden.

Spr-5: Erfüllung der Bitte um Information:
Wenn V (K) eine Äußerung macht, mit der er einer Bitte um Information (Spr-4) nachkommt, und K (V) glaubt, dann über I zu verfügen, so wird V's (K's) Äußerung als eine gültige Erfüllung der Bitte um
Information verstanden.

Spr-4 und Spr-5 treten in der Regel in Form eines Frage-Antwort-
Schemas auf, das mit dem Schema Aufforderungshandlung – Ratifizierung direkt in Verbindung stehen kann (Z 9-12; Z 15/16, 18/19) oder
durch längere Expansionen von diesem getrennt ist (Z 24/25). Insofern
der Informationsaustausch auf die Kaufhandlung bezogen ist, gehören
Spr-4 und Spr-5 direkt zum Handlungsmuster ‚Kaufakt' dazu. In
vielen Fällen kann der der Aufforderungshandlung vorausgehende
Informationsaustausch als eine Verhandlungsphase begriffen werden,
ohne den es nicht zur Aufforderungshandlung kommen kann, wobei
die Aufforderungshandlung abhängig vom Resultat des Informations-
austausches ist.
     Nach dem zweiten Kaufakt kann der Handlungsaufforderung (Spr-
1) eine Aufforderung seitens des Verkäufers zur Fortführung der eigentlichen Kaufhandlung erfolgen (Z 30). Hierdurch wird der Kaufakt
initiiert. Es läßt sich folgende Sprechhandlungsregel aufstellen (Spr-6).

Spr-6: Regel zur Fortführung des Verkaufsgesprächs
Wenn V K gegenüber zum Zeitpunkt t_l eine Äußerung U macht, und
K glaubt, daß V glaubt, daß
1. zur Handlung X (durch Spr-1) aufgefordert werden muß
2. K fähig ist, zur Handlung X aufzufordern
3. K die Verpflichtung hat, zur Handlung X aufzufordern

4. V die Präferenz hat, K aufzufordern, seinerseits V zur Handlung X aufzufordern,
dann wird V's Äußerung als eine gültige Aufforderung zur Fortführung des Verkaufsgesprächs verstanden.

SPR-7: Regel zur Einleitung des Verkaufsgesprächs
Wenn V K gegenüber zum Zeitpunkt t_h (vor t_i und der ersten SPR-1) eine Äußerung U macht, und K glaubt, daß V glaubt, daß
1. zur Handlung X (durch SPR-1) aufgefordert werden muß
2. K fähig ist, zur Handlung X aufzufordern
3. K die Verpflichtung hat, zur Handlung X aufzufordern
4. V die Präferenz hat, K aufzufordern, seinerseits V zur Handlung X aufzufordern,
dann wird V's Äußerung als eine gültige Aufforderung zur Einleitung des Verkaufsgesprächs verstanden.

Die Realisierung der Sprechhandlungsregel SPR-6 erfolgt häufig durch *außerdem. außerdem* impliziert, daß schon mindestens ein Kaufakt vollzogen wurde. Damit hat das Pronomen eine refokussierende Funktion und bildet eine ,Brücke' zwischen dem vorausgegangenen Kaufakt und dem möglichen folgenden, der dann entweder realisiert wird, oder das Verkaufsgespräch wird abgebrochen (Z 41). SPR-6 hat eine ähnliche Funktion wie die Einleitung des Verkaufsgesprächs (SPR-7, Z 3), ist aber 1. im Gegensatz zur jenen rekursiv anwendbar, ist 2. mit ihr nicht permutierbar und ist 3. sprachlich deutlich reduzierter. SPR-7 konstituiert eine Initiierungsphase und ist häufig durch eine explizite Frage (Z 3) oder durch Anredeformen (z.B. *Der Herr bittschön* oder *Liebe Frau Meier*).

Der Initiierung des Verkaufsgesprächs seitens des Verkäufers steht die Beendigung desselben durch den Kunden gegenüber (*dit wär's herr müller!* Z 41). Hierfür läßt sich folgende Sprechhandlungsregel SPR-8 formulieren.

SPR-8 für die Aufforderung zur Beendigung des Verkaufsgesprächs
Wenn K V gegenüber zum Zeitpunkt t_m eine Äußerung U macht, und V glaubt, daß K glaubt, daß keine weitere Kaufhandlung vollzogen werden soll, und alle anderen Bedingungen der Aufforderung (vgl. SPR-1) erfüllt sind, dann wird K's Äußerung als gültige Aufforderung zur Beendigung des Verkaufsgesprächs verstanden.

Die Handlungslinie des Verkaufsgesprächs mit seinen Handlungsmustern und Sprechhandlungen läßt sich am Beispiel wie folgt darstellen (Abb. 5-7). [B = Begrüßung, V = Verabschiedung, D = Dank, IP = Initiierungsphase, KA = Kaufakt, ZA = Zahlakt]

B		1 K: guten tag. 2 v: tag. (7.0)
IP	SPR-7	3 was darf's sein?
		4 K: ich möchte hier (.) ran ((zeigt zum Obst/lacht)) (12.0)
	SPR-7	5 V: hmhm (.) wat darf's sein?
KA₁	SPR-1	6 K: hiervon hätt ich ( ) was (2.0)
	SPR-2	7 V: ja
	SPR-3	8 dit sind (.) einsfünfundzwanzich.
KA₂	SPR-1	9 K: ja ( )
	SPR-4	10 V: bitte?
	SPR-1,5	11 K: die auch noch.
	SPR-2	12 V: die auch noch.
		13 ((Poltern)) (2.0) bomms 'ne tüte (.)
		14 dit is ja spannend wat da se
	SPR-4	15 K: wat kost'n die weintrauben heute?
	SPR-5	16 V: die? drei mark fuffzich.
	SPR-3	17 das sind zweisechzich.
KA₃	SPR-1	18 K: geben sie mir bitte eine schöne traube!
	SPR-2	19 V: die schönste bitte. (3.0)
		20 v: für mein' lieben kleinen enkel
		21 V: für mein' lieben kleinen enkel darf nüscht
		22 teuer genug sein. (2.0) so. (15.0)
		23 K: hmhm=
		24 V: =so. (5.0)
	SPR-4	25 reicht? oder nehm' wa diese ja?
	SPR-5	26 K: diese ja
		27 V: hmjanz schön teuer oma zu sein wa?
		28 K: ((lacht))
	SPR-3	29 V: dreifünfzich (.) vierzwanzich (.)
IP	SPR-6	30 außerdem?
B		31 C: guten morgen.
		32 V: freundlichen guten morgen.
KA₄	SPR-1	33 K: vier äpfel bitte.
	SPR-2	34 V: mhm
		35 na woll'n wa ma da (3.0) so. (.)
		36 K: granny ja↑
		37 V: ja
	SPR-3	38 vierzwanzich und zwo-sechzich und dit stimmt.
		39 (5.0) fünfe (3.0) bomms. dit sind einsfuffzich (.)
		40 eins-fünf-fuffzich. danke schön.
ZA	SPR-8	41 K: dit wär's herr müller!
		42 V: dit jenücht. fünfe fuffzehn (.) acht-achtfünfundfuffzich
		43 ((packt die waren ein)) schön verkauft (.) sie sind schuld.
		44 achtfünfundfuffzich achtfünfundfuffzich. dit sind neun mark
		45 zehn dreißich vierzich fuffzich. achtfünfundfuffzich. dit sind
D		46 neun und 'n danke. danke vielmals.
		47 K: danke auch danke auch.
		48 V: ja. (2.0)
V		49 K: wiedersehen.
		50 V: tschüß. danke.

Abb. 5-7: *Handlungsmuster und Sprechhandlungsregeln beim Verkaufsgespräch*

Es lassen sich noch weitere Sprechhandlungsregeln formulieren, allerdings sind einzelne Äußerungen wie z.B. in Zeile 23 nur schwer als explizite Sprechhandlungsregel zu fassen. Hier bietet die Konversationsanalyse Lösungsansätze (Kap. 5.3), indem die speziellen Gesprächsfunktionen von Äußerungen zum Gegenstand der Analyse gemacht werden.

5.2.2 Propositionale Analyse und Implikaturen

Eine propositionale Analyse, bei der ein Text, ein Diskurssegment zunächst in Propositionen zerlegt und anschließend ein Zusammenhang zwischen den Propositionen hergestellt wird, wollen wir am Beispiel einer Argumentationsanalyse vornehmen. Argumentieren als eine sprachliche Handlung spielt insbesondere im wissenschaftlichen Diskurs eine Rolle. Ausgangspunkt einer Argumentation ist eine strittige Frage (Quaestio), die es zu lösen gilt. Die Lösung der Quaestio (Q) erfolgt über die Abfolge von Aussagen (α_i), wobei der Prozeß des Argumentierens

– von einem oder mehreren Sprechern erfolgen kann (monologisch versus dialogisch; individuell versus kollektiv),

– kooperativ oder antagonistisch erfolgen kann, je nachdem, ob die Teilnehmer dieselbe Auffassung vertreten oder nicht,

– in formellen oder informellen Kontexten erfolgen kann (z. B. Gerichtsverhandlung versus Stammtisch).

Die lineare Abfolge der einzelnen Argumente ist nicht zwingend geordnet, und es sind verschiedene Abfolgen denkbar, je nachdem, welcher Argumentationsweg (Lösungsweg) eingeschlagen wird. Argumentieren kann als eine Lösungsstrategie auf eine strittige Frage begriffen werden, bei der ein möglicher Lösungsweg sukzessive im Interaktionsprozeß entwickelt wird (vgl. Abb. 5-8).

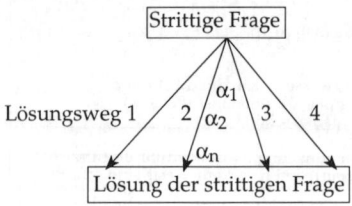

Abb. 5-8: *Argumentation als Lösungsstrategie*

Die Lösungsstrategie ist dadurch gekennzeichnet, daß in einer Argumentation versucht wird, „mit Hilfe des kollektiv Geltenden etwas kollektiv Fragliches in etwas kollektiv Geltendes zu überführen" (Klein 1980: 19). Kollektiv geltende Aussagen sind nach Klein (ibid., S. 18) solche, die für bestimmte Personen zu einem bestimmten Zeitpunkt gelten, also nicht fraglich sind (Näheres hierzu u.). Das, was kollektiv gilt, ist für verschiedene Gruppen von Menschen sehr verschieden, tritt explizit oder auch nur implizit zutage und kann sich im Laufe einer Argumention verändern. Für gläubige Katholiken gilt das, was der Papst vertritt, als wahr und damit als verbindlich, während für

Atheisten die Meinung des Papstes keine Geltung besitzen mag. Nun kann es durchaus sein, daß ein Atheist im Laufe eines Gesprächs von der Existenz Gottes überzeugt wird, und zitierte Aussagen des Papstes für ihn nunmehr als geltend anerkannt werden. Wenn man sich Argumentationen näher ansieht, so fällt auf, daß Argumentationsschemata recht chaotisch verlaufen können und daß Sprecher alle möglichen rhetorischen Tricks gebrauchen, um ihrer Argumentation eine bestimmte Gewichtung zu geben. Sehen wir uns zunächst ein konkretes Beispiel an. Es handelt sich um die literarische Verschriftung einer Diskussion im Rahmen eines Gremiengesprächs, bei der es um die Stellenausschreibung für eine C4-Professur geht.

A: Ich habe mich davon überzeugt, daß diese Texte tatsächlich ausgelegen haben äh ich lese lese sie am besten dann mal eben vor. Der Vorschlag von Frau L. lautet: Fachgebiet ältere deutsche Sprache und Literatur, Aufgabengebiet Forschung und Lehre auf dem Gebiet der älteren Sprache und Literatur unter besonderer Berücksichtigung von Textdefinition und Textüberlieferung (2.0). Zweiter Vorschlag von Herrn T.: Fachgebiet, das ist gleich ältere deutsche Literatur und Sprache, Verzeihung, die Reihenfolge ist anders, müßte besonders ausgesprochen werden. Ältere Literatur und Sprache, Aufgabengebiet Forschung und Lehre auf dem Gebiet der deutschen Literatur des 16.–12. Jahrhunderts. (1.0) Dazu Wortmeldungen? (2.0) Herr B.

1 **B:** Ja äh ich mein, das war ja relativ kurzfristig ähm daß diese Vorschläge
2 ähm und ich habe einfach mal beide Revue passieren lassen und auch nochmal
3 Rücksprache mit Kollegen genommen äh uns schienen beide und zwar aus ganz
4 verschiedenen Gründen äh nicht ganz optimal zu sein. Äh ich nehme mal zuerst
5 den von Frau L. äh die Gesichtspunkte, die also unter diesen erwünschten
6 Themen stehen äh scheinen <u>mir</u> im Hinblick auf den Stellentypus, um den es
7 geht, eine Zentralstelle, zu eng zu sein. Also äh ich würde auch davon
8 ausgehen, daß eigentlich jeder Altgermanist hier also Hochschullehrer eben
9 dann eigentlich das ohnehin zu seinen entscheidenden Aufgaben mit sieht, denn
10 das ist, wenn man die Tradition der Disziplin und der Germanistik oder der
11 Altgermanistik sieht und wo die herkommen äh ist das philologische Geschäft
12 ( ) und des Schreibers der Überlieferung eines der zentralsten Themen und so
13 zentral, daß sie für mich einfach unverzichtbar sind bei jedem, sie scheinen <u>mir</u>,
14 wenn sie ausdrücklich hier formuliert werden als erwünschtes Kriterium in
15 bezug auf den Stellentyp angesichts auch dieser Überlegung zu eng zu sein und
16 deswegen äh nicht glücklich. Äh der andere, das andere Zusatzkriterium, das
17 genannt wird, scheint mir jetzt aus der umgekehrten Überlegung heraus nicht
18 glücklich zu sein, denn ich gehe einmal davon aus, daß äh dieses Kriterium ja
19 einerseits die Einschätzung, die Selbsteinschätzung der möglichen Kandidaten
20 etwas steuern soll und zweitens <u>auch</u> der Kommission ein ganz klein wenig die
21 Arbeit eigentlich erleichtern soll. Es sollte als ein Differenzkriterium
22 eingeführt werden über dieses Zusatzmoment und das scheint mir nun äh bei äh
23 dieser oder bei diesem Vorschlag, den Herr T. eingebracht hat, überhaupt
24 nicht gegeben, denn ich würde davon ausgehen, daß jeder Altgermanist, der bis
25 zur Habilitation gekommen ist bzw. äquivalente Leistungen vorgelegt hat, äh
26 sich immer auch und zwar <u>entschieden</u> genau in diesem Bereich des 12.–16.
27 Jahrhunderts getummelt hat. Ich kenne keinen und ich glaube, man wird auch
28 keinen finden, der sich ausschließlich in dem Zeitraum, der hier ausgespart,

30 nämlich das 9. bis einschließlich 11. Jahrhundert äh sich ausschließlich dort
31 aufgehalten hat. Also ist mit diesem Zusatzkriterium überhaupt nichts
32 gewonnen. Es wird lediglich beschrieben eigentlich, nach meiner Einschätzung
33 äh der Bereich, auf dem sich hier üblicherweise die meisten in Lehre und
34 Forschung bewegen am Fachbereich. Äh das ist also überhaupt keine Einengung
35 so äh formuliert in einem Ausschreibungstext, meine ich, grenzt leicht ans
36 Groteske. Dann wäre mein Vorschlag, man sollte auf ein Zusatzkriterium
37 überhaupt verzichten ( ). Dann lieber gleich ohne eindeutiges Zusatzkriterium.
38 Ich muß auch sagen, genau diese äh dieser Versuch, zeitlich sozusagen etwas
39 vorwegzunehmen, mir äh überhaupt nicht einleuchtet, denn wenn ich mal
40 davon ausgehe äh, was hier bereits gut abgedeckt ist, dann ist das eben dieser
41 Bereich des 12.–16. Jahrhunderts. Ich sagte es schon, da tummelt sich eigentlich
42 alles.
43 C: Alles tummelt sich da.
44 A: Hier am Fachbereich? Das würde ich nicht sagen. Ich mein, das müssen wir
45 wir uns vielleicht überlegen, ob wir da nicht doch etwas finden. Äh hm und es
46 wäre dann
47 B: gerade sinnvoll, sich zu überlegen, ob man nicht doch äh hm jedenfalls
48 zuläßt, daß auch jemand, der außer äh hm bedeutenden wissenschaftlichen
49 Leistungen äh in dem Zeitraum 12.–16. Jahrhundert auch äh im 11. oder im 9.
50 Jahrhundert etwas gemacht hat, nicht auch äh dann zum Zuge kommen sollte,
51 aber warum sollte der gerade ausgeschlossen werden, zumal das hier ( ) also
52 nicht sehr äh gut bedacht wird im Lehr- und Forschungsangebot. Ich finde,
53 gerade die Anfänge der mittelhochdeutschen Literatur (...). Vor allem der
54 geistliche Sektor ist nicht sehr üppig bei uns in der Literatur. Deswegen würde
55 mir von der Sache nicht einleuchten, daß gerade ( ) braucht. Aber ich find ihn
56 auch rein optisch nicht gut äh diesen Zusatz. Äh, wenn uns hier nichts einfällt,
57 dann würde ich hier dafür plädieren ( ). Dann lassen wir ein Zusatzkriterium
58 überhaupt. Äh – umgekehrt will äh noch mal anregen zu überlegen, ob es
59 nicht Aspekte gibt, die auf die wir uns selber verpflichtet haben. Deswegen
60 gucke ich gerade noch mal nach äh in der verabschiedeten (Text) das würde
61 zunächst mal die Prüfungsordnung Staatsexamen und die darauf aufbauende
62 Studienordnung sein, ob es nicht Aspekte gibt äh, die von uns ausgeprägt nicht
63 bedacht sind äh da müßten wir vielleicht gemeinsam mal durchgehen, ob uns
64 da Zusatzkriterien einfallen...

Die Quaestio, die von A formuliert wird, lautet: ,Soll der Vorschlag
von Frau L. oder von Herrn T. angenommen werden?'. Um Argumente in bezug auf die Quaestio entwickeln zu können, müssen Hypothesen gebildet werden. Eine Ausgangshypothese H_0 könnte lauten
,Der Vorschlag von Frau L. soll angenommen werden', die Gegenhypothese H_1 lautet dann ,Der Vorschlag von Herrn T. soll angenommen werden'. Argumente werden entwickelt in bezug auf Hypothesen auf
der Folie der strittigen Frage. Sprecher B, der sich als erster das Rederecht nimmt, formuliert nun eine dritte Hypothese, die die Quaestio
verschiebt. B ist der Meinung H_2: ,Beide Vorschläge von Frau L. und
Herrn T. „sind nicht optimal"'. Damit verschiebt sich die Quaestio Q
zu der Quaestio Q' ,Sind die Vorschläge von Frau L. und von Herrn T.
überhaupt annehmbar?'. B stellt in bezug auf Q' die Hypothese H_3 auf,

daß beide Vorschläge nicht annehmbar sind, wobei B im folgenden H_3 differenziert in H_{3a} ‚Der Vorschlag von Frau L. kann nicht angenommen werden' und H_{3b} ‚Der Vorschlag von Herrn T. kann nicht angenommen werden'. Es folgt dann entlang der Zeitachse eine Reihe von Aussagen in bezug auf H_{3a} und H_{3b}.

Neben der Verschiebung der Quaestio wie im vorliegenden Fall ($Q \rightarrow Q'$) ist auch die Auflösung einer Quaestio denkbar ($Q \rightarrow \emptyset$). So könnte im Beispiel vielleicht eingewendet werden, daß die Texte der Stellenausschreibung aus juristischen Gründen nicht Diskussionsgegenstand des Gremiums sein dürfen und von daher überhaupt nicht über die Texte befunden werden kann.

Das eigentliche Argument kann nun hinsichtlich seines argumentationslogischen Zusammenhangs analysiert werden und danach, wie das Argument konkret entwickelt wird, welche sprachlichen Mittel ein Sprecher bei der Argumentation gebraucht. Der Stil, wie ein Sprecher argumentiert, läßt sich als das rhetorische Register eines Sprechers beschreiben. Im vorliegenden Fall gebraucht Sprecher B u.a. den Konjunktiv bzw. Konkurrenzformen (Z7), Abtönungspartikeln und abschwächende Adjektive (Z20-21), Euphemismen (Z16) um seinen Aussagen ein bestimmtes Gewicht zu geben. Auf die stilistischen Aspekte wollen wir nicht weiter eingehen (vgl. Sandig 1978, 1986), sondern wir wollen uns im folgenden mit dem logischen Aufbau eines Arguments befassen. Argumente sind abstrakte Strukturen, in denen Aussagen über Abhängigkeitsrelationen verkettet sind, wobei die lineare Abfolge der Aussagen im Diskurs keine Rolle spielt. Ein Argument $\mathfrak{A}$ in seiner abstrakten Strukturierung kann als ein Baum betrachtet werden, der aus einzelnen Aussagen α_i besteht, die wiederum aus Inhalten a_i der Aussagen α_i bestehen. Den Inhalten von a_i Aussagen entsprechen im wesentlichen Propositionen. Die Propositionen sind so geordnet, daß sie über die Relation ‚p stützt q' vernetzt sind. Die Hierarchisierung der Argumentstrukturen ist durch Indizierung in der Abb. 5-9 angegeben.

An der Spitze des Arguments steht die Proposition $a_{<1>}$, die direkt die Hypothese stützt. Darunter stehen Propositionen, die wiederum $a_{<1>}$ stützen. Ein Argument ist nun ein Baum, „dessen Knoten Aussagen sind, die kollektiv gelten, und die sich aufgrund legitimer Übergänge auf darunterstehende Knoten stützen, wenn solche vorhanden sind" (Klein 1980: 27). Betrachten wir ein Argument als Baum, so wird die lineare Abfolge $a_0, ..., a_n$ strukturiert. Es gilt: $a_0, ..., a_n \rightarrow a_{<i,j,k,...>}$ mit $i = <1, ..., n>$, $j = <1, ..., n>$, $k = <1, ..., n>, ...$ wobei $n \in \mathbb{N}$. Kanten wie $a_{<i,j>}$ —— $a_{<i,j,k>}$ haben eine spezifische Semantik und sind so zu lesen, daß $a_{<i,j,k>}$ $a_{<i,j>}$ stützt.

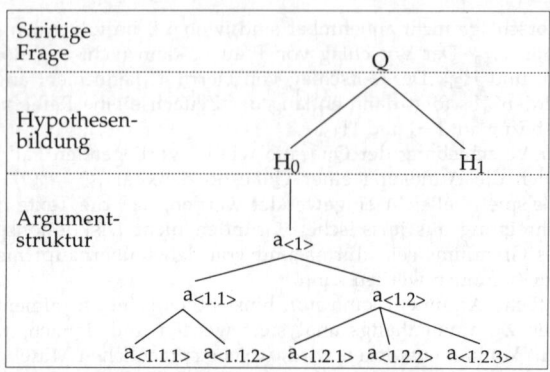

Abb. 5-9: *Argumentstrukturierung*

Im Baumgraphen gilt, daß ein Knoten a_i dann von einem Knoten a_j gestützt wird, wenn a_i a_j dominiert. Die Semantik von ,x stützt y' ist einer formalen Sprache durch ,weil x, deshalb y' ausgedrückt. Ein Argument wäre demnach strikt nach einem Kausalitätsprinzip aufgebaut, was jedoch in der natürlichen Sprache ein Idealfall ist. Hierzu ein einfaches Beispiel:

(1) Weil der Motor kaputt ist, brennt auch das Lämpchen nicht mehr.
(2) Weil das Lämpchen nicht mehr brennt, ist der Motor kaputt.

Im Falle von (1) ist es in einer Situation, in der jemandem der Wagen streikt und dies durch das Ausgehen einer Lampe angezeigt wird, naheliegend anzunehmen, daß der Motor defekt ist. Es mag durchaus sein, daß aufgrund eines elektromagnetischen Feldes Lampe und Motor gleichzeitig ausgehen, oder daß ein Kausalkomplex bewirkt, daß die Lampe nicht mehr brennt. Aber mit Rückgriff auf alltagsweltliche Erfahrungen wird man einen Kausalzusammenhang zwischen Ereignis E_1 und E_2 herstellen. Es werden also Ursache-Wirkungs- und Grund-Folge-Beziehungen aufgrund von Erfahrungen hergestellt, unabhängig davon, ob andere Möglichkeiten existieren, sondern danach, ob etwas wahrscheinlich ist oder nicht. Die Tatsache, daß in Beispiel (1) p Ursache/Grund für q ist, kann nicht aus der semantischen Klassifikation von p und q abgeleitet werden. Entscheidend ist vielmehr, daß eine (asymmetrische) ,Begründungsrelation' zwischen p und q hergestellt wird, nämlich dem Grund und dem ,Begründungssubstrat' (Harweg 1972: 5; Thim-Mabrey 1982: 200), also dem, was begründet werden soll. Dieses Begründungssubstrat scheint nun in (2) zu fehlen, kann aber – wie Thim-Mabrey (1982: 201f.) prinzipiell zeigt – rekonstruiert werden. In (2) wird durch den *weil*-Satz nicht begründet, warum der

Motor defekt ist, sondern warum der Sprecher annimmt, daß der Motor defekt ist. Das Begründungssubstrat ist also latent vorhanden und kann rekonstruiert werden: ‚Ich nehme an, der Motor ist kaputt, denn das Lämpchen brennt nicht mehr.'

Die Diskussion des Beispiels deutet an, daß nicht allein Propositionen, sondern auch ‚latente' Informationen, die in Propositionen enthalten sind, als Begründungen fungieren. Dies zeigt anschaulich das folgende Beispiel. Als Ausgangsfaktum gilt, daß K2 nach E den Tante-Emma-Laden betreten hatte und nun vor E seinen Kaufwunsch äußert (Z2):

1	K1:	wiedersehn
2	K2:	ich hätt' gern vier jonathan
3	M:	tschüß (.) und denn war'n sie aber auch vorher dranne
4		denn hintereinander begrüß' ick euch alle (.)
5		stimmt dit? sie kamen hier schon vorbei
6	E:	ja?
7	M:	ick meine ja (.)

Der Verkäufer weist die Aufforderung von K2 indirekt zurück, indem er darauf hinweist, daß E an der Reihe ist. Die implizierte, zum gemeinsam geteilten Alltagswissen von Kunden und Verkäufern gehörende Begründung hierfür ist, daß zunächst derjenige an der Reihe ist, der zuerst den Laden betreten hat, in diesem Falle also E. V hat das Recht, die Aufforderung zur Durchführung des Kaufaktes zurückzuweisen, weil K gegen Bedingung 4 der Sprechhandlungsregel SPR-1 verstoßen hat (s. S. 185). Es gilt das folgende Argumentationsschema:

Q: Hat E oder K2 das Recht, eine Kaufwunsch zu äußern (SPR-1)?

H_0: E hat das Recht, einen Kaufwunsch zu äußern.

H_1: K2 hat das Recht, einen Kaufwunsch zu äußern.

1. Prämisse (soziale Norm): ‚Wer zuerst kommt, mahlt zuerst'.

2. Prämisse: E betrat zuerst den Kaufladen.

Stützung der 2. Prämisse: M begrüßt der Reihenfolge nach die Kunden.

1. Konklusion: M nimmt an, weil er die Kunden der Reihe nach begrüßt, daß E vor K2 den Laden betreten hat.

2. Konklusion: E hat das Recht, einen Kaufwunsch zu äußern (weil er zuerst den Laden betreten hat).

3. Blockierte Konklusion: K2 hat das Recht, einen Kaufwunsch zu äußern.

Offensichtlich sind für das Verstehen Implikationen wichtig, die über Explikationsregeln (vgl. Toulmin 1975) erschlossen werden können (Näheres hierzu u.). Insofern spielen nicht nur Propositionen bei der Strukturierung eines Arguments eine Rolle, sondern auch Implikationen. Wenn also eine Proposition p eine Proposition q ‚stützt', dann ist gemeint, daß p (bzw. eine mit p assoziierte Implikation) die Begründung für das Begründungssubstrat q darstellt.

Eine weitere Frage ist, wann innerhalb eines Argumentes der Übergang von $a_{<1.i>}$ zu $a_{<1>}$,legitim' ist. Hierfür ist entscheidend, daß die Propositionen kollektiv gelten. Ein Übergang ist dann legitim, wenn von einer kollektiv geltenden Proposition auf eine kollektiv geltende übergegangen wird. Was nicht kollektiv gilt, ist kollektiv fraglich. Für Klein ist das ,kollektiv Geltende' durch zu einem bestimmten Zeitpunkt geäußerte und von Interaktionsteilnehmern akezptierte Überzeugungen definiert: „Das Geltende und das Fragliche sind [   ] relativ in bezug auf Personen und Zeitpunkte ... Das, was für eine bestimmte Gruppe zu einem bestimmten Zeitpunkt gilt, nenne ist das (zu diesem Zeitpunkt) *kollektiv Geltende* ... Alles andere ist das *kollektiv Fragliche*, d.h. das, was vielleicht für den einen oder anderen gilt, oder auch für keinen, aber eben nicht für alle" (Klein 1980: 18, 19). Kollektive Gültigkeit ist ein Begriff, der die Binnenperspektive der Interaktionsteilnehmer reflektiert: Wenn Einverständnis in einer Gruppe über die gemeinsam geteilten Überzeugungen herrscht, dann sind Realisierungen dieses gemeinsam geteilten Wissens in Form von Äußerungen gültig und können als legitime Argumentstrukturen gebraucht werden. Solche Argumentstrukturen finden sich ,fossiliert' in Äußerungen wie ,Aber der Papst hat gesagt, daß...' oder in Textstrukturen wie ,Bereits 1957 hat Chomsky gezeigt, daß...'. Habermas (1981: 53f.) kritisiert nun, daß Klein nicht zwischen (sozialer) Geltung und Gültigkeit eines Argumentes unterscheidet. Unabhängig von der Binnenperspektive aus dem Ablauf eines Kommunikationsprozesses heraus besteht nach Habermas eine Außenperspektive, nach der Argumente nicht nur hinsichtlich sozialer Geltung, sondern auch nach Wahrheitsbedingungen analysiert werden müssen. Für Habermas sind drei Geltungszusammenhänge zentral, nämlich ob eine Aussage wahr oder falsch, sozial legitim oder nicht-legitim und aufrichtig gemeint oder nicht aufrichtig gemeint ist. Ein Argument wie ,Weil Deutschland 500 Millionen Einwohner hat, ist es überbevölkert' kann als faktisch falsch bestritten werden, aber auch die subjektive Gültigkeit, die Wahrhaftigkeit des Sprechers kann bestritten werden, indem man ihm beispielsweise unterstellt, er wolle mit seiner Argumentation sich allein politisch profilieren, er wolle den Wahlkampf anheizen usw. Und man kann die soziale Geltung bestreiten, wenn beispielsweise ein Mitglied der Republikaner in bezug auf die Überbevölkerung Deutschlands argumentiert und man ihm das soziale Recht bestreitet, in diesem Zusammenhang zu argumentieren. Die Geltungszusammenhänge, wie sie von Habermas als grundlegend für kommunikatives Handeln angesehen werden, lassen sich in bezug auf kollektive Gültigkeit wie folgt formulieren:
1. Eine Aussage A heißt faktisch gültig, wenn ihr Wahrheitsgehalt nicht bestritten wird.

2. Eine Aussage A heißt sozial gültig, wenn ihr Richtigkeitsgehalt nicht bestritten wird.

3. Eine Aussage A heißt subjektiv gültig, wenn ihr Wahrhaftigkeitsgehalt nicht bestritten wird.

Eine Aussage heißt kollektiv gültig, wenn 1, 2, 3 nicht bestritten wird. Trifft eine oder treffen mehrere der obigen Aussagen nicht zu, dann heißt A kollektiv fraglich. Die so formulierten Geltungsansprüche sind universell, und es gilt, in Argumentationsanalysen zu klären, wie diese in konkreten Argumentationsfeldern eingelöst werden. Dabei sind in verschiedenen Argumentationsfeldern die argumentationslogischen Bedingungen unterschiedlich. In einem Therapiegespräch gelten andere Bedingungen als im obigen Beispiel. Während im therapeutischen Diskurs Argumente eher im Rahmen der Therapie und in bezug auf Handlungsnormen und Selbstdarstellungen ihren Sinn erhalten, konstituiert sich in dem vorliegenden Gremiengespräch der Sinn der Begründungen in erster Linie über den Nachweis von Sachverhalten und zum weiteren über Sollsätze. Während im therapeutischen Diskurs Argumentationsstrukturen in erster Linie über regulative, expressive und konstative Sprechhandlungen aufgebaut werden, wird in der institutionell geregelten Diskussion (wie im Beispiel) ein Argument in erster Linie durch konstative und imperative Sprechhandlungen entwickelt. Wie die propositionalen Kerne dieser Sprechhandlungen im argumentationslogischen Zusammenhang stehen, soll im folgenden dargestellt werden.

In einem ersten Schritt wollen wir eine konstative Sprechhandlung α in der Form [Es gilt, daß p] darstellen (s.u.). Die Aussage α_9 <Jeder Altgermanist hat sich im 12. – 16. Jahrhundert getummelt> (Z 25-27) läßt sich in die Form a_9 <Es ist wahr, daß sich jeder Altgermanist im Bereich des 12. – 16. Jahrhundert gearbeitet hat> überführen. Die Proposition besteht aus zwei propositionalen Funktionen, die sich prädikatenlogisch darstellen lassen: ($\forall$: Altgermanist x) (hat im Bereich des 12. – 16. Jahrhundert gearbeitet x). Wir werden hier auf die prädikatenlogische Darstellung nicht weiter eingehen, obwohl dies interessant und relevant sein kann, wenn man auf weiterführende Schlußverfahren eingeht. So läßt sich beispielsweise beweisen, daß die möglichen Kandidaten im Bereich des 12. – 16. Jahrhundert gearbeitet haben, wenn man voraussetzt, daß die möglichen Kandidaten Altgermanisten sind. Ableitungsverfahren und die damit verbundene Umsetzung von Aussagen in logische Schemata ist auch immer dann relevant, wenn der im Alltag häufige Fall des Argumentierens in Enthymemen vorkommt. Ein Enthymem ist ein Syllogismus, bei dem die Prämisse fehlt, so daß der Hörer die Prämisse ergänzen muß, um einen logischen Schluß zu vervollständigen. Ein Beispiel dafür haben wir bereits oben kennengelernt (vgl. S. 195).

a$_9$ ist ein Beispiel für den im Diskurs häufigen Aussagetyp einer Assertion, bei der faktische Geltung unterstellt wird. Die Assertion anzweifeln bedeutet, die faktische Geltung negieren. Anders bei imperativen Sprechhandlungen, die im Diskursbeispiel in Form von Soll-Sätzen auftreten. Auch diese lassen sich in Form einer Aussage darstellen: [Es soll gelten, daß p]. Aussagen dieser Art zu bezweifeln bedeutet zunächst einmal, die affirmierte Norm bezweifeln und ein Es-soll-nicht entgegenzusetzen. Auf einer zweiten Stufe kann aber auch die faktische Geltung bestritten werden, denn die vorgebrachten Soll-Sätze implizieren ($\Rightarrow$), daß die durch den daß-Satz ausgedrückte Proposition faktisch nicht gilt. Allgemein formuliert: [Es soll gelten, daß p $\Rightarrow$ Es ist (faktisch) wahr, daß nicht p]. Verdeutlichen wir dies an einem Beispiel. Die imperative Sprechhandlung α_6 <Dieses Kriterium soll die Einschätzung, die Selbsteinschätzung der möglichen Kandidaten steuern> (Z 19) kann als a$_6$ <Es soll gelten, daß das Zusatzkriterium die (Selbst-) Einschätzung der möglichen Kandidaten steuern> dargestellt werden. a$_6$ impliziert, <Es ist wahr, daß das Zusatzkriterium die (Selbst-) Einschätzung der möglichen Kandidaten nicht steuert>. Es kann nun bestritten werden, daß diese Voraussetzung faktisch wahr ist.

α_1 <Die Ausschreibung scheint mir für den Stellentyp zu eng> (Z 6)

α_2 <Jeder Altgermanist sieht die Themen in der Ausschreibung als zu seinem Aufgabengebiet gehörig> (Z 8)

α_3 <Die Themen sind in der Tradition der Germanistik/Altgermanistik begründet> (Z 10)

α_4 <Die Themen gehören zum philologischen Geschäft des Altgermanisten> (Z 11)

α_5 <Das Zusatzkriterium ist nicht glücklich> (Z 18, 31-32)

α_6 <Dieses Kriterium soll die Einschätzung, die Selbsteinschätzung der möglichen Kandidaten steuern> (Z 19)

α_7 <Das Zusatzkriterium erleichtert der Kommission nicht die Arbeit> (Z 20)

α_8 <Es sollte ein Differenzkriterium eingeführt werden> (Z 21)

α_9 <Jeder Altgermanist hat sich im 12. – 16. Jahrhundert getummelt> (Z 25)

α_{10} <Ich kenne keinen und ich glaube, man wird auch keinen finden, der sich ausschließlich in dem Zeitraum des 9. – 11. Jhr. aufgehalten hat > (Z 27)

α_{11} <Das Zusatzkriterium ist keine Einengung und grenzt leicht ans Groteske> (Z 34)

α_{12} <Man sollte auf ein Zusatzkriterium verzichten> (Z 36)

α_{13} <Das 12. – 16. Jhr. ist am Fachbereich gut abgedeckt> (Z 40)

α_{14} <Ein Kandidat, der auch im 11. oder im 9. Jhr. etwas gemacht hat, sollte zum Zuge kommen bzw. nicht ausgeschlossen werden> (Z 49)

α_{15} <Das 9. – 11. Jhr. ist am Fachbereich nicht gut bedacht> (Z 52)

α_{16} <Die Anfänge der mhd. Literatur, vor allem der geistliche Sektor, sind am Fachbereich nicht gut vertreten> (Z 54)

α_{17} <Das Zusatzkriterium ist rein optisch nicht gut> (Z 56)

α_{18} <Zusatzkriterien sollten auf die Prüfungs- und Studienordnung aufbauen> (Z 60)

a$_1$ <Es ist wahr, daß die Ausschreibung für den Stellentyp zu eng ist>

a$_2$ <Es ist wahr, daß jeder Altgermanist die Themen in der Ausschreibung als zu seinem Aufgabengebiet gehörig sieht>

a_3 <Es ist wahr, daß die Themen in der Tradition der Germanistik/Altgermanistik begründet sind>

a_4 <Es ist wahr, daß die Themen zum philologischen Geschäft des Altgermanisten gehören>

a_5 <Es ist wahr, daß das Zusatzkriterium nicht glücklich ist>

a_6 <Es soll gelten, daß das Zusatzkriterium die (Selbst-) Einschätzung der möglichen Kandidaten steuert> ⇒ <Es ist wahr, daß das Zusatzkriterium die (Selbst-) Einschätzung der möglichen Kandidaten nicht steuert>

a_7 <Es ist wahr, daß das Zusatzkriterium der Kommission die Arbeit nicht erleichtert>

a_8 <Es soll gelten, daß ein Differenzkriterium eingeführt wird> ⇒ <Es ist wahr, daß ein Differenzkriterium nicht eingeführt ist>

a_9 <Es ist wahr, daß jeder Altgermanist im Bereich des 12. – 16. Jahrhundert gearbeitet hat>

a_{10} <Es ist vermutlich wahr, daß es keinen Altgermanisten gibt, der sich ausschließlich in dem Zeitraum des 9. –11. Jhr. aufgehalten hat >

a_{11} <Es ist wahr, daß das Zusatzkriterium keine Einengung ist und deshalb leicht ans Groteske grenzt>

a_{12} <Es soll gelten, daß auf ein Zusatzkriterium verzichtet werden kann> ⇒ <Es ist wahr, daß auf ein Zusatzkriterium nicht verzichtet wird>

a_{13} <Es ist wahr, daß das 12.– 16. Jhr. am Fachbereich gut abgedeckt ist>

a_{14} <Es soll gelten, daß ein Kandidat, der auch im 11. oder im 9. Jhr. etwas gemacht hat, zum Zuge kommt bzw. nicht ausgeschlossen wird> ⇒ <Es ist wahr, daß ein Kandidat, der auch im 11. oder im 9. Jhr. etwas gemacht hat, nicht zum Zuge kommt bzw. ausgeschlossen wird>

a_{15} <Es ist wahr, daß das 9. – 11. Jhr. am Fachbereich nicht gut bedacht ist>

a_{16} <Es ist wahr, daß die Anfänge der mhd. Literatur, vor allem der geistliche Sektor, am Fachbereich nicht gut vertreten sind>

a_{17} <Es ist wahr, daß das Zusatzkriterium rein optisch nicht gut ist>

α_{18} <Es soll gelten, daß die Zusatzkriterien auf die Prüfungs- und Studienordnung aufbauen> <Es ist wahr, daß das Zusatzkriterium auf die Prüfungs- und Studienordnung nicht aufbaut>

Sehen wird uns den Aufbau des Arguments an. Wir haben gesagt (s.o.), daß Sprecher B die Quaestio verschiebt zu Q' ‚Sind die Vorschläge von Frau L. und Herrn T. annehmbar' und die Hypothese aufstellt, daß beide Vorschläge nicht annehmbar sind (H_0), die dann sukzessive in die Hypothesen H_1 und H_2 zerlegt wird, nämlich dahingehend, daß der Vorschlag von Frau L. bzw. von Herrn T. nicht annehmbar ist. Die beiden Hypothesen H_1 und H_2 fungieren als Argumentstrukturen zu H_0, denn es gilt der Zusammenhang, daß wenn H_1 (= $a_{0.1}$) wahr ist und H_2 (= $a_{0.2}$) wahr ist, dann ist auch H_0 wahr. Die Argumentstrukturen $a_1 - a_4$ stützen die Hypothese H_1, die anderen die Hypothese H_2. Die Stützungsrelationen lassen sich als Argumentbaum wie folgt darstellen (Abb. 5-10), wobei durchaus verschiedene Lösungen denkbar sind.

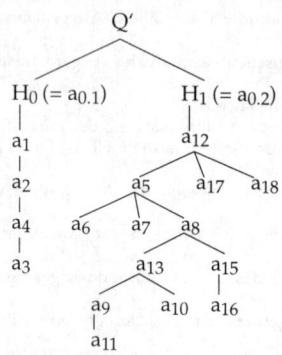

Abb. 5-10: *Argument als Strukturbaum (Beispiel)*

Wie man dem Strukturbaum entnehmen kann, entspricht die lineare
Abfolge der Argumentstrukturen im Diskurs nicht der hierarchischen
Argumentstrukturierung. Die Argumentstruktur ist abhängig von den
Stützungsrelationen. So erhalten a_6 und a_7 den Index <1.2.1> bzw.
<1.2.2>und a_5 den Index <1.2.>, denn a_6 und a_7 stützen a_5 und nicht
umgekehrt a_5 $a_{6,7}$. In vielen Fällen (aber nicht notwendigerweise) besteht eine Transitivitätsrelation derart, daß wenn a_{ijk} a_{ij} stützt und a_{ij} a_i
stützt, dann stützt auch a_{ijk} a_i. So gilt beispielsweise, daß a_{11} ebenso wie
a_{13} a_8 stützt. Zudem werden Argumentstrukturen reflexiv angewandt,
was im Text durch Paraphrasen ausgedrückt ist (vgl. a_{12}, Z 36,37). In
diesen Fällen können die Paraphasen zu einer semantischen Einheit –
wie hier zu a_{12} – zusammengefaßt werden.

Im Prozeß des Argumentierens kann es zu verschiedenen Paradoxien kommen, die sich durch die Argumentationsanalyse aufdecken
lassen:

1. Eine Aussage α_n stützt sowohl H_0 als auch H_1.
2. Eine Aussage α_n und ihre Gegenaussage $\neg$ α_n stützen H_0 (bzw. H_1).

Diese Paradoxien sind indes nur insofern paradox, als daß wir erwarten, daß in einer Argumentation eine wahre Aussage nicht gleichzeitig
die Hypothese und die Gegenhypothese stützen kann, daß ein Argument nicht gleichzeitig wahr und falsch sein kann. Faktisch ist es aber
so, daß aufgrund des voranschreitenden Argumentationsprozesses
diese Bedingungen nicht nur nicht erfüllt werden, sondern daß wir in
der Regel die Verletzung dieser Regeln erst gar nicht bemerken.
Zudem ist es möglich, daß sich aufgrund der Argumentation der Wert
von Aussagen derart verändert, daß eine Aussage, die zunächst H_0
stützt, schließlich H_1 stützen kann. Ein anschauliches Beispiel für eine
widersprüchliche Argumentation zeigt die Verschriftung einer Refe-

ratpassage aus einem Hauptseminar zum Thema ‚Die klassische deutsche Elegie'. Der Verfasser des Referates hat als Gegenstand der Interpretation die Idylle ‚Alexis und Dora' von J.W. von Goethe.

1   Goethe hat das Gedicht ursprünglich als Idylle bezeichnet, deswegen fällt es
2   auf dem ersten Blick etwas raus aus unserem Seminar. Die Idylle ist orientiert
3   an Vorbildern der Antike – Theokrit und den ‚Bucolicas' Vergils. Zum Beispiel
4   sie ist, um es ganz allgemein zu sagen, stellt allgemein einen glücklichen
5   Zustand dar. Er spielt sich oft in der Nähe von Hirtengemeinschaften ab, wo
6   eben ein solches Zeitalter, Zeitalter der Unschuld beschrieben wird. Für
7   christliche Autoren ein Zeitalter, das vor dem Sündenfall spielt, also da
8   thematisiert wird. Die Idylle soll aber spätestens seit Schiller nicht mehr
9   nur als Flucht verstanden werden, ( ) sondern sie muß immer auch mit dem
10 Bewußtsein verbunden sein, daß dieser Urzustand verloren ist, daß es eine
11 Utopie ist. Schiller formuliert das so, daß man nicht rückwärts gewandt in die
12 Kindheit, sondern vorwärtes gewandt in die Mündigkeit die Idylle formulieren
13 soll. Alexis in dem Gedicht, so weit man das sagen kann, erfüllt diese Forderun-
14 gen nicht. Er steht ja – wie gesagt – am Anfang rückwärts gewandt auf dem
15 Schiff, hat also durchaus was Elegisches. Nachdem er eben diesen glücklichen
16 Zustand als den begreift, der eben vergangen ist, den er mit Dora geteilt hat,
17 aber den er dann verlassen mußte. Es ist schon angeklungen gerade, daß die
18 Idylle somit in die Nähe der Elegie rückt, weil sie nämlich, weil das Gelingen
19 der Idylle immer schon als das verlorene, die Unschuld schon immer als die
20 verlorene, das Paradies schon immer als das verschlossene thematisiert wird.

Der Argumentation liegt die implizierte Quaestio zugrunde, ob die so bezeichnete Idylle von Goethe tatsächlich eine Idylle ist oder nicht vielmehr eine Elegie. Der Verfasser vertritt die Hypothese, daß es sich um eine Idylle handelt, die etwas Elegisches hat. Um dies zu stützen, behandelt er die Idylle als Gattungstyp und versucht aufzuzeigen, welche Merkmale sie mit der Elegie teilt. Bei der definitorischen Klassifikation der Idylle unterscheidet der Verfasser auf der Basis literaturwissenschaftlicher Sekundärliteratur zwischen der Idylle nach Goethe und nach Schiller. Die Merkmale der Idyllendefinitionen, die sich partiell – *omnia determinatio est negatio* – per Konklusionen ergeben, sind die folgenden:

Idylle nach Goethe:
– spielt sich in Hirtengemeinschaften ab (Antike)
– Paradieszustand vor dem Sündenfall (Christentum)
– stellt glücklichen Zustand dar
– spielt im Zeitalter der Unschuld
– stellt Urzustand dar
– Urzustand als Utopie (von Glück)
– Flucht
– rückwärts gewandt in die Kindheit, nicht vorwärts in die
  Mündigkeit.
Idylle nach Schiller:
– nicht als Flucht zu verstehen

– stellt Verlust des Urzustandes dar
– Urzustand ist Utopie
– nicht rückwärts gewandt in die Kindheit, sondern vorwärts in die
  Mündigkeit
– stellt nicht glücklichen Zustand dar
– spielt nicht im Zeitalter der Unschuld.

Zum einen argumentiert nun der Verfasser, daß die Idylle deshalb etwas Elegisches habe, weil sie nicht der Idyllendefinition von Goethe
entspricht, sondern der von Schiller, wobei unterstellt wird, daß in
dieser Definition elegische Merkmale enthalten sind. Diese Merkmale
– und dies gehört zum gemeinsam geteilten Wissen der Seminarteil-
nehmer – sind parallelisiert über ,das Verlorene', die verlorene Unschuld, das verlorene Paradies, Verlust des glücklichen Zustandes.
Gleichzeitig argumentiert der Verfasser jedoch, daß die Person Alexis
rückwärts gewandt blickt, wobei ein Merkmal der Goetheschen Idyllen-
defintion hervorgehoben wird, die im Gegensatz zum ,Vorwärts' der
Schillerdefinition steht (Z 13-15). Die zentralen Metaphern der Goetheschen und Schillerschen Idyllendefinition ,rückwärts versus vorwärts'
und ,Glück versus Verlust des Glücks' sind insofern argumentativ
konträr, als daß nur eine dieser Definitionen, nämlich die Schillersche,
präsupponiert Merkmalseigenschaften mit der Elegie teilt. Es geht hier
nicht darum, zu entscheiden, ob die Idyllendefinitionen sachlich korrekt wiedergegeben sind, noch geht es darum, die Sinnhaftigkeit der
Interpretation als solche zu beurteilen – es geht allein darum zu prüfen, ob die interne Logik der Argumentation widerspruchsfrei ist, und
dies ist sie eben nicht. Inkonsistenzen dieser Art finden sich dann besonders häufig, wenn klare definitorische Merkmale fehlen. So ist es
sicherlich auch sachlich schwierig, die verschiedenen Idyllendefinitionen eindeutig zu bestimmen und von der Definition der Elegie abzu-
grenzen.

In diesem Beispiel und allgemein in Argumentationen spielen gemeinsam geteilte, vorausgesetzte Wissensstrukturen der Interaktionspartner ein wichtige Rolle sowie bestimmte Schlußverfahren. Sehen
wir uns hierzu einen Gesprächsbeitrag aus einem Referat über den de-
finiten Artikel an:

1   M: Ja vielleicht sehen Sie das so, daß jedes Attribut ein Begleiter ist und da
2   eben der Artikel davor steht, ist er auch ein Begleiter und somit ein Attribut,
3   ohne daß man irgendwie weiter prüft, was ein Attribut eigentlich ist.

Die zugrundeliegenden Schlußverfahren lassen sich anschaulich nach
dem Toulminschen Schema (Toulmin 1975) darstellen. Toulmin betrachtet die Struktur der Argumentation als eine Erweiterung der logischen Schlußverfahren (Syllogismen). Ausgehend von Daten D in
Form von Sätzen oder Äußerungen erfolgen über sog. Schlußregeln

(SR) Konklusionen (K) nach dem Schema ‚wenn D, dann K', wobei die Schlußregel die Begründung für K aus D liefert. Zudem kann eine Ausnahmebedingung hinzukommen, die die Gültigkeit der Schlußregel einschränkt (vgl. Abb. 5-11).

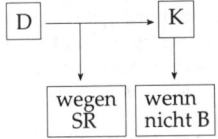

Abb. 5-11: *Schlußverfahren nach Toulmin* (1975: 90)

Im obigen Beispiel läßt sich dieses Schlußverfahren anwenden, wobei zusätzlich implizierte Wissensstrukturen als Argumentationsregel fungieren (vgl. Abb. 5-12).

Abb. 5-12: *Schlußverfahren am Beispiel*

Der Rahmenstruktur im obigen Beispiel liegt ein klassischer analytischer Schluß zugrunde: Wenn für jedes Attribut gilt, daß es ein Begleiter ist, und der Artikel ein Begleiter ist, so ist folglich der Artikel ein Attribut. Die Aussage (A) *Der Artikel ist ein Begleiter* beruht auf dem Faktum (D), daß der Artikel vor dem Nomen steht. Der Zusammenhang von A und D kann über die implizierte Annahme hergestellt werden, daß ein Begleiter durch adnominale Stellung gekennzeichnet ist, wobei pränominale Stellung in adnominaler Stellung enthalten ist. Die implizierte Annahme fungiert als Schlußregel, nach der A als Konklusion K aus D abgeleitet werden kann: Wenn gilt, daß der Artikel pränominal steht, und pränominale Stellung einen Begleiter kennzeichnet, dann ist folglich der Artikel ein Begleiter. Die Argumentationsabsicht der Seminarteilnehmerin bestand aber nicht darin, die These zu begründen, daß der Artikel ein Attribut sei, sondern dies

gerade in Zweifel zu ziehen. Diesen Zweifel verdeutlicht sie mittels
einer Ausnahmebedingung, die gewissermaßen besagt, daß der Gültig-
keitsanspruch der Schlußregel nicht ohne Prüfung der Attributfunk-
tion, d.h. nicht *ohne daß man irgendwie weiter prüft, was ein Attribut eigentlich wirklich ist,* aufrechterhalten werden darf. In diesem Fall gelang es
der Seminarteilnehmerin, die durch die Quaestio vorgegebene Inten-
tion zu verwirklichen: Sie konnte eine mögliche Argumentation für
die These, daß der Artikel ein Attribut sei, konsistent entwickeln und
zudem auf die ungeklärten Voraussetzungen verweisen, die einem
solchen Argumentationsversuch zugrunde liegen.

Schlußregeln dieser Art kommen bei Argumentationen häufig vor.
Interessant sind die implizierten Annahmen und die Frage, welche
Rolle sie spielen und wie sie analysiert werden können. Dies soll im
folgenden beschrieben werden.

Wissensbestände, die – wie wir oben bereits ansatzweise dargestellt
haben – in sprachlichen Äußerungen in irgendeiner Weise enthalten
sind, werden allgemein unter dem Konzept der **Präsuppositionen** behandelt. Die Explikation einer Präsupposition erfolgt über Schlußverfahren, die als **Inferenzen** bezeichnet werden. Unter den Präsuppositionen können jene, die an sprachliche Zeichen gebunden sind, unterschieden werden von denen, die auf Weltwissen oder situativem
Wissen beruhen. Erstere können im engeren Sinne als Präsuppositionen bezeichnet werden, letztere als Implikaturen. Klassische Präsuppositionen, die in der Logik eine Rolle spielen, sind Existenzpräsuppo-
sitionen. Eine Äußerung wie ‚Ich hätt‘ gern ein Babybadehandtuch.‘
impliziert die Präsupposition, daß es ein Babybadehandtuch gibt. Während die Präsuppositionen mehr oder weniger direkt aus der sprachlichen Form erschlossen werden können, sind Implikaturen konven-
tionalisiert und/oder kontextabhängig. Sehen wir uns das folgende
Beispiel aus einem Verkaufsgespräch an:

V: Ich hätt‘ gern ein Babybadehandtuch.
K: Rosa oder blau?
V: Nein, nein, es ist schon da, ich nehm‘ das blaue.

Ohne spezifische Vorannahmen, die das gemeinsam geteilte kulturelle
Wissen der Interaktanten K und V betreffen, kann nicht inferenziert
werden. Zum gemeinsam geteilten Hintergrundwissen gehört, daß die
Farbe ‚rosa‘ mit Mädchen assoziiert ist, hingegen die Farbe ‚blau‘ mit
Jungen. Nur mit Rückgriff auf diese Wissensstruktur kann aus der
Tatsache, daß V das blaue Babybadehandtuch kaufen will, die Implika-
tur expliziert werden, daß das Baby ein Junge ist (vgl. auch Abb. 5-13).
Die Implikatur ist nicht allein ableitbar aus der sprachlichen Seite der
Äußerung, sondern aus deren Inhalt *und* dem Hintergrundwissen.

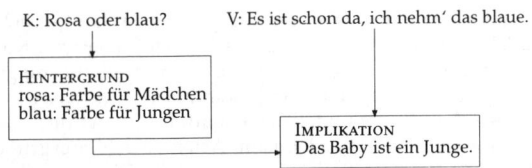

Abb. 5-13: *Implikatur am Beispiel*

Verändern wir ein wenig den Kontext in unserem Beispiel, so können sich weitere Implikaturen ergeben. Nehmen wir an, A und B sind befreundet, Petra (P) ist eine Bekannte von B und eine gute Freundin von A, und es kommt zu folgendem Dialog:

A: Du willst für Petras Baby ein Babybadehandtuch kaufen?
B: Ja, aber ich weiß nicht, ob rosa oder blau.
A: Stell dir vor, es ist schon da, also nimm das blaue.

Ein Hintergrundwissen in bezug auf die imperative Sprechhandlung von A ist die Tatsache, daß A über mehr Informationen als B verfügt. Die Äußerung von A als gültig zu akzeptieren, bedeutet, dieses Hintergrundwissen nicht zu bestreiten. B könnte beispielsweise einwenden ‚Woher willst du wissen, daß das Baby bereits da ist, ich habe vorhin mit P telefoniert und weiß, daß es noch nicht geboren ist', könnte also bestreiten, daß A mehr weiß als sie selbst. A nun ihrerseits könnte entgegnen ‚Ich muß es ja wissen, P ist doch meine beste Freundin' und damit eine (mögliche) Implikatur explizieren, um die Gültigkeit ihrer Äußerung argumentativ zu stützen (vgl. auch 5-14).

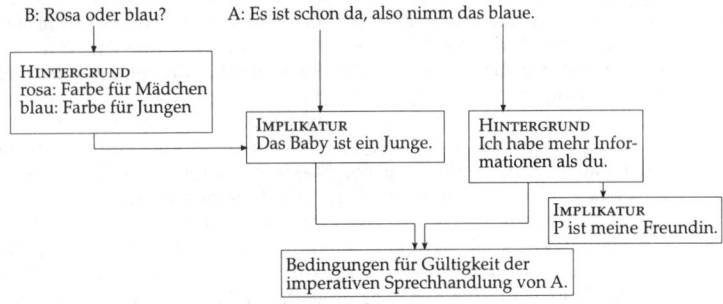

Abb. 5-14: *Implikatur am Beispiel (Fortführung)*

Wir könnten das Beispiel beliebig fortführen, indem wir neue Kontextinformationen einführen, die als Hintergrundwissen zu weiteren

Implikaturen führen. Für den Inferenzierungsprozeß ist es offensichtlich wichtig, welche Implikaturen in bezug auf einen situativen Kontext relevant sind und welche nicht. Für solche kontextuell abhängigen
Implikaturen – sog. **konversationelle Implikaturen** – und deren Verständnis sind neben der konventionellen Bedeutung der Wörter, dem
Äußerungskontext und den verschiedenen Arten des Hintergrund-
wissens die Griceschen **Konversationsmaximen** wichtig. Diese operieren
auf dem Kooperationsprinzip zwischen verschiedenen Interaktionspartnern und sind als Prinzipien zu verstehen mit unterschiedlichen
Gewichtungen. Grice (1979) geht von folgenden Konversationsmaximen aus (vgl. auch Abb. 5-15 und s. Rolf 1994):

MAXIME DER QUANTITÄT
1. Mache deinen Beitrag so informativ wie nötig.
2. Mache deinen Beitrag nicht informativer als nötig.
MAXIME DER QUALITÄT
1. Sage nichts, was du für falsch hältst.
2. Sage nichts, wofür die angemessenen Gründe fehlen.
MAXIME DER RELATION
Sei relevant.
MAXIME DER MODALITÄT
1. Vermeide die Dunkelheit des Ausdrucks.
2. Vermeide Mehrdeutigkeit.
3. Sei kurz (vermeide unnötige Weitschweifigkeit).
4. Der Reihe nach!

Die Maxime der Quantität bezieht sich auf den Status der Information
in bezug auf Gesprächszwecke. Wenn man in einem Gemüseladen
sagt, ‚Ich hätte gern Gemüse', ohne dies weiter zu präzisieren, so ist die
übermittelte Information nicht ausreichend und für den spezifischen
Gesprächszweck nicht angemessen. Die Informationsrate des Sprechers
ist in bezug auf die Objektwelt zu unspezifisch. Nähme der Verkäufer
die Äußerung als informativ ausreichend und packte dem Käufer von
jedem Gemüse im Laden etwas ein oder gar das ganze im Laden sich
befindliche Gemüse, so könnte er sich auf die Sprecherintention hin
geirrt haben. Eine Verletzung der Maxime der Quantität birgt immer
die Gefahr einer irrtümlichen Interpretation des Redebeitrags eines
Interaktionspartners. Die Maxime der Qualität bezieht sich auf die
Rationalität einer Äußerung. Als ein voreingestellter Wert gilt, daß
ein Sprecher das, was er sagt, auch für wahr hält, und daß er ausrei-
chende Gründe hat für das, was er sagt. Die Wahrheit oder Angemes-
senheit einer Äußerung bezweifeln kann bedeuten, dem Sprecher zu
unterstellen, er lüge und den Hörer täuschen wolle oder daß er ‚vielleicht ein Spinner sei', der nicht das sagt, was er meint, bzw. der nicht
weiß, was er sagt. Wären Wahrheit und Falschheit einer Aussage in

Konversationen gleich wahrscheinlich, so gäbe es keine rationale Kommunikation, da man keine Äußerung ‚als bare Münze nehmen könnte'. Die Maxime der Relation bezieht sich auf die Relevanz einer Äußerung, also darauf, ob die Sprecherintention zum verfolgten Ziel paßt. In einer Prüfungssituation, in der über Köpfe einer Phrase geprüft wird, ist es irrelevant, das Thema ‚Charakterköpfe in der deutschen Dichtung' zu etablieren. Die Maxime der Modalität bezieht sich auf das Verhältnis des Ausdrucks zum Inhalt einer Äußerung, auf die sprachliche Struktur und Organisation im weitesten Sinne. Ein gutes Beispiel für die Verletzung der Maxime ‚Der Reihe nach!' sind Erzählungen, wo ‚jemand vom Hundertsten ins Tausendste kommt'. Wie wir gesehen haben, sind Erzählungen in spezifischer Weise strukturiert und organisiert entlang eines thematischen Fadens. Durch immer weiter sich verzweigende Nebensequenzen kann der rote Faden verloren gehen, weil die Nebensequenzen nicht mehr relevant sind in bezug auf das erzählte Thema. Für den Hörer kann die Folge sein, daß für ihn die Gesprächsstruktur nicht mehr transparent ist.

Maxime der	sprecher-seitig	hörer-seitig	form-bezogen	inhalt-bezogen	Bezugsgröße
QUANTITÄT	+	−	−	+	Weltbezug
QUALITÄT	−	+	−	+	Sprechereinstellung
RELATION	+	−	−	+	Hörer-Redebeitrag
MODALITÄT	−	+	+	−	Form-Inhalt

Abb. 5-15: *Konversationsmaximen*

Konversationelle Implikaturen, also jene, die durch den Gebrauch einer Äußerung in einem speziellen Kontext gebraucht werden, entstehen durch einen Verstoß gegen eine Konversationsmaxime, durch einen Widerspruch zwischen dem Gesagten und einer Konversationsmaxime. Die Implikatur ‚P ist meine Freundin' im obigen Beispiel verdankt ihre Entstehung der Tatsache, daß B A unterstellt, gegen die Maxime der Qualität verstoßen zu haben. Trifft ein Kollege C einen Kollegen D und äußert ‚Ihr letztes Buch hat mir wirklich gefallen' und meint, jenes Buch sei eine Katastrophe, so basiert die Implikatur ebenfalls auf einer Verletzung der Maxime der Qualität, da C nicht die Wahrheit gesagt hat. Die Explizierung von Implikaturen setzt also die Kenntnis der Regelverletzung von Konversationsmaximen voraus, was partiell über Äußerungskontexte oder andere Schlußverfahren abgeleitet werden kann.

5.3 Konversationsanalyse

Die Konversationsanalyse hat ein Interesse an Alltagsgesprächen und untersucht, wie Gesprächssequenzen auf dem Wege kooperativer Deutungsprozesse koordiniert werden. Gegenüber der Diskursanalyse, bei der von handlungstheoretischen Konzepten ausgegangen wird, wird in der Konversationsanalyse eine Gesprächssequenz durch Anknüpfung an den jeweiligen Kontext analysiert. Im Zentrum der Analyse stehen der prozessuale Charakter von Gesprächen und die zugrundeliegenden Organisationsstrukturen. Das Gespräch wird als ein Austauschsystem zwischen Interaktionspartnern verstanden, und die Aufgabe der Konversationsanalyse ist es, die Strukturen dieses Systems aufzudecken.

Die Konversationsanalyse hat sich aus der sog. Ethnomethodologie entwickelt. In diesem soziologischen Paradigma wird alltagssprachliches Handeln als eine Welt betrachtet, die auf konstitutiven Regeln aufbaut. Die soziale Realität analysieren heißt, die Regeln und Praktiken aufdecken, die dieser Realität zugrunde liegen. Die Kenntnis der Regeln und Praktiken würde es prinzipiell erlauben, eine Maschine zu konstruieren, die die Wirklichkeit simulieren könnte (vergleichbar den Schachcomputern in bezug auf das Schachspiel). Die Konversationsanalyse hat sich nun das Ziel gesetzt, diejenigen Regeln und Praktiken aufzudecken, die einen Ausschnitt dieser Realität strukturiert, nämlich Gespräche. Aufgrund der Forschungsperspektive sind drei grundlegende Bereiche bisher eingehender untersucht worden: 1. das System des Sprecherwechsels, 2. Gesprächssequenzierungen und 3. Rahmenstrukturen. Im folgenden soll auf diese drei Bereiche näher eingegangen werden.

5.3.1 System des Sprecherwechsels

Gespräche sind eine Abfolge von Äußerungen, die an Sprecheraktivitäten gebunden sind. Eine Äußerungssequenz eines Sprechers, die von der Übernahme des Rederechts durch einen Sprecher bis zur Übergabe an den folgenden reicht, wird in der Konversationsanalyse als **Redezug** (*turn*) bezeichnet. Ein Redezug eines Sprechers ist auf einen Rezipienten bezogen und zugeschnitten; der Redezug ist ,recipient designed'. Ein Redezug besteht wiederum aus einzelnen **Sequenzen**. Sequenzen sind strukturelle Einheiten, die mit spezifischen Obligationen verbunden sind. In Beispiel (2) umfaßt der Redezug des Verkäufers zwei Sequenzen. Redezüge und Sequenzen sind die grundlegenden Einheiten in der Konversationsanalyse. Die Basisregeln, nach denen Redezüge aufeinander bezogen und koordiniert sind, haben Sacks/Schegloff/Jefferson (1974) untersucht. Dieses sog. ,System des

Sprecherwechsels' (*turn-taking system*) kann als ein Mechanismus beschrieben werden, der rekursiv in Gesprächen angewandt wird (vgl. Abb. 5-16).

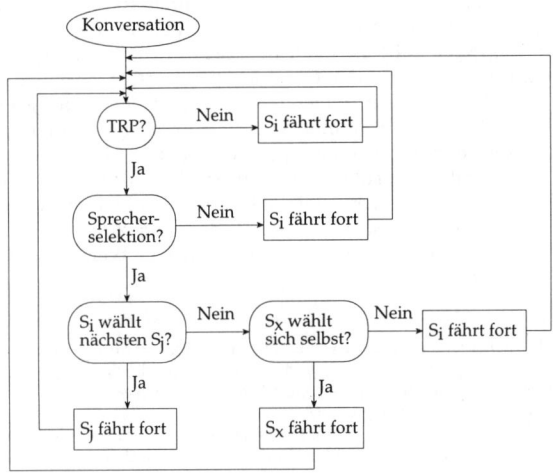

Abb. 5-16: *System des Sprecherwechsels*

Wenn ein Sprecher das Rederecht hat, so kann das Rederecht in der Regel nur dann auf einen anderen Sprecher übergehen, wenn eine **übergaberelevante Stelle** (*transition relevance point*, TRP) vorliegt. Übergaberelevante Stellen sind oft durch linguistische Grenzen wie Phrasen- oder Satzgrenzen gekennzeichnet, wobei häufig Intonationsstrukturen, Pausen oder bestimmte Partikeln eine Rolle spielen. Aber auch nonverbale Signale wie Blickkontakte können eine übergaberelevante Stelle markieren.

(1) *Selbstselektion*
V: ein pfund äpfel, so (.)
K: und vier birnen bitte

(2) *Fremdselektion*
V: ein pfund äpfel, so (.) außerdem?
K: und vier birnen bitte

Gesprächsteilnehmer warten in der Regel bis zu einer übergaberelevanten Stelle ab, an der sie entweder das Rederecht vom Sprecher erhalten oder sich selbst das Rederecht nehmen. Im ersten Fall spricht man von **Selbstselektion** (vgl. 1), im zweiten Fall von **Fremdselektion** (vgl. 2). In (1) und (2) liegt eine übergaberelevante Stelle nach der refokussierenden Partikel *so*. In (2) seligiert V das Rederecht an K, was dieser akzeptiert, indem er das Rederecht übernimmt. In (1) hingegen nimmt sich K das Rederecht selbst. Versucht ein gleichberechtigter Sprecher sich das Rederecht an nicht-übergaberelevanten Stellen zu nehmen, so verletzt er Regeln der Gesprächskooperation, was Sanktionen zur Folge haben kann. Im folgenden Beispiel versucht der Kabarettist Wolfgang Neuss (N) immer wieder durch intervenierende Redezüge, also solche, mit denen ein Sprecher versucht, das Rederecht an einer nicht-übergaberelevanten Stelle zu erhalten, dem gerade interviewten Sprecher Richard von Weizsäcker (W) das Rederecht streitig zu machen. Der durch die intervenierenden Redezüge erhobene Geltungsanspruch auf das Rederecht wird durch von Weizsäcker explizit zurückgewiesen.

(3)
W: ein intellektueller ist nach meiner vorstellung einer, der zwar nachdenkt
     (.) ne meinung hat (.) aber den letzten schritt (.) der sehr wichtig
     ist nach meinem (.) gefühl nicht tut (.) nämlich rein-zu-springen
     in die politische verantwortung und nicht
N:→   außer günter grass außer günter grass
W: auch (.) nein, günter grass auch nicht der springt (.) <u>nu hör doch ma</u>
N:→   <u>ümma!</u>
W: <u>mensch hier!</u>

In sozial asymmetrischen Gesprächskonstellationen ist es ,normal', sich auch dann das Rederecht zu sichern, wenn eine nicht-übergaberelevante Stelle vorliegt, man denke an Professoren, die ihre Studenten jederzeit unterbrechen und das Rederecht an sich nehmen.

5.3.2 Gesprächssequenzierung

Ein Redezug tritt nicht isoliert auf, sondern in bezug auf andere Redezüge oder Teile eines Redezugs. Besteht eine Abhängigkeitsrelation zwischen zwei Redezügen oder zwei Sequenzen eines Redezugs, so spricht man von **konditioneller Relevanz**. Die Antwort auf eine Frage ist in der Frage sequentiell impliziert, da die Frage einen Erwartungs- und Interpretationshorizont eröffnet, der durch eine Antwort abgedeckt wird. Die Antwort ist in bezug auf die Frage konditionell relevant: „By conditional relevance of one item on another we mean: given the first, the second is expectable; upon its occurence it can be seen to be a second item to the first; upon its non-occurence it can be seen to be officially absent – all this provided by the occurence of the first item" (Schegloff 1972: 363-64). Konditionelle Relevanz zeichnet **Paarsequenzen** (*adja-*

cency pairs) aus, die strukturelle Basiseinheiten in der Konversationsanalyse sind. Paarsequenzen „consist of sequences which properly have
the following features: (1) two utterances length, (2) adjacent positio-
ning of component utterances, (3) different speakers producing each
utterance (...), (4) relative ordering of parts (i.e., first pair parts precede
second pair parts), and (5) discriminative relations (i.e., the pairs type of
which a first pair part is a member is relevant to the selection among
second pair parts" (Schegloff/Sacks 1973: 295-96). Typische Paarsequenzen sind Frage-Antwort-Sequenzen (4), Gruß- und Verabschiedungssequenzen (5, 6) sowie ‚Adjazenzellipsen' (7), die häufig in Form
von Frage-Antwort-Sequenzen vorkommen.

(4)
A: kannst du mir mal das papier geben?
B: ja (.) kleinen moment

(5)
A: grüß gott
B: grüß gott

(6)
A: tschüß
B: tschüß

(7)
A: hast du schon den brief geschrieben?
B: hab ich.

A: ich hab ihn gestern getroffen.
B: ich ihn auch.

Es ist üblich, auf eine Frage zu antworten. Noch konventionalisierter
als Frage-Antwort-Paare sind Grußrituale. Auf eine Begrüßung nicht
mit einem Gegengruß zu reagieren, ist nur dann möglich, wenn der
Empfänger den Gruß nicht gehört hat, ansonsten wirkt das Übergehen
des Grußes grob unhöflich. Grüße stellen einen rituellen Austausch
dar, der häufig in Paarsequenzen realisiert wird. Durch den ersten Teil
der Paarsequenz wird das System des Gleichgewichts zwischen Interaktionspartnern aufgehoben und durch den zweiten Teil der Paarsequenz wieder hergestellt. Paarsequenzen sind also minimale Struktur-
einheiten zur Herstellung von Kohärenz auf der konversationellen
Ebene. Wir haben gesagt, daß durch den ersten Teil einer Paarstruktur
ein Erwartungshorizont in bezug auf den folgenden Teil erzeugt wird:
auf eine Frage erwarten wir eine Antwort und keine Gegenfrage, auf
einen Gruß einen Gegengruß, nicht einen Dank. Die erwartete Sequenz *muß* aber nicht realisiert werden, sondern wird in der Regel realisiert, sie tritt **präferiert** auf. Die präferierte Sequenz auf eine Frage ist

eine Antwort, auf einen Gruß der Gegengruß. Es können aber auch andere Sequenzen folgen wie z.B. in (8), die als dispräferierte Sequenzen bezeichnet werden.

(8)
A: grüß gott.
B: du ihn auch, wenn du ihn triffst.

Dispräferierte Sequenzen sind solche, die der Normalerwartung nicht entsprechen, und sie werden besonders dann gebraucht, wenn Sprecher Erwartungshaltungen aufbrechen wollen, wenn sie sich vom Interaktionspartner distanzieren oder Geltungsansprüche zurückweisen wollen, wenn sie ironisieren, Kritik äußern usw. Interessant ist, daß dispräferierte Sequenzen in der Regel morphologisch und/oder syntaktisch komplexer sind als präferierte. Auf die Frage ‚Hast du deine Hausaufgaben gemacht?' ist die Antwort ‚ja' durchaus ausreichend, die Verneinung der Frage erfordert indes eine Begründung, z.B. ‚Nein, ich mach' sie nachher'. Um eine dispräferierte Sequenz möglichst zu vermeiden, können Sprecher versuchen, sich durch Präsequenzen abzusichern. Die der Präsequenz folgende Sequenz seitens des Sprechers ist abhängig von der Hörerantwort auf die Präsequenz. In Beispiel (9) ist die Einladung abhängig vom Ausgang der vorangestellten Frage, andererseits wird durch die Präsequenz versucht zu antizipieren, ob eine Einladung erfolgen kann oder nicht.

(9)
A: hast du heut abend schon was vor? (Präsequenz)
B: nicht direkt.
A: wollen wir ins kino gehen?
B: ok.

Paarsequenzen treten in Gesprächen häufig nicht isoliert, sondern verbunden mit weiteren Paarsequenzen auf. Die konditionellen Relevanzeigenschaften bleiben dabei erhalten, so daß ein erster Teil einer Paarsequenz auch dann geschlossen wird, wenn eine andere Paarsequenz eingeschoben ist (vgl. auch Abb. 5-17). Strukturell gesehen, lassen sich aufgrund der Kombinatorik unterschiedliche Organisationsschemata zweier (oder mehrerer) Paarsequenzen erfassen: **gereihte, eingebettete** oder **gekoppelte Paarsequenzen** (Abb. 5-17). Inwieweit die konditionelle Relevanz erhalten bleibt, wenn beispielsweise mehrfach eingebettet wird, ist ungeklärt. Es kann die sequentielle Implikativität nur so weit verschoben werden, wie die aktuelle Verarbeitungskapazität der Sprecher reicht. Nach einer bestimmten Verarbeitungszeit muß die Sequenz wiederholt werden, um die Relevanz erneut zu etablieren.

Reihung

K: ich wollt eigentlich nur zwei pfund kartoffeln ⌐ A
V: ja   ⌐ A'
K: neue aber   ⌐ B
V: sicher, ganz neue   ⌐ B'

Einbettung

K: pfund tomaten   ⌐ A
V: holländische oder die spanier?   ⌐ B
K: spanische bitte   ⌐ B'
V: machn wa   ⌐ A'

Kopplung

K: ham se heut elstar da?   ⌐ A
V: ja. wieviel wolln se denn?   ⌐ A' B
K: na so zwee pfund   ⌐ B'

V: tschüß. schönen gruß ja?   ⌐ A B
K: ja. richt ick aus. tschüß   ⌐ B' A'

V: außerdem?   ⌐ A
K: n pfund äpfel.   ⌐ A' = B
V: ja.   ⌐ B'

Abb. 5-17: *Gereihte, eingebettete und gekoppelte Paarsequenzen*

Die sequentielle Organisation ist verbunden mit pragmatischen Faktoren einerseits und syntaktischen Formatierungen andererseits. In den obigen Beispielen haben die einzelnen Teile der Paarsequenzen illokutionäre Gehalte und sind in spezifischer Weise syntaktisch strukturiert (NP, S). Dabei ist die syntaktische Formatierung des zweiten Teils einer Paarsequenz abhängig vom syntaktischen Format des ersten Teils. Das, was traditionell unter Ellipsen gefaßt wird, stellt sich unter konversationsanalytischen Gesichtspunkten als Adjazenzkonstruktionen dar, als spezifische syntaktische Formatierungen im zweiten Teil einer Paarsequenz.

Die gekoppelten Paarsequenzen, bei denen der zweite Teil der ersten Paarsequenz identisch mit dem ersten Teil der zweiten Paarsequenz ist, könnten auch als **Dreiersequenzen** (*triplets*) analysiert werden. Dreiersequenzen sind nach Sinclair/Coulthard (1975) wie Paarsequenzen minimale und rekurrente interaktive Gesprächsstrukturen, wie z.B. die Austauschstruktur zwischen Schülern und Lehrern:

Lehrer:	*Initiation*	wer schrieb Alexis und Dora?
Schüler:	*Reaktion*	Goethe.
Lehrer:	*Feedback*	gut.

Gegen die Analyse der gekoppelten Paarsequenzen als Dreiersequenzen spricht allerdings die Tatsache, daß im Verkaufsgespräch die Paarsequenzen entkoppelt auftreten können, wenn auch in der Regel der Verkäufer die Aufforderung ratifiziert (vgl. auch S. 185 ff.) und somit eine Kopplung entsteht. In dem Lehrer-Schüler-Beispiel hingegen kann zwar Initiation/Reaktion (Frage/Antwort) als Paarsequenz auftreten, aber nicht Reaktion/Feedback als eigenständige Paarsequenz. Von daher liegt hier eine echte Dreiersequenz zugrunde, bei der der dritte Teil in der Regel verbal realisiert wird.

In Abb. 5-18 ist die Paarsequenzierung aufgrund der bisher behandelten Sequenzierungsmuster des Verkaufsgesprächbeispiels (S. 182) gegeben.

5.3.3 Rahmenstrukturen

Das obige Verkaufsgespräch stellt eine konkrete Situation, Szene, ein konkretes Ereignis dar. Dieses Ereignis basiert auf gewissen Organisationsprinzipien wie z.B. dem System des Sprecherwechsels. Die Summe der Strukturierungen (in ihrer Art und Funktion) dieses bzw. eines (Sprech-)Ereignisses wollen wir **Rahmen** nennen (vgl. hierzu auch Tannen 1993). Der Rahmen ‚Verkaufsgespräch' weist zum einen sequentielle Muster auf wie z.B. Paarstrukturen und deren Kombinationen, darüber hinaus aber auch **Rahmungen** bzw. **Klammerstrukturen**, nämlich Eröffnungs- und Beendigungsstrukturen. Solche Klammerstrukturen sind für viele Gesprächsrahmen konstitutiv und eingehender untersucht worden, worauf im folgenden näher eingegangen werden soll.

Typische Klammerstrukturen sind Begrüßungs- und Verabschiedungssequenzen wie im Beispiel des Verkaufsgesprächs (Abb. 5-18, Z 1,2 und 49, 50), die in Interaktionszusammenhängen in Paarsequenzen auftreten. Begrüßungen und Verabschiedungen sind in hohem Maße ritualisiert und bilden deshalb „rituelle Klammern" (Goffman 1972: 107), die neben der Kontakt- und der Gesprächseröffnungsfunktion die Funktion haben, die Rollenverteilung zwischen den Interaktionspartnern zu markieren. So gilt präferiert in asymmetrischen Partnerkonstellationen entweder, daß der sozial höher stehende zunächst vom sozial unter ihm stehenden gegrüßt wird, um dann den Gruß zu erwidern, oder es gilt das Umgekehrte; es ist aber (im Vergleich zu symmetrischen Partnerbeziehungen) nicht beliebig in einer Situation, wer den ersten Teil einer Paarsequenz realisiert. Komplexer als einfache Gruß-Gegengruß-Sequenzen gestaltet sich die Eröffnungsphase bei Telefongesprächen, da der nonverbale Kanal ausgeschaltet ist und somit die Identifizierung des Gesprächspartners schwieriger ist.

```
┌─  1  K: guten tag.
└─  2  v: tag. (7.0)
┌─  3     was darf's sein?
└─  4  K: ich möchte hier (.) ran ((zeigt zum Obst/lacht)) (12.0)
┌─  5  V: hmhm (.) wat darf's sein?
├─  6  K: hiervon hätt ich ( ) was (2.0)
└─  7  V: ja
    8     dit sind (.) einsfünfundzwanzich.
┌──  9  K: ja ( )
│┌─ 10  V: bitte?
│└─ 11  K: die auch noch.
└── 12  V: die auch noch.
    13     ((Poltern)) (2.0) bomms 'ne tüte (.)
    14     dit is ja spannend wat da se
┌─ 15  K: wat kost'n die weintrauben heute?
└─ 16  V: die? drei mark fuffzich.
    17     das sind zweisechzich.
┌─ 18  K: geben sie mir bitte eine schöne traube!
└─ 19  V: die schönste bitte. (3.0)
┌─ 20  v: für mein' lieben kleinen enkel
└─ 21  V: für mein' lieben kleinen enkel darf nüscht
    22     teuer genug sein. (2.0) so. (15.0)
    23  K: hmhm=
    24  V: =so. (5.0)
┌─ 25     reicht? oder nehm' wa diese ja?
└─ 26  K:      diese ja
┌─ 27  V: hmjanz schön teuer oma zu sein wa?
└─ 28  K: ((lacht))
    29  V: dreifünfzich (.) vierzwanzich (.)
┌── 30     außerdem?
│┌─ 31  C: guten morgen.
│└─ 32  V: freundlichen guten morgen.
├── 33  K: vier äpfel bitte.
└── 34  V: mhm
    35     na woll'n wa ma da (3.0) so. (.)
┌─ 36  K: granny ja↑
└─ 37  V: ja
    38     vierzwanzich und zwo-sechzich und dit stimmt.
    39     (5.0) fünfe (3.0) bomms. dit sind einsfuffzich (.)
    40     eins-fünf-fuffzich. danke schön.
┌─ 41  K: dit wär's herr müller!
└─ 42  V: dit jenücht. fünfe fuffzehn (.) acht-achtfünfundfuffzich
    43     ((packt die waren ein)) schön verkauft (.) sie sind schuld.
    44     achtfünfundfuffzich achtfünfundfuffzich. dit sind neun mark
    45     zehn dreißich vierzich fuffzich. achtfünfundfuffzich. dit sind
┌─ 46     neun und 'n danke. danke vielmals.
└─ 47  K: danke auch danke auch.
    48  V: ja. (2.0)
┌─ 49  K: wiedersehen.
└─ 50  V: tschüß. danke.
```

Abb. 5-18: *Paarsequenzen am Beispiel*

In einer Untersuchung zu Eröffnungssequenzen in amerikanischen Telefongesprächen, konnte Schegloff (1979) zeigen, daß der Eröffnungsphase *summons-answer sequences* als Basisstrukturen zugrunde liegen. Danach ist das Klingeln des Telefons integraler Bestandteil der Analyse und wird begriffen als erster Teil einer Paarsequenz, der einen Aufforderungscharakter (*summons*) hat. Die auf das Klingeln folgende Äußerungssequenz seitens des Angerufenen stellt eine Antwort auf die Klingel-Sequenz dar und schließt somit die Paarsequenz ab (vgl. 10: 1,2). Schegloff fand ferner heraus, daß die Antwortsequenz oft mit einer fragenden Intonationskontur verbunden ist, so daß der Anrufer wiederum auf die Frage zu antworten hat, also eine Frage-Antwort-Sequenz (Z 2,3) zugrunde liegt.

    (10)
    1 Telefon klingelt = Summons
    2 Answerer: H'llo? (Antwort auf Summons / Frage)
    3 Caller: Hi   (Antwort auf Frage / Gruß))
    4 Answerer: Hi:?   (Gegengruß)

    (11)
    1 Telefon klingelt
    2 A: ja?
    3 B: grüß dich (2.0) hier ist klaus.
    4 A: ach du bist's. grüß dich.

Der weitere Verlauf des Telefonats ist abhängig davon, ob der Angerufene vom Anrufer identifiziert worden ist oder nicht. In Beispiel (10) erfolgt eine Begrüßungssequenz (Z 3,4), wobei die Identifizierung offensichtlich gelungen ist. Die Sequenz in Zeile 3 hat ebenfalls eine Doppelfunktion, die zwei Aspekte umfaßt: „First, it is the first part of a basic sequential unit we call an adjacency pair [...]. Second, it is a claim to have recognised the answerer and a claim to have the answerer recognise the caller. The two aspects of the callers initial ,Hi' are intertwined. A first greeting having been done, a second greeting is what should relevantly occupy the next turn. But as the first greeting displays recognition, so will a second greeting; it will stand as a claim that the answerer has reciprocally recognized the caller" (Schegloff 1979: 35). Während in (10) die Identifizierung sofort erfolgt, zeigt Beispiel (11), daß das Problem der Identifizierung des Anrufers um eine Sequenz verschoben wird, da offensichtlich A auf den Gruß nicht mit einem Gegengruß reagiert, sondern mit einer Pause (dispräferiert), was darauf hindeutet, daß der Anrufer nicht identifiziert wurde. Erst wenn das Problem der Identifizierung gelöst ist (vgl. auch Abb. 5-19), kann die Eröffnungsphase abgeschlossen werden und das Gespräch fortgeführt werden.

    Wie eine Untersuchung von Bethge (1974) zeigt, können Eröffnungen von Telefongesprächen stark variieren, wobei der Formalitätsgrad der Situation eine wichtige Rolle spielt. Je nachdem, ob man mit einem Freund telefoniert, die Telefonauskunft bemüht, in einer öffentlichen Institution anruft, variiert die Eröffnungssequenz.

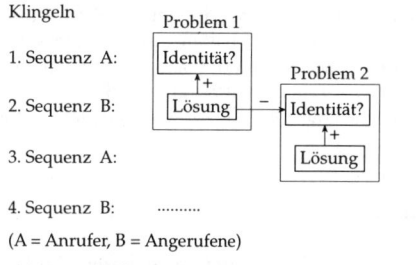

4. Sequenz B: ....

(A = Anrufer, B = Angerufene)

Abb. 5-19: *Eröffnung eines Telefongesprächs und Identifizierungsproblem*
(nach Schegloff 1979)

Im Gegensatz zu Eröffnungssequenzen sind Schlußsequenzen insofern weniger stark ritualisiert, als die Beendigung eines Gesprächs immer wieder verschoben und das Gespräch somit wiedereröffnet werden kann. Wie Schegloff/Sacks (1974: 250ff.) zeigen, treten bei Gesprächsbeendigungen häufig resümierend-refokussierende Schlußsequenzen auf, die den eigentlichen Abschluß vorbereiten. Dies wird **pre-closing** genannt. Die Sequenz in Zeile 3 des Beispiels (12) ist ein solcher resümierender Turn, eine explizite Refokussierung erfolgt im Verkaufsgespräch (Abb. 5-18) in Zeile 41 durch die Äußerung *dit wär's herr müller*. Die Beendigung des gesamten Verkaufsgesprächs erfolgt durch eine Dank- sowie eine Verabschiedungssequenz.

(12)
1 A: fax mir das doch einfach zu.
2 B: ok. (1.0)
3 A: gut (.) prima.
4 B: ja.
5 A: ich ruf dich nächste woche wieder an.
6 B: ok. bis dann. tschü::ß.
7 A: tschüß.

Neben umrahmenden Strukturen wie Begrüßungs- und Verabschiedungssequenzen gibt es rahmeninterne Strukturierungen wie im obigen Verkaufsgespräch als Strukturmuster von Handlungsmustern (z.B. Kaufakt). Erzählungen sind ebenfalls stark strukturiert und weisen häufig neben umrahmenden Sequenzen wie einer Orientierung und einer die erzählte Handlung bewertenden oder resümierenden Koda interne Muster auf, die mit der erzählten Handlungskette verbunden sind und spezifische syntaktische Formatierungen aufweisen (z.B. *und dann*-Struktur).

Die Analyse von Gesprächsstrukturen ist eine wichtige Methode, wenn es um die Frage geht, welche syntaktischen Artikulationen die gesprochene Sprache aufweist. Denn spezifische Vorkommen von z.B.

nicht-eingebetteten *daß*-Sätzen treten immer in der zweiten Komponente einer Zweierstruktur auf. In solchen Fällen also können syntaktische Eigenschaften mit Hilfe gesprächsanalytischer Methodiken beschrieben und erklärt werden. In neueren Arbeiten zur Syntax der gesprochenen Sprache wird u.a. deshalb auf Gesprächsanalysen zurückgegriffen.

5.4 Ethnographische Analyse

Die Ethnographie der Kommunikation – oder im engeren Sinne die Ethnographie des Sprechens (Hymes 1979b) – hat zum Gegenstand die Beschreibung und das Verstehen von sprachlichen Strukturen und von Sprachverhalten in spezifischen kulturellen Zusammenhängen. Die Ethnographie der Kommunikation steht in der Tradition der Anthropologie und Ethnolinguistik und ist mit Namen wie Franz Boas, Bronislaw Malinowski und Raymond Firth verbunden.

Bei der Untersuchung sprachlicher Strukturen aus einer ethnographischen Perspektive spielt die Einbeziehung des **Kontextes** eine zentrale Rolle, wobei Kontext nicht nur den sprachlichen Kontext und engeren situativen Kontext umfaßt, sondern auch „facial expression, gesture, bodily activities, the whole group of people present during an exchange of utterances and the part of the environment in which these people are engaged" (Malinowki 1966: 22). Die Analyse sprachlicher Strukturen erfolgt also in bezug auf Verhaltenssituationen, und eine zentrale Fragestellung im Rahmen ethnographischer Analysen lautet, welche „**Sprechmuster** in welchen gesellschaftlichen Kontexten verfügbar sind, und auch wie, wo und wann sie ins Spiel kommen" (Hymes 1979a: 40). Sprechmuster sind die Realisierung spezifischer kommunikativer Ereignisse, die als Sprechereignisse bezeichnet werden. Ein **Sprechereignis** beinhaltet verschiedene grundlegende, als heuristischen Ausgangspunkt dienende Faktoren, nach denen Sprechereignisse empirisch identifiziert werden können:
1. Sender bzw. Sprecher,
2. Adressat bzw. Hörer,
3. Form der Mitteilung,
4. Übertragungskanal für die Mitteilung,
5. Kode,
6. Inhalt der Mitteilung und
7. situativer Kontext.
Sprechereignisse sind z.B. Verkaufsgespräche, Gremiengespräche, Erzählungen, Predigten, Vorlesungen, Talk-Shows usw. Diese können methodisch durch verschiedene Techniken eliziert werden. Wie wir in Kap. 2.3 gezeigt haben, ist die teilnehmende Beobachtung die zentra-

le Erhebungsmethode im Rahmen der Ethnographie. Die verschiedenen Sprechmuster, denen regelhafte, systematische und rekurrente Sprechereignisse zugrunde liegen, können als **Sprechstile** einer Gemeinschaft begriffen werden. Sprechstile, die an Gruppen gebunden sind, werden als **Varietät** (z.B. ein Soziolekt) bezeichnet, solche die an Situationen gebunden sind, als **Register**. Ein Sprechstil kann betrachtet werden „als ein geordnetes System tendenzieller Gebrauchspräferenzen (von Sprechern), die kontextgebunden und gefiltert durch diskursive Rahmensetzungen aus den verschiedensten Ebenen des einzelsprachlichen Varietätenraumes Ausdrucksformen auswählen und diese mittels Kookkurrenzrestriktionen (...) zu einer spezifischen Stillage kombinieren" (Dittmar/Hädrich 1988: 118). Dabei können vier Ebenen unterschieden werden: 1. die Ebenen des sozialen Handelns (Intentionen, Handlungszwecke und -ziele); 2. diskursive Rahmensetzungen; 3. thematische Linien und konversationelle Muster sowie 4. die Ebene der sprachlichen Ausdrücke und ihrer Form, die durch Restriktionen konstituiert werden.

Die Aufgabe einer ethnographischen Analyse besteht darin, die signifikanten sprachlichen und außersprachlichen Strukturen zu beschreiben und zu erklären. Für die konkrete Analyse bedeutet dies, daß vor der eigentlichen linguistischen Analyse die relevanten Komponenten eines Sprechereignisses bestimmt werden. Die linguistische Analyse erfolgt auf der Folie des Sprechereignisses, wobei in Abhängigkeit von der Fragestellung die Analysemethoden gewählt werden. Hierbei sind natürlich solche besonders relevant, die Kontextfaktoren mit berücksichtigen, also z.B. funktionale Analyseverfahren, wie sie in Kap. 5.3 behandelt wurden.

Die Komponenten bei der Beschreibung eines Sprechereignisses, die vor der eigentlichen Analyse des Sprechereignisses gegeben werden, sind die folgenden:

1. Das **Genre** bezeichnet den Typ des Sprechereignisses, z. B. Begrüßung, Erzählung, Verkaufsgespräch etc.

2. Das **Thema** bezeichnet den Konversationsgegenstand, z. B. in Kap. 5.3.3 ist das Thema die Stellenausschreibung.

3. Die **Funktion** gibt an, welchen Zweck das Sprechereignis hat.

4. Der **Schauplatz** umfaßt die physikalischen Aspekte des Sprechereignisses (z. B. Seminarraum mit U-förmiger Anordnung der Tische) sowie die zeitliche Lokalisierung.

5. Die **Teilnehmer** werden nach Alter, Geschlecht, Ethnizität, sozialem Status und anderen relevanten Kategorien klassifiziert.

6. Die **Art der Botschaft** bezeichnet genauer den Kode, welche Varietät gebraucht wird, Hinweise zum verbalen und nicht-verbalen Verhalten oder auch Hinweise zur Form eines Textes.

7. Beim **Inhalt der Botschaft** wird angegeben, was als Thema kommuniziert wird.

8. Die Ordnung der **Handlungssequenzen** wird angegeben sowie ggf. Hinweise zum Konversationsverhalten (z. B. Turn-taking-system).

9. Die grundlegenden **Interaktionsregeln**, die dem Sprechereignis zugrunde liegen, werden bestimmt.

10. Die **Normen der Interpretation** werden bestimmt, wobei das implizierte allgemeine und kulturelle Wissen ebenso wie bestimmte Präsuppositionen angegeben werden.

Veranschaulichen wir uns die Komponenten des Sprechereignisses an einem Beispiel und greifen auf das Sprechereignis ‚Verkaufsgespräch‘ und auf den konkreten Fall von S. 182 zurück. Die Beschreibungsmatrix sieht wie folgt aus:

1. *Genre*:Verkaufsgespräch.

2. *Thema*: Kauf von Obst sowie Privatgespräch.

3. *Funktion*: Kauf – Verkauf von Obst.

4. *Schauplatz*: Berlin Tempelhof, 1980, Tante-Emma-Laden.

5. *Teilnehmer* : (a) mask., 45 Jahre, Verkäufer, Ehemann von (b). (b) fem, 44 Jahre, Verkäuferin, Ehefrau von (a). (c) fem., 54 Jahre, Kundin von (a).

6. *Art der Botschaft*: Berliner Umgangssprache.

7. *Inhalt der Botschaft*: (i) Kauf – Verkauf und (ii) Nebensequenzen mit Bezug auf gemeinsam geteiltes Wissen zwischen V und K, und zwar auf den Enkel von K.

8. *Handlungssequenzen*: Geordnete Abfolge entlang der Handlungslinie des Kauf-Verkaufverhaltens. Kooperative und symmetrische Interaktion, lineare Abfolge K – V.

9. *Interaktionsregeln*: Durch institutionellen Zweck festgelegt.

10. *Normen der Interpretation*: (i) Ökonomie: Kauf – Verkauf, (ii) institutioneller Kontext: kleiner Laden in der Nachbarschaft.

Die obige Beschreibungsmatrix gibt in komprimierter Form die relevanten Informationen. Natürlich können einzelne Punkte wesentlich detaillierter behandelt werden, so könnte der Schauplatz näher bestimmt werden, die Personen könnten charakterisiert werden, Informationen zum non-verbalen Verhalten könnten gegeben werden usw. Der Detaillierungsgrad ist abhängig von der Fragestellung und der Ebene der Analyse. In Kap. 5.2.1 hatten wir Handlungssequenzen näher untersucht, in Kap. 5.3 die konversationellen Strukturen. Im Rahmen enthnographischer Analysen interessiert nun, inwieweit innerhalb einer Sprachgemeinschaft Sprechereignisse und die entsprechenden Sprechstile variieren oder nicht und inwieweit zwischen (kulturell divergierenden) Sprachgemeinschaften. Sehen wir uns zunächst ein Verkaufsgespräch aus einem Dorf in Chiapas (Mexiko) an, das im Tzeltal, einer Mayasprache, geführt wird (aus Brown 1979):

1 K: me?nin
       alte Mutter

2 V: la   me?nin
komm! (PART) alte Mutter
Alte Mutter! - Komm, alte Mutter!
(übliche höfliche Begrüßung zwischen älteren Frauen)

3 K: nakal -at   bal
sitzen -du   Ja/Nein-Frage

4 V: nakal -on
sitzen -ich
Sitzt du? - Ich sitze.
(Metaphorisch für: Bist du zu Hause; Kann ich dich sprechen?)

5 K: a h   nakal -Ø   ma?j-uk
Interjektion   sitzen -er/sie/es   nicht∗sein-Irreal
ja?tʃonben   ?itʃ   hti?tik
du verkaufst mir   Chili   wir (inkl) essen ihn
Ah (gut), man sitzt. Ist es nicht vielleicht möglich, daß du mir Chilies verkaufst,
damit wir alle (Inklusivform: Verkäuferin eingeschlossen) *essen können.*

6 V: ja   wan   ?a?hohk'o   ?itʃ'
Ink   Zweifel   du fragst   Chili
Du fragst nach Chilies? (Du möchtest Chilies kaufen?)

7 K: jak,   jahman   ?itʃ   jahohk'ob-et ?ala   peʃ-uk
ja   ich kaufe   Chili ich frage dich klein Peso-Irreal
Ja, ich kaufe Chili. Ich bitte dich um (etwas im Wert eines) kleinen Peso (Münz-
einheit)*.*

8 V: jak-uk,   majlia jahti?tik   ta   lok'el
ja-Irreal   warte! wir (inkl) holen es   PART Weggehen
Aber ja, warte! Wir werden es holen gehen.

9 K: jak-uk
Aber ja!

10 V: ?ila?wil   ts'in   ta   me   ja?a?witʃ'   -e
schau!   dann PART wenn du nimmst es -fern
Schau ob du sie (fern) nimmst. (d.h., ob sie dir gefallen)

11 K: jak-uk,   jakiltik   ?a
ja-Irreal   wir (inkl) sehen es   PART (anaphorisch)
Aber ja, wir (inklusiv) sehen es.   ((Kundin besieht die Chilies))
?ila   j-ala   tohol
sieh!   sein-klein   Preis
Sieh hier seinen kleinen Preis. ((Kundin reicht das Geld))

12 V: ?iʃta   kiltik   ?a
PART   wir (inkl) sehen es   PART (anaphorisch)
Gut, danke, wir (inklusiv) sehen es. ((Verkäuferin nimmt das Geld))

13 K: ha?,   naʃ   tal-uk   hohk'obet   bel
PART kaum, nur   es∗kommt-Irreal   ich frage dich weg
?a?w-ala   ?itʃ'   hti?
dein-klein   Chili   ich esse es
Ich wollte eigentlich nur kommen, um die Chilies wegzuerfragen, damit ich sie
essen kann.

14 V: ha?bi ?itʃ'a   bel   ja?wil
PART   nimm!   weg   du siehst sie
So ist es. Nimm sie mit, du siehst sie ja.

15 K: tej   hk'opon   hbatik   ts'in   tʃ'i
         dort   wir sprechen   uns (reflexiv)   dann   PART
         Wir werden uns (inklusiv) bestimmt wieder sprechen.
16 V: haʔbi
         Ja, bestimmt.
17 K: lakon   meʔnin
         ich komme   alte Mutter
18 V: ba   meʔnin
         geh! (PART)   alte Mutter
         Ich komme wieder, alte Mutter! – Geh, alte Mutter!
         (übliche höfliche Verabschiedung zwischen älteren Frauen)

Komponenten des Sprechereignisses ‚Verkaufsgespräch Tzeltal‘:

1. *Genre*:Verkaufsgespräch.
2. *Thema*: Kauf von Chilies.
3. *Funktion*: Kauf – Verkauf von Chilies.
4. *Schauplatz*: Tenejapa, Dorf in Chiapas (Mexiko), einziger Kaufladen.
5. *Teilnehmer* : (a) Verkäuferin. (b) Käuferin.
6. *Art der Botschaft*: Umgangssprache Tzeltal.
7. *Inhalt der Botschaft*: Chiliekauf.
8. *Handlungssequenzen*: Entlang der Handlungslinie, lineare Abfolge K – V; Näheres s.u.
9. *Interaktionsregeln*: Durch institutionellen Zweck festgelegt. Die Höflichkeitsstrategien sind nicht-symmetrisch (Näheres s.u.)
10. *Normen der Interpretation*: (i) Ökonomie: Kauf – Verkauf, (ii) Soziale Norm: Höflichkeitsregeln.

Dem Tzeltal-Verkaufsgespräch liegt ebenfalls eine strukturierte Handlungslinie zugrunde. Die Abfolge der Gesprächsbeiträge erfolgt wechselseitig und geordnet. Das Gespräch ist gerahmt durch die Paarsequenz Gruß und Gegengruß. Im Gegensatz zum oben behandelten deutschen Verkaufsgespräch geht dem Kaufakt eine Bitte um Gesprächsaufnahme in konventionalisierter Form voraus. Die Bitte wird bestätigt, es liegt hier ebenfalls eine Zweierstruktur vor. Auch die Äußerungen in Zeile 14 und 15 sind konventionalisierte Formen der Kontaktbeendigung in Form eines *adjacency pairs*. In dem deutschen Gespräch haben wir das Gegenseitige-sich-Bedanken. Der obligatorische Kaufakt umfaßt als Kern wie im deutschen Gespräch die Äußerung des Kaufwunsches (SPR-1 vgl. S. 185; Z 5) sowie die Ratifizierung des Kaufwunsches (SPR-2 vgl. S. 185; Z 7), im Zahlakt wird ebenfalls auf das Zahlungsmittel verwiesen. Das Tzeltal-Verkaufsgespräch ist in seiner Grundstruktur, also in bezug auf zentrale Handlungsmuster analog aufgebaut. Auffällig ist jedoch, daß die Phasen, die auf die Interaktion als solche Bezug nehmen, und die damit verbundenen kommunikativen Sprechhandlungen (Z 1-4 und Z 13-18) einen größeren Raum einnehmen. Dieses Mehr an Äußerungsarbeit geht einher mit Distanz zwischen den Interaktionspartnern und Höflichkeitsstrategien. Das Verhältnis zwischen Verkäuferin und Kundin ist formal-höflich und verhalten, wobei eine interessante Asymmetrie zu beobachten ist: Während die Kundin alle Sprechakte indirekt ausdrückt, sind die Äußerungen der Verkäuferin direkter, so werden imperative Sprechhandlungen gebraucht (Z 2, 8, 10, 12, 18). Während im Tzeltal-Verkaufsgespräch die Regel gilt, daß die Kundin höflicher zu sein hat als die Verkäuferin mit der Perspektive, daß ‚die Kundin etwas vom Verkäufer will', ist im Deutschen (in der Regel immer noch) ‚der Kunde König'. Dies zeigt sich in bestimmten Höflichkeitsstrategien des Verkäufers. Der Gemüseverkäufer aus Berlin ratifiziert den Kaufwunsch nicht nur in Floskeln wie *die schönste bitte* (vgl. S. 215, Z 19), sondern er verfügt über ein ganzes Register an Höflichkeitsformen und -formeln: *jeder wunsch soll erfüllt werden, wenn er erfüllbar ist; na ja (.) denn komm se morgen wieder, ick will sie ja doch wiederseh'n; dit Beste für sie; ick sach ihn' alles; ick geb ihn' mein letztes* usw. Neben den symmetrischen, konventionalisierten Höflichkeitsmustern wie Begrüßung, Verabschiedung, Dank verfügt der Verkäufer über spezifische Höflichkeitsstrategien, über die der Kunde nicht verfügt bzw. verfügen muß. Inwieweit diese Asymmetrien für die Sprachgemeinschaften rekurrent sind, wäre durch weitere empirische Untersuchungen zu prüfen. In bezug auf das amerikanische Englisch und das Japanische in Verkaufsgesprächen liegt eine umfangreiche Studie von Tsuda (1984) vor. Dort konnte u.a. gezeigt werden, daß Adressierungen in amerikanischen Verkaufsgesprächen reziprok sind und auch Vornamen sowie informelle Anreden wie *Hi honey* gebraucht werden können. In japanischen Verkaufsgesprächen werden vom Verkäufer bestimmte Höflichkeitssuffixe gebraucht, wie z.B. *-san*:

hai, onesan, ohayo!
hallo schwester-san guten-Morgen
(Schwester ist hier nicht Verwandschaftsterminus)
Hallo, verehrte Frau, guten Morgen!

Der Gebrauch von Höflichkeitssuffixen seitens des Verkäufers tritt rekurrent auf, so daß in japanischen Verkaufsgesprächen eine Asymmetrie in bezug auf Höflichkeitsmuster vorliegt, anders im Amerikanischen: „The American inclination toward the reciprocal use of personal names between salesmen and their customers establishes a more relaxed and friendly climate for the transaction of business. The traditional usage in Japanese speech patterns for sales transactions, therefore, are executed in a more formal atmosphere in which the salesmen are always aware of the necessity of showing defence and respect toward their customers" (Tsuda 1984: 110).

Im Rahmen der Ethnographie des Sprechens werden Sprachgemeinschaften als Mengen von Stilen umfassende Einheiten angesehen. In Abhängigkeit von sozialen und kulturellen Faktoren sind Sprachgemeinschaften unterschiedlich strukturiert, was sich in unterschiedlichen Sprechstilen niederschlägt, die sich nach strukturellen und Gebrauchsfunktionen analysieren lassen. An Beispielen des Verkaufsgesprächs haben wir versucht zu verdeutlichen, wie spezifische Handlungen in unterschiedlichen Kulturen ausgeführt werden, und haben dabei Gemeinsamkeiten und Unterschiede aufdecken können. Natürlich können wir hier nur exemplarische Analysen vorführen, eine systematische Analyse setzt entsprechendes empirisches Material (und Platz für die Darstellung) voraus. Betrachten wir das Sprechereignis ,Verkaufsgespräch' allein im deutschsprachigen Raum, so zeigt sich, daß es eine Vielzahl von Typen des Verkaufsgesprächs gibt. Es ist ein Unterschied, ob man auf dem Markt oder im Supermarkt Obst einkauft und ob man ein Auto oder ein Pfund Äpfel kauft. Obwohl wir in all den verschiedenen Verkaufsgesprächstypen einen minimalen teleologischen Handlungskern haben, ist die Variation auf der diskursiven und sprachlichen Ebene immens. Wir wollen nun im folgenden ein weiteres Verkaufsgespräch hinsichtlich seiner sprachlichen Variation untersuchen. Es handelt sich um die Aufnahme eines Verkaufsgesprächs im Kaufhaus des Westens (Berlin), wo an einem speziellen Stand für einige Tage Modeschmuck verkauft wurde.

1	V:	schaut her! diese kette (.) verliert (.) verliert (.) ich will es euch beweisen
2		(.) rückt das mal ran, daß a mal e weng platz habt, schaut her! verliert auf
3		der oberfläche nicht die farbe ((reibt eine kette an der oberkante eines
4		Glaskruges)) ich mach's ihm vor (.) das kann ich machen 'n halbe stunde.
5		es geht nich runter (.) aber nich weil es teuer is oder weil es gold is oder
6		wertvoll. sondern weil die oberfläche in der schweiz der firma prestige mit
7		einem lack geschützt wird, und es bleibt immer (.) da kann man nur noch
8		sagen (.) gold is very good for love and leid, es bleibt immer schön (.)
9		immer! und diese kette ist fünfundsechzig fünfundsiebzig fünfundachtzig
10		lang (.) und jetz sagen wir einmal die preise die sie in allen (.) allen allen
11		kaufhäusern regulär bezahlen, (.) ((zeigt einzelne ketten)) zwanzig mark
12		in vergoldet (.) fünfzwanzig mark in vergoldet (.) sind fünfundvierzig und
13		dreißig mark in vergoldet sind fünfundsiebzig (.) und das ist nicht teuer
14		weil ein plastikpapagei so groß mit zwei federn dran der kost' auch
15		fünfzehn 's stück, gellizi frau meier? und bei mir (.) das kost' in einer
16		werbeaktion für diese firma nicht fürs wertheim und nicht für schmuck
17		(.) und ich verkaufe auch keinen schmuck, ich werbe für die firma
18		prestige die das in lugano herstellt, für modeschmuck aus der schweiz (.)
19		der nicht schwarz wird, schön bleibt das ist der grund (.) zwei mal sechs
20		tage (.) heute mittag um eins is beendet (.) eins zwei drei (.) und jetz mach
21		ich etwas ganz verrücktes (.) mach ich ein werbeaktion (.) ich geb euch
22		jetz was für dreißig mark, wenn's euch gefällt (.) da könnt ihr laufen von
23		hibbesau bis appenzell von berlin bis auf'n kurfürstendamm, da habt ihr's
24		nich so weit (.) das gibt's bei mir nur bis um elf (.) ich sage (.) meine damen
25		meine herren! (.) in vergoldet kostet regulär zehn prozent mehr, das heißt
26		es gibt normal einen weniger (.) ich sage eins zwei drei für dreißig mark
27		komplett statt fünfundsiebzig (.) ich gebe euch pro kunde (.) pro kunde in
28		berlin einen schwarzen vergoldeten diamantgeschliffenen saturnring (.)
29		fünfundfünfzig, kettchen anlaufgeschützt, fünfzehn mark der anhänger,
30		sechs mark fünfzig die kette (.) ich sage eins zwei drei vier immer noch für

```
31         dreißig (.) und weil ich ein (gott...) bin geb ich euch im namen der direktion
32         meiner firma einen wunderschönen, und jetzt besorgt mir besorgt mir einen
33         bergkristall unter fünfzehn mark! dann geh ich persönlich am heiligen
34         abend mir frack und zylinder für meinen chef in zürich reklame tragen (.)
35         sie sind mir nich böse daß ist so meine ostfriesische art, die geht immer mit
36         mir durch wenn ich am samstag heim darf (.) vierzehn mark fünfzig kostet
37         der bergkristall (.) und ich sage heute (.) in diesem haus (.) eins zwei drei
38         vier fünf immer noch für dreißig mark (.) und weil ich ein ganz verrücktes
39         mädchen bin und heute sage (.) meine damen und herren (.) die greta garbo
40         das war die dame mit der schwarzen seele und den schönen beinen, die trug
41         die schwarzen perlen immer in der hochzeitsnacht (.) sag ich gratis ein
42         schwarzer onyx, ich sage eins zwei drei vier fünf sechsmal immer noch für
43         dreißig (.) und jetz geb ich genau elf minuten lang für alle (.) für alle mit
44         venezianerkette denen das auch samstagmorgen gefällt (.) am fünfzehnten
45         november 1980 schmuckset für einundachtzig (.) noch genau zwei stunden
46         lang bis um eins (.) ich sage eins zwei drei vier fünf sechs siebenmal
47         komplett vergoldet anlaufgeschützt für dreißig d-mark (.) und dann kann
48         ich nur noch sagen meine damen und herren hausfrauen und männer (.) ich
49         sage danke für's zuschau'n und macht bitte für mich reklame (.) in
50         vergoldet in versilbert (.) ist derselbe preis, es bleibt schön wird nicht
51         schwarz (.) was gefällt ihnen besser? gold oder silber?
52  K₁:    moment ma'! gold oder silber?
53  V:     gold hebt den teint gold spart make-up (.) silber ist gut gegen
54         haarausfall und tut der mutti gut wenn's ihr der vater schenken tut (.)
55  K₁:    ja ja (denn er hat so viel haare)
56  V:     ich bin doch immer so, das is doch meine ostfriesische art, da dürfen sich
57         nichts bei denken (.) eins zwei dreimal?
58  K₁:    was nehm wa? silber.
59  V:     dann gibt's saturnring teil nummer vier (.) teil nummer vier
60  K₁:    ( )
61  V:     dann gibt's weiße perle teil nummer fünf (.) dann gibt's bergkristall erst
62         den schwarzen onyx und einen bergkristall (.) nun haben wir wieder
63         komplett dasselbe programm (.) eins zwei drei vier fünf sechs sieben mal
64         sterling versilbert, anlaufgeschützt für dreißig (.) sind sie damit zu-
65         frieden?
66  K₁:    ja gel, bleibt immer schön, wird nicht schwarz, läuft nicht an, wird nicht
67         grau wird nicht grün, gibt keinen schwarzen hals und keinen schlechten
68         charakter, zwei schokolädle kriegt ihr von mir.
69  K₂:    och och!
70  V:     frohe weihnachten (.) aus der schweiz ist die schokolade
71  K₃:    wünsch ich auch
72  V:     und zwanzig in bar, ich danke ihnen
73  K₄:    einmal in gold
74  V:     in gold oder silber? da hab ich ja nochmal (.) it is very good for love
75         and leid (.) one two three for five six seven wo ist meine frau gebleven?
76         thirty marks completed und wenn nit wollscht dann wollscht nüt (.) und
77         jetz gib's zwei schokolädle, thank you very much, sleep you very well in
78         your very nice hotel (.) und denn gib's aber fünfzig und siebzig in bar (.)
79         danke (.) und wer ist der nächste? ganz ehrlich, gold oder silber, selber
80  K₄:    schönen dank
               .
               .
               .
81  K₅:    silber
82  V:     silber, ich mach ganz schnell gell? two minutes please (.) ich bin zwar
83         nicht die schnellste frau von mexiko aber ich bin die zweitschnellste
84         vom kurfürstendamm (.) ähm dreißig, dann gibts den schwarzen onyx (.)
```

85   the white pearl for the white heart (.) ((zu K_6)) do you speak english?
86   ((K_6 schüttelt den Kopf) no?
87 K_6: ((lacht)) no
88 V: parlez-vous français?
89 K_6: un ( )
90 V: >ah oui je ne parle pas très bien le français monsieur, <u>regardez</u> pour la
91   demonstration<
92 K_6: vous parlez   (des perles) ((lacht))
93 V: s'il vous plaît und deux trois quatre cing six eins zwei drei vier fünf sechs
94   un la perle blanche (.) un la onyx und un la cristalle und dann kost' das
95   jamais oxydation s'il vous plaît (.) eins zwei drei vier fünf sechs sieben
96   mal für dreißig, dreißig mark komplett, trente mark complet (.) bleibt
97   schön, eine schokolade für die hochzeitsnacht eine für die ehescheidung
98   danke schön, merci und dann gibt's noch mal zwanzig in bar ...
        .
        .
        .
99   gold oder sülber?
100 K_9: silber
101 V: er möchte in silber
102 K_{10}: wird es auch nich schwarz?
103 V: nein, sie könn' schwitzen wie'n elefant hinter'm ohr, wie ein königstiger
104   bei der arbeit in de' wüste sahara (.) ich zeig euch was, paßt auf! ich mach
105   was vor ((reibt eine Kette an der Oberkante eines Glaskruges))

Beschreibungskomponenten des Sprechereignisses:

1. *Genre*:Verkaufsgespräch.
2. *Thema*: Anpreisen und Verkauf von Modeschmuck.
3. *Funktion*: Verkauf von Modeschmuck.
4. *Schauplatz*: Berlin Charlottenburg, 15.11.1980, Kaufhauf des Westens. Die Verkäuferin hat einen speziellen Stand in der Schmuckabteilung, wo sie ihren Modeschmuck anpreist. Ca. 30 potentielle Käufer schauen ihrer Performance zu.
5. *Teilnehmer* : (a) fem., 35 Jahre, Propagandistin, Typ Fotomodell. (b) Zuschauer/Käufer, gemischtes Publikum. K_6 ist dunkelhäutig.
6. *Art der Botschaft*: Gehobene Umgangssprache mit sprachlichen Variationen (Näheres hierzu unten). Nonverbales Verhalten: Die zu verkaufenden Ketten werden hochgehalten und so dem Publikum präsentiert.
7. *Inhalt der Botschaft*: ,Kauf mich'.
8. *Handlungssequenzen*: In erster Linie werden in längeren, immer wiederkehrenden diskursiven Versatzstücken die Zuhörer zum Kauf animiert. Der Kauf-Verkauf-Akt erfolgt eher nebenbei.
9. *Interaktionsregeln*: Durch institutionellen Zweck festgelegt. Die längeren, monologischen Passagen der Verkäuferin sind dadurch bedingt, daß die vorbeiströmenden Besucher zunächst zum Anhalten bewegt werden müssen.
10. *Normen der Interpretation:* (i) Ökonomie: Kauf – Verkauf, (ii) Berufsbild ,Propagandistin', (iii) Ästhetik: Kunst zu unterhalten.

Der obige Gesprächsausschnitt stellt einen kompletten Diskurszyklus dar. Unter einem Diskurszyklus wollen wir die systematische Abfolge von rekurrenten, funktional permetuablen und rekursiven Diskurssegmenten innerhalb einer Diskurseinheit verstehen. Zu Beginn eines jeden Diskurszyklus lenkt die Verkäuferin, deren Beruf treffend als Propagandistin bezeichnet wird, die Aufmerksamkeit auf sich: *schaut*

her... (Z 1) und *ich zeig euch was, paßt auf...* (Z 104), wobei parallel oder
direkt im Anschluß eine Handlung vollzogen wird, indem eine Kette
an der Oberkante eines Glaskruges gerieben wird, in welchem sich
kleine Schokoladentafeln befinden. Durch die Fokussierung auf die
Verkäuferin sollen die vorbeiströmenden Kunden zunächst zum
Stehenbleiben bewegt werden. Es folgt dann die diskursive Einbin-
dungsarbeit und anschließend bzw. parallel der Verkauf des Mode-
schmucks. Interessant ist nun die komplexe sprachliche Variation, das
sprachliche ‚Outfit', mit dem die Propagandistin ihren Schmuck (mit
großem Erfolg) anpreist.

Die normale Sprachlage der Propagandistin ist eine gehobene, stan-
dardnahe Umgangssprache. Im propagandistischen Diskurs treten nun
eine Reihe von strukturellen Merkmalen auf, die in diesem Diskurs
spezifische Funktionen erfüllen. Einige hauptsächliche Merkmale wollen wir nennen:

1. Code switching / Style shifting
   (a) Alemannisch: *schokolädle* (Z 68), *wollscht nüt* (Z 76), *e weng* [əvɛŋ],
       gel (Z 66), *gellizi* (Z 15)
   (b) Berlinisch: *Sülber* [zʏlbər]
   (c) Englisch: z.b. *thirty marks completed* (Z 76)
   (d) Französisch: z.B. *parlez-vous français* (Z 88)
2. Sprüche: z.B. *silber ist gut gegen haarsausfall und tut der mutti gut
   wenns ihr der vati schenken tut* (Z 53)
3. Reimformen (Variation eines Kinderreimes): *its very good for love
   and leid (.) one two three four five six seven wo ist meine frau
   gebleven* (Z 74)
4. Rhetorische Mittel wie das Zeugma: *gibt keinen schwarzen hals und
   keinen schlechten charakter* (Z 67) oder der Gebrauch expositiver
   Äußerungen: *ich sage...* (Z 26, 30, 41 etc.).

Die Wahl dieser hervorgehobenen Merkmale ist nicht zufällig, sondern gehört zum festen Repertoire der Sprecherin. Sie treten rekursiv
auf und bilden Versatzstücke, die immer wieder in den Diskurs einge-
blendet werden, und gehören zum strategischen Sprachverhalten der
Sprecherin. Ihre Funktion läßt sich nirgends besser ermitteln als beim
Code-switching-Phänomen in Zeile 85f. Der Wechsel hat hier die
Funktion, die Aufmerksamkeit des Hörers zu steuern und den laufenden Diskurs sprachlich bunt zu gestalten. Obwohl die Sprachkompetenz der Sprecherin im Französischen offensichtlich eingeschränkt ist,
wechselt sie regelmäßig ins Französische (und auch Englische), wobei
grammatische Regularitäten verletzt werden. Entscheidend bei diesen
Wechseln ist nicht das, was sie sagt, sondern die Tatsache, daß sie
switcht. Für die sprachliche Performance ist also von entscheidender
Bedeutung das Wie, die sprachliche Ausgestaltung, der Wechsel in andere Sprachen und Dialekte ebenso einschließt wie flotte Sprüche,

Reimformen und vieles mehr. Die Verkaufssitutation, in der die Sprecherin steht, kann als ein spezifisches Feld, als ein ‚sprachlicher Markt' (Bourdieu 1977) betrachtet werden, auf dem nach bestimmten Gesetzmäßigkeiten kommuniziert werden muß, um bestimmte Ziele zu erreichen. Dies setzt die Kenntnis der erforderlichen ‚Marktgesetze' ebenso voraus wie die Kompetenz, nach diesen Gesetzen zu handeln. Der propagandistische Diskurs ist ein strategischer Diskurs, dessen Variationsbreite determiniert ist durch die (nicht nur) sprachliche Ausstattung der Verkäuferin, durch die sozialen Bedingungen, unter denen er stattfindet, und durch den konkreten Erwartungshorizont auf der Folie der Situationsdefinition. Zur Sprachkompetenz der Propagandistin gehört nicht nur der adäquate Gebrauch grammatischer Regeln, sondern auch die Kenntnis der Anwendung sprachlicher Strukturen im Hinblick auf eine spezifische Situation, inwieweit bestimmte spachliche Strukturen akzeptabel sind im Hinblick auf soziale Situationen. Für diese umfassende Kompetenz hat Hymes (1979b) den Begriff **kommunikative Kompetenz** geprägt. Auf Sprecher bezogen ist die Aufgabe der ethnographischen Analyse nicht die Beschreibung der Sprachkompetenz im engeren Sinne (Chomsky), sondern die Beschreibung der kommunikativen Kompetenz von Sprechern. Dabei ist wichtig, wie die kommunikative Kompetenz von Sprechern sich in Sprechergruppen darstellt und wie Sprecher gruppenspezifische Sprechstile entwickeln. Anschauliche Beispiele hierfür finden sich in der Beschreibung von Sprechstilen bei Peer-groups.

    In Peer-groups, die für Jugendliche eine wichtige Rolle für die soziale Orientierung spielen, bilden sich gemeinsam geteilte Werte und Normen aus, die für das soziale und sprachliche Handeln relevant sind. Je nachdem, inwieweit Peer-groups familienorientiert oder jugendkulturorientiert sind, inwieweit sie offen nach außen oder relativ geschlossen sind, inwieweit sie von gesellschaftlichen Normen abweichen oder nicht, bilden sich Strukturen sozialen und sprachlichen Handelns aus, die die gemeinsam geteilten Werte markieren. Auf der sprachlichen Ebene bilden sich so Sprechstile aus, die Ausdruck des in der Gruppe Geltenden sind und somit Rückschlüsse zulassen auf das, was in der Gruppe Geltung hat. Die in Gruppen ausgebildeten Stile sind kulturelle Stile, bei denen das „Prinzip der Bricolage" eine zentrale Rolle spielt: „Die Schöpfung kultureller Stile umfaßt eine differenzierende Selektion aus der Matrix des Bestehenden. Es kommt nicht zu einer Schaffung von Objekten aus dem Nichts, sondern vielmehr zu einer *Transformation* und *Umgruppierung* des Gegebenen in ein Muster, das neue Bedeutung vermittelt; einer *Übersetzung* des Gegebenen in einen neuen Kontext und seiner Adaption" (Clarke 1979: 138). Die Transformation und Umgruppierung erfolgt durch ‚Bastelei', durch „Neuordnung und Rekontextualisierung von Objekten, um neue Bedeutungen zu kommunizieren, und zwar innerhalb eines Gesamtsystems von Bedeutungen, das bereits vorrangig und sedimentiert, den gebrauchten Objekten anhaftenden Bedeutungen enthält" (ibid., S. 136). Durch den Prozeß der De- und Rekontextualisierung eines Objektes „entsteht ein neuer Diskurs, und eine andere Botschaft wird vermittelt" (ibid.). Der Stil subkultureller Gruppen ist ein Kriterium für die Gruppenidentität, also ein Lebensstil, der ein Stilensemble aus verschiedenen Einzelstilen ist: Aussehen, Musik, Kleidung, Accessoirs, Graffities, Sprüche und Satzstrukturen bilden Homologien und formen einen relativ einheitlichen Gruppenstil. Sprachliche (wie andere) Markierungen implizieren nun *nach innen* Anerkennung der Gruppenzugehörigkeit (Solidarität), *nach außen* wird eine Grenze gezogen gegenüber anderen sozialen Gruppen (Distinktion). Sprechstile geben Aufschluß über die Prinzipien und Aktivitäten, gemeinsam geteilten Werte und Normen, kurzum: über den Lebensstil, der von sozialen Gruppen als selbstverständlich und notwendig anerkannt und bezeugt wird.

Der kultursoziologische Unterbau ist für die ethnographische Sprechstilanalyse unter dreierlei Aspekten interessant:

1. Für stilistische Differenzen zwischen Sprechstilen sind entscheidend die sprachlichen Marker, deren Symbolwert sich aus einer spezifischen Matrix von Gruppeninteressen konstruiert, die sich wiederum um spezifische Interessen drehen. Inwieweit nun sind Sprechstile gruppenspezifisch bestimmt und unter welchen Bedingungen bilden sich entsprechende Stile aus?

2. Wie und auf welchen sprachlichen Ebenen werden Sprechstile ausgebildet?

3. Welche stilistischen Ebenenwechsel vollziehen Sprecher und welche Funktionen haben diese Wechsel im Hinblick auf interaktive und diskursive Faktoren?

Eine klassische Arbeit zu Sprechstilen in Peer-groups ist die Studie von Labov (1977) zum Sprachverhalten von schwarzen Jugendlichen in Harlem, New York. Labov untersuchte u.a. eine besondere Art von Sprechereignissen, das sog. *sounding*. Es handelt sich um eine bestimmte Art der rituellen Beschimpfung, die in Black-English-Vernacular-Kulturen vorkommt. Zunächst einige typische Einzelbeispiele mit der Grundstruktur *Your mother* ____:

(a)   *Your mother* = X

Your mother's a rubber dick.
Deine Mutter is'n Gummischwanz.

Your mother look like a roach.
Deine Mutter sieht aus wie'ne Küchenschabe.

(b)   *Your mother got X*

Your mother got titties behind her neck.
Deine Mutter hat Titten am Hals.

Your mother got hair growin' out her dunkie hole.
Deiner Mutter wachsen Haare aus'm Arschloch.

(c)   *Your mother so X she Y*

Your mother so old she can stretch her head and lick out her ass.
Deine Mutter ist so alt, daß sie sich am Arsch lecken kann.

(d)   *Your mother eat X*

Your mother eat rat heads.
Deine Mutter frißt Rattenköpfe.

(e)   *Your mother raised you on X*

Your mother raised you on ugly milk.
Deine Mutter hat dich mit ranziger Milch ernährt.

Sounds dieser Art sind nicht wörtlich zu nehmen – in diesem Fall würden sie als persönliche Beleidigung interpretiert – sondern im Rahmen eines Systems der rituellen Beschimpfung, bei dem entscheidend ist, wie die *sounds* präsentiert werden und welche Elemente in das jeweilige Ausgangsschema eingesetzt werden. Innerhalb der Peer-groups werden die *sounds* durch die Gruppenteilnehmer bewertet, je nachdem, ob es ‚gute' oder ‚schlechte' *sounds* waren, und Gruppenmitglieder können so Pluspunkte in bezug auf den sozialen Status innerhalb der Gruppe sammeln. Nur auf der Folie eines gemeinsam geteilten Wissens können die *sounds* in konkreten Interaktionen als solche interpretiert werden. Einen an sich adressierten *sound* im Gespräch zu erkennen, bedeutet, selbst wiederum mit einem *sound* zu antworten. So entstehen Ketten von *sounds* und ‚Gegen*sounds*':

> A: His mother eat Dog Yummies.
> B: Somebody said your mother's breath smell funny.
> C: They say your mother eat Grainesburgers.
> D: They say your mother was a Gravy Train.

Sounds sind also auf einen Interaktionspartner gerichtet mit dem Ziel, diesen zu einem sprachlichen Duell herauszufordern, wobei die Inhalte der Äußerungen (vgl. Beispiele oben) sich nicht tatsächlich auf die angesprochenen Personen beziehen. „Ein Spieler, der einen Anfangs*sound* macht, bietet [...] den anderen die Gegelegenheit, ihr Können auf seine Kosten zu entwickeln" (Labov 1980: 285).

Neben dem *sounding* gibt es noch weitere Formen ritueller Beschimpfungen wie das *signifying, woofing, cutting* usw., die spezifische Funktionen in der schwarzen Subkultur haben. Sie sind Muster eines spezifischen Lebenstils, der sich von dem z.b. koreanischer Subkulturen in New York deutlich unterscheidet.

Als ein weiteres Beispiel wollen wir die ‚Stilbastelei' einer Gruppe von Punks aus dem Osnabrücker Raum an einem kurzen Gesprächsausschnitt behandeln. Hier wird dem Weihnachtslied ‚Laßt uns froh und munter sein' ein neuer Text unterlegt:

```
 1   C: nein ey (.) laßt uns doch mal was feierliches singen (.) das
 2   is immer doch so schön
 3   A: oh du stille nacht
 4   Q: (   ) niemals ostern
 5   q: heilige nacht (.) alles schläft (   )
 6   Q:              hat mal einer feuer
 7   R: wie geht's denn weiter?
 8   E: stop stop war falsch (   )
 9   Q: wie geht's denn weiter?
10   X: ((Durcheinander))
11   R: wenn ich dann nach hause komm  hau ich meinen alkohol rein
12   E: ja irgend so was
13   C: feuerlöscher (   )
14   R: drogi drogi fallarall noch einmal, wenn ich dann
15   Q:           blöd blöd
16   R: besoffen bin roll ich auf die straße hin (.) lustig lustig
17   fallerallela bald ist weihnachtsabend da bald ist weihnachtsabend da
18   C: und dann hab ich auch noch knecht ruprecht gesehn er
19   kam aus der kneipe und konnte kaum noch stehn
20   X: ((schreiend)) lustig lustig tralla la la la (.) bald ist
21   heilig abend wieder da bald ist heilig abend wieder da
22   Z: nein nein nein
23   Q: van dage – Jan (0.1) das heb ich gewußt
```

In diesem Beispiel wird ein Stück nicht einfach reproduziert, sondern assoziativ derart verfremdet, daß die ursprüngliche Funktion in ihr Gegenteil verkehrt wird. Die Initiierung in Zeile 1, daß etwas Feierliches gesungen werden soll, wird durch den profanen Text, der der sakralen Melodie unterlegt wird, persifliert. Dabei wird die Doppelbödigkeit des Feierns des Weihnachtsfestes als (klein)bürgerliches Ritual aufs Korn genommen und lächerlich gemacht. Grundlage der Verfremdung bildet der ‚normale' Weihnachtsabend, wie er von einer Studentin im Rahmen einer Hausaufgabe zu den Komponenten des Sprechereignisses ‚Heiliger Abend' exemplarisch beschrieben wurde:

1. *Genre*: Christliches Weihnachtsfest.
2. *Thema*: Bescherung.
3. *Funktion*: Der Heilige Abend soll traditionell gefeiert werden, eine ruhige, harmonische Atmosphäre soll hergestellt und bewahrt werden.

4. *Schauplatz*: 24. Dezember 1994, München. Die vier Teilnehmer stehen im Halbkreis um den Gabentisch im Wohnzimmer, Weihnachtsmusik, Tannenbaum.
5. *Teilnehmer* : (a) mask., 54 Jahre, Industriekaufmann, Ehemann von (b) und Vater von (c und d). (b) fem, 54 Jahre, Hausfrau, Ehefrau von (a) und Mutter von (b und c). (c) fem., 24 Jahre, Studentin, Tochter von (a und b), Schwester von (d). (d) mask., 21 Jahre, Sohn von (a und b), Bruder von (c).
6. *Art der Botschaft*: Umgangssprache, feierlich.
7. *Inhalt der Botschaft*: Aussprechen des Weihnachtsgrußes und Übergabe der Geschenke eines jeden Teilnehmers gegenüber den jeweils drei anderen; Bedanken für die Geschenke. Zwischendurch Kommentare zum Weihnachtsbaum.
8. *Handlungssequenzen*:

I	(a) ↔ (b)
II	(c) ↔ (b), (d) ↔ (a), synchron
III	(c) ↔ (a), (d) ↔ (b), synchron
IV	(c) ↔ (d)

9. *Interaktionsregeln*: Beim Weihnachtsgruß und der Geschenkübergabe warten (c) und (d) zunächst bis (a) und (b) sich ihnen zuwenden. Erst zuletzt wenden sich (c) und (d) einander zu. (a) hat das Erstrederecht.
10. *Normen der Interpretation*: (i) Tradition: Brauchtum, Familienfest. (ii) Religion: Christentum, Kirche. (iii) Ökonomie: Schenken – Konsum, (iv) Moral: Nur ,die braven Kinder erhalten Geschenke'.

Die satirische Komponente in dem obigen Sprachbeispiel entsteht durch den Kontrast zwischen dem Feierlichen und dem Alltäglichen, zwischen dem ,heiligen' Weihnachtsfest, dessen symbolischer Vertreter Knecht Ruprecht ist, und dem Weihnachtsfest im profanen Sinne. Durch die parodistische Spiegelung – auf der strukturellen Ebene: Melodie versus Text, auf der inhaltlichen: das profane Weihnachtsfest versus das sakrale – wird das Ritual des Weihnachtsfests und das Bewußtsein, das damit verbunden ist, zum Spiegel der Gruppenidentität.

Mit dem *Nachspielen* des Liedes ,Laßt uns froh und munter sein' wird durch die jugendlichen Punks ein Differenzschema als Kontrastfolie zu den eigenen kulturellen Ressourcen ausgebildet, indem die dominanten Kulturmuster ironisch verfremdet werden. Dieser Prozeß der Distinktion erfolgt über spezielle Montageprinzipien, die dem Prinzip der Bricolage zugrunde liegen. Der *modus operandi* ist hier die ironische Distanzierung per Verfremdung.

Auf der Folie der gemeinsam geteilten Werte und Normen werden mit Hilfe des Prinzips des verfremdenden Zitierens kulturelle Ressourcen ,zusammengebastelt', über die als Kontrastfolie und ironische Distanzierung, kurzum: als Distinktionsprozeß, ein gemeinsam geteiltes Gruppenbewußtsein hergestellt wird. Der komplexe Stil ist Ausdruck einer spezifischen Aktivität einer jugendlichen Subkultur, durch die eine spezifische Sicht der Welt sinnlich-kulturell vermittelt wird. Diese Welt, die als Abgrenzung gegen die vorherrschende ,Normal'-Kultur zum Ausdruck kommt, ist eine temporäre und ästhetisierende Praxis. Die Teilnehmer sprechen nicht immer so, sondern in einem spezifischen Kontext, und die Abgrenzung gegen die ‚Normal'-Kultur erfolgt auf einer ästhetisch-kulturellen Ebene, nicht etwa politisch und in Form von entsprechenden Parolen.

Ethnographische Untersuchungen subkultureller Gruppen oder fremder Kulturgemeinschaften lassen Rückschlüsse zu auf die von den Mitgliedern geteilten Normen und Werte, auf die sprachlichen und sozialen Praktiken, auf den Lebens- und Kommunikationszusammenhang von Menschen schlechthin. Insofern spielen ethnographische Untersuchungen eine wichtige Rolle bei der sprachwissenschaftlichen Disziplin, in der der Zusammenhang von Sprache und Gesellschaft im Zentrum der Forschung steht, der Soziolinguistik.

5.5 Funktionale Grammatiken

In den vorangehenden Kapiteln haben wir Methoden kennengelernt, nach denen Äußerungen im sprachlichen, situativen und kulturellen Kontext analysiert werden, bei denen also pragmatische Faktoren eine zentrale Rolle spielen. Verschiedene Grammatikansätze haben sich zum Ziel gesetzt, grammatische, insbesondere syntaktische Strukturen in bezug zu pragmatischen Faktoren zu untersuchen. Solche Ansätze können im weitesten Sinne unter funktionale Ansätze und entsprechende Grammatiken unter sog. Funktionale Grammatiken subsumiert werden.

Für die Entwicklung neuerer funktionaler Ansätze sind die Arbeiten der **Prager Schule** relevant, auf die mehr oder weniger explizit referiert wird. Bahnbrechend und konstitutiv für die Prager Schule war die Arbeit von Mathesius (1929) zur **funktionalen Satzperspektive** im Englischen. Mathesius ging davon aus, daß „wenn sich zwei Vorstellungen als durch die Situationen gegeben darbieten, wird diejenige von ihnen zum grammatischen Subjekt gemacht, die mehr Aktualität besitzt oder als etwas Bestimmteres erscheint (Mathesius 1929: 207). Die grammatische Funktion ‚Subjekt' wird in Beziehung gesetzt zum situativen Kontext und zum Status der Information, die durch das Subjekt kodiert wird, wird in Beziehung gesetzt zur ‚Aktualität' (neue Information versus alte Information bzw. im Diskurs nicht eingeführte Information versus bereits etablierte Information) sowie zum Konzept von Definitheit. Das von Mathesius vorgestellte Konzept der ‚funktionalen Satzperspektive' war paradigmenbildend und hatte eine Reihe von Arbeiten zur Folge. Eine der interessantesten ist das Konzept von Firbas (1964) zur **kommunikativen Dynamik**. Er versteht darunter einen skalar basierten Mechanismus, nach dem Satzelemente die ‚Kommunikation vorantreiben': „By the degree of CD (communicative dynamism, d. Verf.) carried by a sentence element we understand the extent to which the sentence element constributes to the development of the communication, to which it ‚pushes the communication forward', as it were" (Firbas 1964: 270). An dem Beispielsatz (1) verdeutlicht Firbas sein Konzept, das in neuerer Terminologie wie folgt lautet: Den einzelnen Satzgliedern können semantische Funktionen zugewiesen werden, die entlang eines Kontinuums nach dem Grad der kommunikativen Dynamik geordnet sind. Dabei nimmt die kommunikative Dynamik zum Satzende hin zu.

(1)

Chudá selka		šla	do	lesa	na	stlaní
Arm	Landfrau	ging	zu	Wald	für	Kleinholz

Eine arme Frau ging in den Wald, um Kleinholz zu holen.

Konstituente	NP	V	PP	PP
Semantische Funktion	Agens	Handlung	Ziel	Zweck
CD	–			+

Der Handelnde ist nach Firbas kommunikativ weniger wichtig als die Handlung, beide sind wiederum weniger wichtig als der Zweck und das Ziel der Handlung. Im Prinzip haben wir hier einen Vorläufer der sog. ‚Hierarchien' (z. B. Topikhierarchie), die in neueren Ansätzen eine wichtige Rolle spielen. Das, was nach Mathesius Satzthema ist, trägt am wenigsten zur kommunikativen Dynamik bei. Dies kann auch damit begründet werden, daß auf das Thema häufig pronominal referiert wird, da es bereits im Diskurs etabliert ist. Ein Satz wird bei Firbas nun nicht mehr allein grammatisch oder als Sinneinheit definiert, sondern als ein „field of relations, chiefly grammatical and semantic, functioning – according to the given degree of contextual dependence – in a certain kind of perspective (FSP)" (ibid., S. 275).

Im selben Jahr erschien ein Beitrag von Daneš (1964), in welchem die Syntax um eine ‚Suprasyntax' (*suprasyntactics*) erweitert wird. Daneš geht davon aus, daß grammatische Strukturen neben einer semantischen Komponente auch auf Äußerungsstrukturen bezogen werden müssen. Das zentrale Konzept des Satzes im Rahmen einer Syntax wird bei ihm auf minimale kommunikative Einheiten bezogen: „the sentence-pattern is a specifically communicative structure, an utterance-making device. Non-grammatical utterances, being based on no underlying sentence patterns, derive their communicative validity (function) from the situation, context and intonation (spoken langu-

age) or from graphic devices (in written and printed language) only"
(Daneš 1964: 230).[1]

In neueren Arbeiten, die funktional orientiert sind und auf den Arbeiten aus der Prager Schule basieren, werden diese nur am Rande oder gar nicht erwähnt; dies gilt insbesondere für Arbeiten aus dem anglophonen Raum. Während jedoch in der Prager Schule ansatzweise versucht wurde, grammatische Strukturen in bezug zu größeren Text- oder Diskurseinheiten zu analysieren, bleiben neuere Funktionale Grammatiken einer Einzelsatzlinguistik verhaftet. In der bereits erwähnten Funktionalen Syntax von Foley/van Valin (1984; s. auch S. 12) wird von einem weit gefaßten Funktionalismus ausgegangen: „functional explanations for morphosyntactic phenomena relate not only to such things as markedness relations among linguistic forms but also to pragmatic principles, and discourse and sociolinguistic universals, which themselves must be related to necessary properties of communication systems in general and human perceptual mechanisms and social interaction" (Foley/van Valin 1984: 13). Von daher besteht die Aufgabe der ‚Role and Reference Grammar' darin, „to analyse language with reference to its role in human communication and hence to analyse languages with respect to how morpho-syntactic form and communicative function interact" (ibid., S. 16). In den Analysen indes werden aus Grammatiken ausgewählte Einzelbeispiele analysiert, ohne daß auf Diskursfunktionen oder kommunikative Funktionen weiter eingegangen wird. Das Funktionale wird über Konzepte wie ‚Topik' oder ‚Pivot' in die Beschreibung integriert[2].

Das gleiche gilt für den Ansatz von Givón (1984, 1990), wenn auch dort zumindest an einigen Stellen Diskursfunktionen berücksichtigt werden, die für Givón die folgenden sind:

1. *Referentielle Bewegungen*: Präsentation, Identifizierung und Kontinuierung von Partizipanten (Argumente) in einem Text/Diskurs;

2. *Handlungssequenzen*: Darstellung und relative Sequenzierung von Ereignissen/Handlungen in der zeitlichen Abfolge oder thematischen Ordnung;

3. *Hintergrundinformation*: Wie werden Propositionen präsentiert, die Hintergrundinformationen tragen?

4. *Handlungszweck*: Sprechaktfunktion, die die kommunikativen oder pragmatischen Ziele und die Interaktion zwischen Sprecher und Hörer signalisiert, die für die Interpretation der Kommunikation relevant ist;

---

1 Daneš ist ein bemerkenswerter Vorläufer von neueren Ansätzen, wie sie z.B. von Zifonun (1987) vertreten werden, die für die grammatische Beschreibung von ‚kommunikativen Minimaleinheiten (KOMA)' ausgeht.
2 So auch bei Dik (1978, 1980) über die pragmatischen Funktionen ‚Thema, Topik, Koda und Fokus'.

5. *Erwartungshorizont*: Bezogen auf die Propositionen, die für den Hörer vorhersehbar/erwartbar sind bzw. es nicht sind.

6. *Thematische Organisation*: Bezieht sich auf übergreifende thematische Organisation des Diskurses in der Art und Weise, daß Partizipanten oder kleinere Informationseinheiten transzendiert werden.

Eine systematische Analyse syntaktischer Strukturen in bezug auf die oben genannten Punkte fehlt jedoch. Letztlich bleibt auch Givón einer Einzelsatzlinguistik verhaftet. Allein bei der referentiellen Bewegung und thematischen Organisation wird versucht, über Indizees längere, satzübergreifende Ketten von Koreferenzbeziehungen zu analysieren (*topic continuity*), was allerdings eine Reihe von Problemen mit sich bringt (vgl. Schlobinski 1992: 96ff.).

Über das Konzept der Empathie versucht Kuno (1987), funktionale Aspekte zu integrieren. Unter Empathie versteht er „the speaker's identification, which may vary in degree, with a person/thing that participates in the event or state that he describes in a sentence" (Kuno 1987: 206). Entscheidend für Kuno ist die Perspektive, mit der ein Sprecher ein Ereignis betrachtet. Die Darstellung des Ereignisses, daß Klaus seinen Bruder schlägt, sei abhängig davon, ob sich der Sprecher mit Klaus oder seinem Bruder identifiziert. Nimmt er die Perspektive von Klaus ein, so sei der Satz *Klaus schlägt seinen Bruder* wahrscheinlicher als *Sein Bruder wird von Klaus geschlagen*. Berichtet der Sprecher hingegen das Ereignis aus der Perspektive von Klaus' Bruder, so gälte das umgekehrte. Der Grad der Identifikation wird von Kuno normiert zwischen $E(x) = 1$ (vollständige Identifikation) und $E(x) = 0$ (Fehlen von Identifikation). Ist der Grad der Empathie x nun größer als y so gilt $E(x) > E(y)$. Diese Art der Darstellung, der eine nicht weiter spezifizierte Quantifizierung zugrunde liegt, wird allgemein **Hierarchie** genannt. Eine spezielle Hierarchie nun lautet: „It is easier for the speaker to empathize with the referent of subjekt than with the referent of other NPs in the sentence. [E(subject) > E(other NPs)]" (ibid., S. 211). Solche Arten von sog. Hierarchien finden sich in zahlreichen funktionalen Ansätzen, insbesondere Subjekt- und Topikhierarchien, wobei einzelne fälschlicherweise als Implikationshierarchien angesetzt werden, indem ,x ist häufiger als y' interpretiert wird als ,x impliziert y', ohne daß auf Implikationsbedingungen eingegangen wird (vgl. auch Dittmar/ Schlobinski 1988). Das sich hier stellende grundlegende Problem wie bei der Variablenregelanalyse aber ist, daß von den Hierarchien, also von häufigkeits- oder wahrscheinlichkeitsbasierten Skalen, nicht auf den Einzelfall kausal geschlossen werden bzw. dieser erklärt werden kann. Wenn von der Hierarchie her das Einzelbeispiel erklärt wird, so liegt hier der Fehler zugrunde, den wir bereits an anderer Stelle kennengelernt haben (vgl. S. 164 ff.), nämlich, daß Ereignis und Ergebnis verschiedene Dinge sind. Die Tatsache, daß ein Sprecher Satz X

(*Klaus schlägt seinen Bruder.*) oder Y (*Sein Bruder wird von Klaus geschlagen.*) wählt, kann von vielen Faktoren abhängen, die im Einzelfall und somit im konkreten Kontext geprüft werden müssen. Wie für die Analyse des Code-switching gilt (vgl. S. 166), daß die Hierarchien nur in bezug zur konkreten Einzelfallanalyse sinnvoll angewandt werden können.

Funktionale Ansätze, wie sie bisher vorliegen – einige interessante Dissertationen ausgenommen – bleiben 1. weitgehend der Einzelsatzanalyse verhaftet, arbeiten 2. nicht systematisch korpusbezogen, operieren 3. mit sog. Hierarchien, ohne deren Status für die linguistische Analyse zu reflektieren, und reduzieren 4. das Funktionale in Analogie zu syntaktischen oder semantischen Funktionen auf sog. pragmatische Funktionen.

6. Ausblick: Grammatikschreibung und empirische Sprachwissenschaft

In den vorangehenden Kapiteln haben wir verschiedene Methoden und Techniken kennengelernt, Sprachdaten zu beschreiben. Grammatische Ansätze wie die Varietätengrammatik oder Funktionale Grammatiken setzen bei der Korpusanalyse an, reduzieren dabei aber ihre Analyse auf eingeschränkte Methoden, wie wir gesehen haben, und ‚reizen' die Möglichkeiten nicht aus, die in einer systematischen Korpusanalyse stecken. Wir wollen nun im folgenden an einer Korpusanalyse der Konjunktionen *und* und *aber* im gesprochenen Deutsch zeigen, daß der Rückgriff auf ‚quantitative' und ‚qualitative' bei der Analyse hilfreich ist und daß Korpusanalysen Phänomene zutage fördern, die nach dem ersten Höreindruck oft nicht entdeckt werden – und wenn, dann werden sie häufig als fehlerhafte Belege gewertet. In einer Anmerkung berichtet Schindler (1995), daß der von ihm diskutierte Hörbeleg (...) *dann hat er wirklich das Ziel verfehlt halt* auf einer IdS-Tagung von dem bekannten Syntaktiker Werner Abraham mit der Bemerkung kommentiert wurde, „daß manche Leute eben auch mal falsch sprächen" (Schindler 1995: 55, Anm. 2), und bemerkt hierzu: „Der Leser möge beurteilen, ob hier ein Verstoß gegen eine Syntaxregel wie ‚Plaziere Abtönungspartikeln nur im Mittelfeld' vorliegt oder ob gesprochensprachlich bestimmte Abtönungspartikeln ohne Regelverstoß ‚nachgeliefert' werden können" (ibid.).

In ihrer *Einführung in die deskriptive Linguistik* (Dürr/Schlobinski 1994) beenden die Autoren das Abschlußkapitel mit zwei Beispielen (s. Beleg 1 und 2), ohne diese im einzelnen zu diskutieren und eine Analyse zu geben. Dies soll im folgenden nachgeholt werden.

(1)
1	M:	eine mark.
2	K1:	zwei pfund.
3→	M:	so. ((packt ein)) und sie könn' da nich hin?
4	K1:	nö (.) ach alleene geh ick da nich hin.
		(und-5/V:1%)

(2)
1	M:	frau r. ((steht hinter E)) da kann ick schon ma'n
2		bißchen äh wat machen (.) ja? die nimmt mir dit nich so
3		doll übel (.) wenn se betrog'n wird
4	K1:	((lacht laut auf))
4	E:	also
5→	M:	aber dafür steicht jetzt hertha bsc ab (.) und dit is 'ne
6		freude
		(aber-46/V:75%)

In (1) äußert K1 einen Kaufwunsch, der vom Verkäufer M erfüllt wird. Nachdem M das gewünschte Obst aus der Obstkiste genommen hat, kommentiert er dies mit der refokussierenden Partikel *so*. Während er das Obst in die Tüte packt, wird das eigentliche Verkaufsgespräch durch eine mit *und* eingeleitete Nebensequenz in Form einer Frage verlassen und ein neuer thematischer Faden aufgenommen. Die durch *und* eingeleitete Frage ist weder auf die Handlungskommentierung noch auf den zuvor geäußerten Kaufwunsch bezogen, und es stellt sich die Frage, wo das linksseitige Konjunkt zu finden ist. In (2, Z 5) wird der Kontrast durch *dafür* noch verstärkt, es stellt sich allerdings die Frage, worauf sich dieser Kontrast bezieht. *Wofür* steigt die Berliner Fußballmanschaft Hertha BSC ab, weil Frau R. es dem Verkäufer nicht übel nimmt, wenn sie betrogen wird? Wie in (1) ist auch hier der Bezug zu einem linksseitigen Konjunkt nicht erkennbar und nicht über syntaktische Formatierung oder gar Parallelstrukturiertheit zu identifizieren. Fälle dieser Art, in denen das linksseitige Konjunkt auf der Folie der bisherigen Ausführungen nicht gefunden werden kann, sind in der gesprochenen Sprache keine Einzelfälle, und kommen auch in Texten vor, wie exemplarische Stichproben zeigen. Bevor im folgenden diese Fälle näher untersucht werden sollen, wollen wir einige grundsätzliche Bemerkungen zur Koordination und zu koordinierenden Konjunktionen machen.

Konjunktionen werden in deutschen Grammatiken als unflektierte Worteinheiten behandelt, „die als syntaktische Verknüpfungszeichen ohne Satzgliedwert mit je verschiedener Verknüpfungsbedeutung gebraucht werden. Sie stehen immer unmittelbar vor dem anzuschließenden Teil und verbinden nur gleichartige Teile miteinander, zumeist Sätze mit Sätzen, daneben aber auch Satzglieder oder Satzgliedteile mit Satzgliedteilen" (Buscha 1989: 9). Für die koordinierenden Konjunktionen sind für das ,Verbinden der gleichartigen Teile' in bezug auf die Gleichartigkeit der Konjunkte (Parallelstrukturiertheit) Gleichartigkeitsbedingungen formuliert worden, die als Prinzip der kategorialen Äquivalenz: ,Same-type-hypothesis' (Chomsky 1957), ,Law of the Coordination of Likes' (Williams 1981) oder ,Coordination Principle' (Pollard/Sag 1992) bekannt sind. Diese besagen (auf der Folie des jeweiligen modelltheoretischen Ansatzes), daß in einer Konjunktstruktur $[X_1 \text{ K } X_2]$ die einzelnen Konjunkte X_1 und X_2 ,gleichwertige' bzw. ,kompatible' Belegungen durch die Rahmenstruktur vorgegebenen syntaktischen Formatierungen sein müssen (vgl. hierzu Lang 1991), so daß durch *arbeiten* bzw. *lesen, schreiben* in den Sätzen (3-5) gleichspezifizierte Phrasen bzw. Sätze koordiniert werden und es somit zu kohärenten Strukturen kommt.

(3a) Peter arbeitet.
(3b) Klaus schreibt.
(3c) Peter arbeitet und Klaus schreibt.

(4a) Evi arbeitet.
(4b) Petra arbeitet.
(4c) Evi und Petra arbeiten.

(5) Andrej liest eine Zeitung und Simone ein Buch.

(6) Jeder weiß, daß und von wem er bestochen wurde.

Bei Satzkoordination wie in (3) sind Satz- und Konjunktstruktur identisch, bei Phrasenkoordination ist die Satzstruktur durch ,Tilgung' identischer Teilstücke reduziert. Die jeweilige Satzstruktur ergibt sich aus dem Zusammenspiel der Konjunktstruktur und der Rahmenstruktur, wobei im Zentrum der Diskussion die Kompatibilitätsbedingungen für die Konjunkte X_1 und X_2 stehen. Wenn man wie in der X-Bar-Theorie annimmt, daß nur gleich spezifizierte Konstituentenkonfigurationen koordiniert werden können, dann stellt sich die Frage, wie Satz (6) mit Koordination von XP-Satzeinleiter und C-Satzeinleiter zu analysieren ist (vgl. Oppenrieder 1992: 172f.). Eine Reihe von semantischen Effekten und Restriktionen hat Lang (1977) beschrieben, wobei insbesondere die Kontrastfähigkeit der Konjunkte eine zentrale Rolle spielt.

Nach Lang (1977, 1991) ist Koordination ein Prinzip, Zusammenhänge zwischen Sachverhalten durch integrative Operationen über Satzbedeutungen zu konstituieren. Diese integrative Operation nennt er ,Gemeinsame Einordnungsinstanz der Konjunktbedeutungen (GEI)' (Lang 1977: 66f.) bzw. ,Common Integrator (CI)' (Lang 1991: 605). Die Operation selbst erfolgt über drei grundlegende Vergleichsschritte, nämlich 1. das Auffinden und Bewerten von Strukturparallelen, 2. Extraktion der Konjunktbedeutungen aus der Satzbedeutung und 3. Identifizierung des semantischen Kontrastes zwischen den Konjunktbedeutungen und Feststellung der semantischen Gemeinsamkeiten. Die operationale Realisierung erfolgt durch die koordinative Verknüpfung. Konjunktionen als ,koordinative Verknüpfer' haben eine eigenständige (operationale) Bedeutung. Während die lexikalische Bedeutung von *und* sehr elementar ist und als Instruktion begriffen werden kann, die „durch die Konjunkte denotierten Sachverhalte, Individuen oder Prädikate als kompatible Instanzen eines CI" (Lang 1991: 614) zu bündeln, ist die Bedeutung (und Syntax) von *aber* sehr komplex (Lang 1988). Lang hebt u.a. zwei Punkte hervor:

1. die Interpretation von *aber*-Konstruktionen ist in hohem Maße kontextsensitiv und

2. die Interpretation von *aber*-Konstruktionen ist abhängig von der Parallelstrukturiertheit der Konjunkte, wobei ein geringes Maß an Parallelisierung erwartet werden kann.

Obwohl Lang die Kontextsensitivität erwähnt, untersucht er im folgenden auf der Folie semantischer Prämissen *aber*-Konstruktionen, wobei jedoch allein von variierenden Einzelsatzschemata ausgegangen wird mit der Konsequenz einer semantischen Typenbildung von Adversativkonstruktionen. Die pragmatischen Faktoren werden über eine sog. EVAL-Funktion behandelt, die – entsprechend der in Lang (1977: 66f.) postulierten „Gemeinsamen Einordnungsinstanz" (GEI) – einen Bezugsrahmen für die Kontextinformation darstellt und durch die, wenn der durch *aber* induzierte Gegensatz nicht auf der Ebene der Konjunktbedeutungen etabliert werden kann, eine kontextuelle Bewertung der Konjunktbedeutungen induziert wird. Im Zentrum aber steht bei Lang die semantische und syntaktische Analyse.

Die bisherigen Ausführungen zeigen, daß angenommen wird, durch die Konjunktionen *und* und *aber* werden Konjunkte in Form einer Phrase oder eines Satzes in Beziehung gesetzt und in Abhängigkeit von der lexikalischen Bedeutung der jeweiligen Konjunktion integrativ interpretiert, wobei Kontextfaktoren eine Rolle spielen können. In jedem Falle setzt dies voraus, daß die Konjunkte (meist über Parallelstrukturen) identifiziert werden können, wobei die syntaktische Formatierung Ausgangspunkt des Suche- und Finde-Prozesses bildet. Wie aber läßt sich in den Belegen (1 und 2) dieser Prozeß bilden, wenn ein linksseitiges Konjunkt nicht zugeordnet werden kann?

Der nun folgenden Analyse liegt eine systematische Auswertung eines umfangreichen Korpus zum gesprochenen Deutsch zugrunde (zur empirischen Basis im einzelnen vgl. Schlobinski 1992), wobei an dieser Stelle nur die prinzipiellen Aspekte dargestellt werden können. Nachdem Tonaufnahmen des gesprochenen Deutsch nach einem vereinfachten konversationsanalytischem System verschriftet und als EDV-Transkript gespeichert worden waren, sollten in einem ersten Schritt sämtliche Belege der betreffenden Variablen (z.B. *aber*) und ihres sprachlichen Kontextes gefunden werden. Dies ist möglich mit sog. Konkordanzprogrammen zur **Konkordanz- und Frequenzanalyse**. Bei der Auswertung werden die Variablen und der sprachliche Kontext, der nach links und rechts der Variablen definiert werden kann, nacheinander aus dem Text extrahiert. Der ermittelten Fundstelle wird automatisch zum Wiederfinden im Transkript ein Index (z.B. eine Prozentzahl) zugeordnet. Die Belege können vor- und rückläufig sortiert gesucht werden, die absolute und relative Häufigkeit kann errechnet werden. Im folgenden ein Beispiel für eine einfache Konkordanzanalyse:

Transkription /Band 202-2
T: Therapeut
P: Patient

1 P: (2.0) i hob des gefühl / etwas retten zu müssen (.)
     wozu ich nicht in der lage bin (2.o) ((knarrt mit Stuhl))
2 T: ( ) was meinen sie damit / jetzt
3 P: ( ) entweder i ah entweder i ändert dies äh also die ganze ding um (.)
     oder äh i verlier mei kind
4 T: und ( ) ja das glaub' ich auch ( ) sie haben jetzt ebend gesagt (.)
     daß sie sich nicht imstande / fühlen etwas zu retten \
     was jetzt gerettet werden muß
5 P: ja (leise)
6 T: ( ) ich meine daß sie sich auch selbst retten müssen (.)
     nicht wahr \ auf dem anderen ufer steht nicht nur ihr sohn (.)
     da stehen sie selber /
7 P: an des hab' i noch nit mal so gedacht / (.) an mich selber \
     ( ) ja des is ( ) ((atmet tief)) is is bestimmt / richtig ja
8 T: mmh aber was
9 P: aber an mir selber (.) an mir selber / (.) is nit so
     veil / rettenswertes \ ( ) des is der andere aspekt \ ( ) an mir selber seh i
     goar nit mehr äh äh so veil rettenswertes \ (1.0)
10 T: wofür / halten sie sich denn
11 T: ( ) wofür ( )
              ja halt für einen ganz normalen bürger der da auf der erde
     herumkrakpelt / und und ( ) schaut daß ( ) er den magen vollkriegt
12 T: mmh (1.0) aber wenn sie jetzt sagten (.) an mir ist nicht viel
     rettenswertes (!) drückt das doch aus daß sie von sich ( ) mmh eine recht
     gerinne meinung haben \
13 P: ( ) ja (leise)
14 T: ( ) verachten sie sich denn selber /
15 P: na des glaub' i net ( ) na i veracht mi net selber \ (3.0) aber was soll
     i an mir retten \

Konkordanzen aus dem Beispiel in bezug auf *aber*:

ABER-1

 steht   nicht nur ihr sohn (.) da stehen sie selber / 7 p:an des hab' i   noch nit mal so
gedacht / (.) an mich selber \ ( )   ja des is ( ) ((atmet tief)) is is bestimmt / richtig ja
8 t: mmh **aber** was 9 p: aber an mir selber (.) an mir selber / (.)   is nit so veil / rettenswertes \ ( ) des is der andere   aspekt \ ( ) an mir selber seh i goar nit mehr   äh
äh so viel rettenswertes \ (1.0) 10 t: wofür / halten sie sich denn
C:\SCHLOBI\DATA\ther.txt   1%

ABER-2

nur ihr sohn (.) da stehen sie selber / 7 p:an des hab' i   noch nit mal so gedacht / (.)
an mich selber \ ( )   ja des is ( ) ((atmet tief)) is is bestimmt / richtig ja 8 t: mmh
aber was 9 p: **aber** an mir selber (.) an mir selber / (.)   is nit so veil / rettenswertes \
( ) des is der andere   aspekt \ ( ) an mir selber seh i goar nit mehr   äh äh so viel rettenswertes \ (1.0) 10 t: wofür / halten sie sich denn ( ) wofür ( )
C:\SCHLOBI\DATA\ther.txt   1%

ABER-3
  sie sich denn 11 t: ( ) wofür ( ) ja halt für einen ganz normalen bürger   der da auf der erde herumkrakpelt / und und ( )   schaut daß ( ) er den magen vollkriegt 12 t: mmh (1.0) **aber** wenn sie jetzt sagten (.) an mir ist nicht viel   rettenswertes (!) drückt das doch aus   daß sie von sich ( ) mmh eine recht   gerinne meinung haben \ 13 p: ( ) ja ((leise))   14 t: ( ) verachten sie sich denn selber /   15 p: na C:\SCHLOBI\DATA\ther.txt 1%

Sämtliche Belege können in einem ersten Schritt nach interessierenden Aspekten analysiert und in einem zweiten Schritt wieder im Transkript gefunden und weiter analysiert werden. Mit Hilfe der Konkordanzen sind weitere quantifizierende Analyseschritte relativ einfach.

Konkordanzprogramme sind ein nützliches Hilfsmittel bei der Analyse von Texten, und es sind verschiedene Programme in mehr oder weniger guter Qualität auf dem Markt. Preiswert und weit verbreitet ist das vom *Summer Institut of Linguistics* vertriebene Programm Conc (Thomson 1992).

Wenden wir uns nun der *und*-Analyse zu. Ein großer Teil der Belege läßt sich als Satz- und Phrasenkoordination begreifen, wobei auch hier teilweise pragmatische Faktoren eine Rolle spielen. Bei ungefähr 20% der Belege spielen pragmatische Faktoren eine zentrale Rolle. Es wird die These vertreten, daß die pragmatische Hauptleistung von *und* im Diskurs in der direkten und indirekten Koordination von Sprechhandlungen besteht. *und* ist also ein Mittel der Sprechhandlungskoordination, wobei 1. parallelisierte Sprechhandlungen linear verkettet werden (Serialisierungsfunktion) und 2. eine Sprechhandlungssequenz, die einem diskursiven Bruch folgt, an die die der ‚Bruchstelle‘ vorangehende Sprechhandlung angeschlossen wird (Brückenfunktion).

Die Serialisierungsfunktion von *und*, insbesondere als Konnektor von Teilereignissen in Erzählungen, ist verschiedentlich dargestellt worden, z.B. Quasthoff (1980). In Beleg (7) werden in der Handlungskomplikation die erzählten Ereignisse durch *und* angeschlossen, wobei das Subjekt voreingestellt ist (syntaktischer Default) und deshalb nicht über pronominale Referenzierung weitergeführt werden muß. Die durch *und* konnektierten Teilereignisse sind syntaktisch parallel formatiert, der Wechsel von der Evaluation (Z 1) zur Handlungslinie ist durch *und da* markiert, wobei das Deiktikon den Handlungsrahmen aufspannt.

(7)
1	E:	’s ja ooch quatsch (.)
2		und da freitach kommt jemand vonna post
3→		und nimmt die altn ab
4→		und bringt gleich neue mit
5→		und eh nehm die schlüssel an sich von alle
		(und-302-6/E:92%)

Interessanter sind die Fälle, in denen die Serialisierung über einen diskursiven Rahmenbruch hinaus erfolgt. Greifen wir den Beleg (1) noch einmal auf und sehen uns die Kontexteinbettung genauer an (1'). In den Zeilen 1-7 reden der Kunde K1 und der Verkäufer M über eine Einladung zu einer Silberhochzeit. In Zeile 7 wird dann in das Handlungsmuster Verkaufsgespräch gewechselt, wobei verschiedene Kaufakte koordiniert werden. Nach Abschluß eines weiteren Kaufaktes (Z 35) nimmt M den thematischen Faden des Anfangsgespräches wieder auf, indem er die Äußerungsbedeutung *sie könn' da nich hin* durch *und* thematisch rückbindet. *Und* hat hier also die Funktion eines Themakontinuierungsdevices, einer Markierung der thematischen Wiederaufnahme und Fortführung.[1] Dabei ist das linksseitige ‚Konjunkt' nicht als Phrase oder Satz zu identifizieren, sondern ist als eine Art thematisches Integral aus den Äußerungen in den Zeilen 1,3 und 5 zu rekonstruieren.

(1')		
1	M:	sind sie denn ooch an der silberhochzeit schon wieda beteiligt?
2	P:	guten tag.
3	K1:	ja (.) wir war'n ja auch einjelad'n (.)
4	M:	freundlichen guten tag
5	K1:	aber mein mann (.) der muß ja arbeiten (.) und da klappt dit nich (.)
6		naja=
7	M:	=dreifünfundvierzich.

34	M:	eine mark.
35	K1:	zwei pfund.
36→	M:	so. ((packt ein)) und sie könn' da nich hin?
37	K1:	nö (.) ach alleene geh ick da nich hin.
		(und-5/V:1%)

Ebenfalls über einen Rahmenbruch hinaus erfolgt die Rückbindung durch *und* in Beleg 8, allerdings wird das Handlungsgerüst des Verkaufsgesprächs durch ‚side sequences' (Nebensequenzen) unterbrochen. Nach dem Äußern des Kaufwunsches in Zeile 1 wird durch E und M ein Thema interaktiv bearbeitet. Nach der den Preis kommentierenden Handlung in Zeile 13 äußert E einen weiteren Kaufwunsch, der durch *und* eingeleitet wird. Entlang der Handlungslinie des Verkaufsgesprächs werden häufig die zentralen teleologischen Handlungsmuster, die Kaufakte, durch *und* angeschlossen, auch über einen längeren Rahmenbruch hinaus. Dabei spielt die syntaktische Formatierung eine nebengeordnete Rolle (s. Beleg 8), und auch nach einem non-verbal geäußerten Kaufwunsch kann später durch *und* angeschlossen werden. Die Einordnungsinstantiierung erfolgt auf der Folie des Verkaufs-

---

1 Vgl. zu Englisch *and* Heritage/Sorjonen (1994: 15f.).

gesprächsrahmens und der Identifizierung der passenden Sprechhandlung als kohärentem Teil des zweckbezogenen Handlungsmusters.

(8)
1	E:	also (.) ich möchte gerne - drei (.) vier jonathan.
2	K5:	(schönen sonntag noch)
3	M:	ja (.) tschüß.
4	K4:	( )
5	m:	na (.) dis brauchts du auch nich.
6	M:	na ja is ejal.
7	E:	nee (.) sie (.) gucken se mich ja nich so an (.) frau müller (.) ick war dit nich (.) ick staune.
8	M:	nein (.) der liebe herr dokta (.) der meinte da (.) seine meinung von sich geben zu müssen.
9	m:	ja?
10	M:	dit is allet dummet gerede (.) aber na macht ma
11	E:	nee (.) aber wirklich (.) die stunde die hat so manchen irgendwie jeknechtet
12	M:	ja (.) ((lacht)) dit war (.) war'n bißchen ungewöhnlich
13	m:	wiederseh'n.
14	M:	dit sind achtzich pfennich
15→	E:	und ((räuspert sich)) so'n kohlrabikopf
		(und-68/V:48%)

Die Anbindung durch *und* erfolgt auch nach konversationellen Brüchen (vgl. 9-11). Dabei läßt sich folgendes Grundschema feststellen:

A:	Turn$_{i,j}$
B:	Kommunikative Sprechhandlung / ,intervenierender' Turn
A:	UND-Turn$_k$

Wird ein Redebeitrag eines Sprechers S durch kommunikative Sprechhandlungen wie Feedbacsignale, kurze Evaluationen etc. unterbrochen, so kann der Sprecher durch *und* an den zuvor geäußerten Redebeitrag anschließen, auch wenn dadurch das Prinzip der syntaktischen Parallelstrukturiertheit und der gleichen Satztypspezifikation aufgehoben wird.

(9)
1	K4:	also ich war so enttäuscht
2	M:	ja
3→	K4:	und kommt etwas (.) die augen geh'n mir über
		(und-73/V:50%)

(10)
1	K:	ick komm nich nach hause
2		und sie hat'n belgja kennjelernt
3	S:	ja
4→	K:	nee\ und sie hat 'n belgja kennjelernt
		(und-234/E-54%)

```
(11)
1   s:      ick konnt dit ja nich jenießn
2           hab ick bereut da
3→  i:              ja schade
3   s:      und so viel jeld ausjejebm
4           ick konnt dit nich jenießn
5           und ick möchte so jerne nochmal hin
            (und-200/E:34%)
```

Eine Rückbindung durch *und* kann auch dann erfolgen, wenn der laufende Diskurs, hier die Handlungs- und Ereignislinie, durch Einbettungsstrukturen wie direkte und indirekte Rede unterbrochen wird (vgl. 12-13).

```
(12)
1   M:      ja mit dem erkennen
2           da wa unser kleener (.) so (.) weeß ick nich (.) fünf jahre
3           da hat der schon soviel mehr jeseh'n als wir:
4           „ja pappa (.) kuck mal die knospen. pappa kuck mal (.)
5           da'n käfer (.)
6   K1:     ja.
7   M:      pappa kuck mal" (.)
8→          und da hab' ick jestaunt
9           wat so'n kind so mehr sieht als wir. (3.0)
            (und-87/V:58%)
```

```
(13)
1   s:      ..dann habm se jesacht
2           er soll die rechnung bezahln (.) wa
3→          und der macht imma zu mir so ((Geste))
4   i:      mhm
5   s:      hattn sie'n uff'n uff'n arm
            (und-222/E:44%)
```

In Beleg 12 wird durch *und* in Zeile 8 an die Äußerung in Zeile 3 angeschlossen, während durch die direkte Rede die Proposition in Zeile 3 entfaltet bzw. kommentiert wird. Der Rahmenwechsel von der Erzählung zur direkten Rede ist formal durch Tempuswechsel markiert, und trotz des Subjektwechsels (vgl. Zeile 3 und 8) erfolgt eine Parallelisierung über das Diskursdeiktikon *da*. Analog ist der Beleg 13 aufgebaut, wobei hier der Einschub/Bruch in Form der indirekten Rede erfolgt.

Komplexer als bei *und* gestalten sich die Verhältnisse bei *aber*. Eine detaillierte Analyse zur Funktion von *aber* findet sich in Schlobinski (1992: 255-314). Die Grundthese zu den pragmatischen Funktionen von *aber* lautet: Trotz der verschiedenen einzelnen Funktionen, die *aber* erfüllt, scheint es eine Grundfunktion zu geben, nämlich die, Diskontinuität auf etwas Vorangehendes zu markieren (vgl. hierzu auch Ehlich 1984). Dies gilt nicht nur dann, wenn ein Kontrast vorliegt, sondern auch dann, wenn *aber* spezifische diskursive Funktionen erfüllt. Als Turngetter markiert *aber* eine Bruchstelle im laufenden Diskurs, als themaorganisierendes Element einen Bruch in der Themakontinuierung, als Einwand einen Bruch in präsupponierten Geltungsansprüchen. Dieser Bruch in der Kontinuität ist immer in bezug auf den vorangehenden Diskurs markiert.

Beim folgenden Beleg (14) spielt die Handlungslinie eine zentrale Rolle. Als Ausgangsfaktum gilt, daß K2 nach E den Tante-Emma-Laden betreten hatte und nun vor E seinen Kaufwunsch äußert (Z 2):

```
(14)
1   K1:   wiedersehn
2   K2:   ich hätt' gern vier jonathan
3→  M:    tschüß (.) und denn war'n sie aber auch vorher dranne
4         denn hintereinander begrüß' ick euch alle (.)
5         stimmt dit? sie kamen hier schon vorbei
6   E:    ja?
7   M:    ick meine ja (.)
          (aber-43/V:61%)
```

Der Verkäufer weist die Aufforderung von K2 indirekt zurück, indem er darauf hinweist, daß E an der Reihe ist. Die implizierte, zum gemeinsam geteilten Alltagswissen von Kunden und Verkäufern gehörende Begründung hierfür ist, daß zunächst derjenige an der Reihe ist, der zuerst den Laden betreten hat, in diesem Falle also E. V hat das Recht, die Aufforderung zur Durchführung des Kaufaktes zurückzuweisen, weil K gegen Bedingung 4 der folgenden Sprechhandlungsregel verstoßen hat: Wenn K V durch eine spezifische Äußerung zu der Handlung X (Vollzug des Kaufaktes durch Erfüllung des Kaufwunsches) auffordert, und V glaubt, daß K glaubt, daß 1a. X getan werden muß bzw. 1b. V X ohne Aufforderung nicht tun würde, 2. V fähig ist, X zu tun, 3. V die Verpflichtung hat, X zu tun und 4. K das Recht hat, V aufzufordern, X zu tun, so wird K's Äußerung als eine gültige Aufforderung zur Durchführung des Kaufaktes verstanden.

Durch *aber* wird der durch K formulierte und vorausgesetzte (Z 2) Anspruch im wahrsten Sinne des Wortes *adversativ* zurückgewiesen. Dabei gilt folgendes Argumentationsschema:

(X_1): Person P zeigt Verhalten V in Situation S: K2 äußert Kaufwunsch im Rahmen ‚Kaufladen'.

(X_2): Der von P erhobene Geltungsanspruch wird zurückgewiesen: E ist vor K2 an der Reihe, einen Kaufwunsch zu äußern.

Für S gilt:

1. Prämisse (Norm):	‚Wer zuerst kommt, mahlt zuerst.'
2. Prämisse:	E betrat zuerst den Laden.
Stützung der 2. Prämisse:	M begrüßt der Reihenfolge nach die Kunden.
Konklusion:	E hat das Recht, einen Kaufwunsch zu äußern.
Blockierte Konklusion:	K2 hat das Recht, einen Kaufwunsch zu äußern.

Während sich hier über die Explikation von Implikaturen aus den Äußerungen und kulturellen Wissensbeständen eine Bedeutungsstruktur ableiten läßt, ist in dem bereits erwähnten Beleg (2) dies nicht möglich. Dort kann der durch *aber* markierte Gegensatz nur aus dem kontextuellen Wissen rekonstruiert werden. In Beleg (2) ist Gegenstand der von E und M geführten Diskussion, daß M Kunden keine schlechte Ware andreht. M nimmt nun auf die ihm gut bekannte Stammkundin R Bezug, indem er einen Witz macht (Z1). Anschließend (Z5) bringt M ein völlig neues Thema auf, das durch *aber dafür* eingeleitet wird, ohne daß ein ‚Wofür' aus dem Kontext, geschweige aus der unmittelbaren Äußerungsbedeutung erschlossen werden kann, was auch der an der Interaktion beteiligten E nicht klar ist, denn sie fragt anschließend: *wie komm'n se 'n daruff?* Der Verkäufer M will offensichtlich das Thema wechseln, vermutlich deshalb, weil das Thema ‚Kunden betrügen' nicht adäquat zur Verkaufssituation paßt, weil die sozialen und situativen Rahmenbedingungen nicht stimmen. Der Wechsel des Themas wird durch ein neues, durch *aber* eingeleitetes Thema vollzogen. *aber* hat hier also die Funktion der Themainitiierung bzw. des Themawechsels.

Es ist auffällig, daß initiales *aber* häufig in satzinitialer Position vorkommt (s. Tab. 6-2). Die quantitative Verteilung deutet darauf hin, daß ein Zusammenhang zwischen den pragmatischen Funktionen von *aber* und den gesprächsstrukturierenden Funktionen besteht.

| | SPRECHERWECHSEL | |
	ja	nein
satzinitial	100 (37.1%)	102 (39.9%)
satzmedial	25 (7.4%)	42 (15.6%)

Tab. 6-1: aber *in Abhängigkeit von Position und Sprecherwechsel*

Ganz allgemein hat *aber* eine ‚turn-entry'-Funktion, die an andere pragmatische Funktionen wie Themakontinuierung oder -kontrastierung gebunden ist, die partiell aber als rein gesprächsstrukturierende Funktion wirksam ist, ohne daß ein Kontrast markiert wird oder andere Funktionen gleichzeitig wirksam werden. So im folgenden Beispiel, in dem S an einer nicht-turnübergaberelevanten Stelle das Rederecht durch Selbstwahl erhält.

(15)
1   T: oh da muß ma ja imma stehn wenn ma uff tolette jeht
2→ S: aba ick hab jedacht

3   ick flieg da rin in dit ding
    (aber-248 / E:40%)

In diesen Fällen kann kein linksseitiges Konjunkt im traditionellen Sinne identifiziert werden, allein die Vorgängeräußerung als formaler Gesprächsschritt wird als Bezugspunkt genommen.

Der Gebrauch von *aber* erweist sich als äußerst kontextsensitiv. Dabei spielt der Grad der Parallelstrukturiertheit eine Rolle. Es besteht eine Präferenzhierarchie dahingehend, daß bei explizit adversativem Gebrauch relativ häufig parallelisierte Konjunkte vorkommen, insbesondere bei der Kontrastierung von Eigenschaften, während bei implizitem Kontrast dies nicht der Fall ist. Bei anderen Funktionen ist der Bezug auf den vorigen Kontext in der Regel entweder nicht an einzelne Sprechhandlungen gebunden oder ein Bezug ist überhaupt nicht gegeben.

Die Analyse von *aber* hat gezeigt, daß der Konnektor *aber* nicht auf lexikalische Phänomene reduziert werden kann, sondern daß pragmatische Phänomene eine Rolle spielen. Für die Semantik von *aber* bedeutet dies, daß die Bedeutung von *aber* nicht ohne „Gesprächsandeutungen" (Posner 1979) begriffen werden kann. Das heißt, daß bei der Interpretation von *aber* nicht nur die lexikalische Bedeutung, sondern auch die diskursiven Gebrauchsregeln relevant sind. Letztere könnten über die GEI-Funktion (s. o.) in die lexikalische Bedeutung von *aber* integriert werden. Eine konkrete Integration solcher pragmatischen Funktionen in die grammatische Beschreibung bietet die neuere Variante von HPSG (Pollard / Sag 1992: IV, S. 45f.). Dort ist neben einer kategorialen und semantischen Funktion auch eine pragmatische Funktion vorgesehen, in der Kontextinformationen: Implikaturen und Indexikalität gespeichert werden. Diese Kontextfunktion ließe sich um eine Sprechaktfunktion und Diskursfunktion erweitern.

Aus einer funktionalen Perspektive werden *und* und *aber* nicht einheitlich behandelt, sondern in Abhängigkeit von den Funktionen. So könnten die ‚Konjunktionen' *und* und *aber* auf der Folie ihrer pragmatischen Funktionen nach Schiffrin (1988) und Chafe (1992) als ‚Diskursmarker' gegenüber ihren Funktionen als koordinierende Konjunktionen behandelt werden. Welcher Ansatz gewählt wird, ist eine Frage der modelltheoretischen Annahmen (und eine Frage der Überzeugung).

Die Analysen zu *und* und *aber* sollten deutlich gemacht haben, daß es für die grammatische Beschreibung einer Sprache auf der Basis empirisch erhobener Korpora interessante Phänomene zu entdecken und zu analysieren gibt. Für viele Sprachen liegen systematisch erhobene Daten nicht vor, und selbst für eine so gut untersuchte Sprache wie das Deutsche gibt es noch eine Vielzahl von Phänomenen, die bisher nicht systematisch untersucht worden ist. Der Leser sei deshalb am Ende der

Empirischen Sprachwissenschaft ermutigt, sich der Erforschung der Sprache und sprachlicher Verhältnisse im Rahmen empirischer Untersuchungen zuzuwenden – mit dem Studium des vorliegenden Buches und der *Einführung in die deskriptive Linguistik* (Dürr/Schlobinski 1994) sollte er hierfür handwerklich gut gerüstet sein.

Anhang

Z	p	Z	p	Z	p	Z	p
-4.00	0.00003	-1.50	0.0668	0.00	0.5000	1.55	0.9394
-3.50	0.00023	-1.45	0.0735	0.05	0.5199	1.60	0.9394
-3.00	0.0014	-1.40	0.0808	0.10	0.5398	1.65	0.9505
-2.95	0.0016	-1.35	0.0885	0.15	0.5596	1.70	0.9554
-2.90	0.0019	-1.30	0.0968	0.20	0.5793	1.75	0.9599
-2.85	0.0022	-1.25	0.1056	0.25	0.5978	1.80	0.9641
-2.80	0.0026	-1.20	0.1151	0.30	0.6179	1.85	0.9678
-2.75	0.0030	-1.15	0.1251	0.35	0.6368	1.90	0.9713
-2.70	0.0035	-1.10	0.1357	0.40	0.6554	1.95	0.9744
-2.65	0.0040	-1.05	0.1469	0.45	0.6736	2.00	0.9772
-2.60	0.0047	-1.00	0.1587	0.50	0.6915	2.05	0.9798
-2.55	0.0054	-0.95	0.1711	0.55	0.7088	2.10	0.9821
-2.50	0.0062	-0.90	0.1841	0.60	0.7257	2.15	0.9842
-2.45	0.0071	-0.85	0.1977	0.65	0.7422	2.20	0.9861
-2.40	0.0082	-0.80	0.2119	0.70	0.7580	2.25	0.9878
-2.35	0.0094	-0.75	0.2266	0.75	0.7734	2.30	0.9893
-2.30	0.0107	-0.70	0.2420	0.80	0.7881	2.35	0.9906
-2.25	0.0122	-0.65	0.2578	0.85	0.8023	2.40	0.9918
-2.20	0.0139	-0.60	0.2743	0.90	0.8159	2.45	0.9929
-2.15	0.0185	-0.55	0.2912	0.95	0.8289	2.50	0.9938
-2.10	0.0179	-0.50	0.3085	1.00	0.8413	2.55	0.9946
-2.05	0.0202	-0.45	0.3264	1.05	0.8531	2.60	0.9953
-2.00	0.0228	-0.40	0.3446	1.10	0.8643	2.65	0.9960
-1.95	0.0256	-0.35	0.3632	1.15	0.8749	2.70	0.9965
-1.90	0.0287	-0.30	0.3821	1.20	0.8849	2.75	0.9970
-1.85	0.0322	-0.25	0.4013	1.25	0.8944	2.80	0.9974
-1.80	0.0359	-0.20	0.4207	1.30	0.9032	2.85	0.9978
-1.75	0.0401	-0.15	0.4404	1.35	0.9115	2.90	0.9981
-1.70	0.0446	-0.10	0.4602	1.40	0.9192	2.95	0.9984
-1.65	0.0495	-0.05	0.4.801	1.45	0.9265	3.00	0.9986
-1.60	0.0548	-0.00	0.5000	1.50	0.9332	3.50	0.9997
-1.55	0.0606					4.00	0.9999

Tab. 1: *Verteilungsfunktion der Standardnormalverteilung*, $p = F(z) = P(Z \leq z_{1-\alpha})$

252

Anhang

α	$1-\alpha$	$z_{1-\alpha}$	$z_{1-\alpha/2}$
0.9000	0.1000	-1.282	0.126
0.8000	0.2000	-0.842	0.253
0.7500	0.2500	-0.674	0.319
0.6000	0.4000	-0.253	0.524
0.5000	0.5000	0.000	0.674
0.4000	0.6000	0.253	0.842
0.3173	0.6827	0.475	1.000
0.3000	0.7000	0.524	1.036
0.2500	0.7500	0.674	1.150
0.2000	0.8000	0.842	1.282
0.1500	0.8500	1.036	1.440
0.1336	0.8664	1.109	1.500
0.1000	0.9000	1.282	1.645
0.0750	0.9250	1.440	1.780
0.0500	0.9500	1.645	1.960
0.0455	0.9545	1.690	2.000
0.0400	0.9600	1.751	2.054
0.0300	0.9700	1.881	2.170
0.0200	0.9800	2.054	2.326
0.0100	0.9900	2.326	2.576
0.0050	0.9950	2.576	2.807
0.0027	0.9973	2.782	3.000
0.0020	0.9980	2.878	3.090
0.0010	0.9990	3.090	3.291

Tab. 2: *Prozentpunkte der Standardnormalverteilung*

df	$t_{1-\alpha;\alpha=0.05}$	$t_{1-\alpha;\alpha=0.01}$	df	$\chi^2_{1-\alpha;\alpha=0.05}$	$\chi^2_{1-\alpha;\alpha=0.01}$
1	12.76	63.76	1	3.84	6.64
2	4.30	9.93	2	5.99	9.21
3	3.18	5.84	3	7.82	11.4
4	2.78	4.60	4	9.49	13.3
5	2.57	4.03	5	11.1	15.1
6	2.45	3.71	6	12.6	16.8
7	2.36	3.50	7	14.1	18.5
8	2.31	3.36	8	15.5	20.1
9	2.26	3.25	9	16.9	21.7
10	2.23	3.17	10	18.3	23.2
12	2.18	3.05	12	21.0	26.2
15	2.13	2.95	15	25.0	30.6
20	2.09	2.85	20	31.4	37.6
25	2.06	2.79	25	37.7	44.3
30	2.04	2.75	30	43.8	50.9
40	2.02	2.70	40	55.8	63.7
60	2.00	2.66	60	79.1	88.4
80	1.99	2.64	80	101.9	112.3
∞	1.96	2.58	100	124.3	135.8

Tab. 3: *Prozentpunkte der t-Verteilung und Chi-Quadrat-Verteilung*

Literaturverzeichnis

Allen, J. P. B. & Alan Davis (1977). *The Edinburgh Course in Applied Linguistics, Vol. IV: Testing and Experimental Methods*. Oxford.

Almeida, Antonio & Angelika Braun (1982). „Probleme phonetischer Transkription." In: *Dialektologie. Ein Handbuch zur deutschen und allgemeinen Dialektforschung.* Erster Halbband. Hrsg. von Werner Besch und Klaus Mattheier. Berlin, S. 597-615.

Austin, John L. (1972). *Zur Theorie der Sprechakte.* Stuttgart. [englisch 1962]

Auwärter, Manfred (1982). *Sprachgebrauch in Abhängigkeit von Merkmalen der Sprecher und der Sprechsituation. Eine soziolinguistische Untersuchung.* Berlin.

Bailey, Charles J. (1980). „Old and New Views on Language History and Language Relationships." In: *Kommunikationstheoretische Grundlagen des Sprachwandels.* Hrsg. von H. Lüdtke. Berlin, S. 139-181.

Ballmer, Thomas T. (1976). „Inwiefern ist Linguistik empirisch?" In: *Wissenschaftstheorie der Linguistik.* Hrsg. von Dieter Wunderlich. Kronberg, S. 6-53.

Bamberg, Günter & Franz Baur (1982). *Statistik.* München.

Bauman, Richard & Joel Sherzer (Hrsg., 1974). *Explorations in the Ethnography of Speaking.* Cambridge.

Behrens, Franz Josef, et al. (1976). „'Dialogstrukturen'. Ein Bericht über ein Projekt zu linguistischen und soziologischen Analysen der Organisation natürlicher Alltagsdialoge." In: *Jahrbuch Deutsch als Fremdsprache*, Bd. 2. Mannheim, S. 265-279.

Berelson, Bernhard (1971). *Content Analysis in Communication Research.* New York. [¹1952]

Bethge, Elisabeth (1974). „Möglichkeiten der sprachlichen Gestaltung von Anstoß und Reaktion bei Telefongesprächen." In: *Wirkendes Wort* 24: 126-139.

Boas, Franz (Hrsg., 1911). *Handbook of American Languages.* Vol. 1. Washington D.C.: Bureau of American Ethnology.

Bourdieu, Pierre (1977). „The Economics of Linguistic Exchange." In: *Social Science Information* 16/6: 654-668.

Brandmeier, Klaus & Kerstin Wüller (1989). „Anmerkungen zu 'Helmut Henne: Jugend und ihre Sprache'. 1986. Berlin." In: *Osnabrücker Beiträge zur Sprachtheorie* 41: 147-155.

Brown, Penelope (1979). *Language, Interaction and Sex Roles in a Mayan Community. A Study of Politeness and the Position of Women.* PH.D., University of California, Berkely.

Bühler, Karl (1982). *Sprachtheorie.* Stuttgart. (¹1934)

Buscha, Joachim (1989). *Lexikon deutscher Konjunktionen.* Leipzig.

Cedergren, Henrietta & David Sankoff (1974). „Variable Rules: Performance as a Statistical Reflection of Competence." In: *Language* 50: 333-355.

Chafe, Wallace L. (1988). „Linking Intonation Units in Spoken English." In: *Clause Combining in Grammar and Discourse.* Hrsg. von John Haiman & Sandra A. Thompson. Amsterdam, S. 1-27.

Choi, John Dongwook, et al. (1989). *Sounds of the World's Languages 3.13.* Los Angeles: UCLA.

Chomsky, Noam (1957). *Syntactic Structures.* The Hague.

— (1986). *Knowledge of Language. Its Nature, Origin, and Use.* New York.

Cicourel, Aaron (1974). *Methode und Messung in der Soziologie.* Fr. a. M.

Clarke, John (1979). „Über den Stil von Subkulturen." In: *Jugendkultur als Widerstand.* Hrsg. von John Clarke et al. Fr. a. M., S. 133-157.

Clauß, Günter & Heinz Ebner (1977). *Grundlagen der Statistik. Für Psychologen, Pädagogen und Soziologen*. Thun.

Coe, Michael D. (1992). *Breaking the Maya Code*. New York.

Daneš, František (1964). „A Three-Level Approach to Syntax." In: *Travaux Linguistique de Prague* 1: 225-240.

Davis, Lawrence M. (1990). *Statistics in Dialectology*. Tuscaloosa, Alabama.

Dewdney, Alexander K. (1994). *200 Prozent von nichts. Die geheimen Tricks der Statistik und andere Schwindeleien mit Zahlen*. Basel.

Die Dresdner Maya-Handschrift (1989). Hrsg. von der Sächsischen Landesbibliothek Dresden. Graz.

Dittmar, Norbert, et al. (1990). „Die Erlernung modaler Konzepte des Deutschen durch erwachsene polnische Migranten. Eine empirische Längsschnittstudie." In: *Info DaF* 17-2: 125-172.

—, & Doris Hädrich (1988). „Gibt es die ‚Berliner Schnauze'? Schlagfertigkeit und Berliner Stilregister im linguistischen Kreuzverhör." In: *Wandlungen einer Stadtsprache. Berlinisch in Vergangenheit und Gegenwart*. Hrsg. von N. Dittmar & P. Schlobinski. Berlin, S. 103-144.

—, & Peter Schlobinski (1988). „Implikationsanalyse." In: *Soziolinguistik. Ein internationales Handbuch zur Wissenschaft von Sprache und Gesellschaft*, Band 2. Hrsg. von Ulrich Ammon, Norbert Dittmar und Klaus Mattheier. Berlin, S. 1014-1026.

Dik, Simon (1978). *Functional Grammar*. Amsterdam.

— (1980). *Studies in Functional Grammar*. London.

Dixon, Robert M. W. (1984). *Searching for Aboriginal Languages. Memoirs of a Field Worker*. Chicago.

Du Bois, Jack, et al. (1992). *Discourse Transcription*. University of California, Santa Barbara: *Santa Barbara Papers in Linguistics* Vol. 4.

Duden. *Grammatik der deutschen Sprache* (1984). Mannheim.

Dürr, Michael & Peter Schlobinski (1994). *Einführung in die deskriptive Linguistik*. Opladen. [[1]1990]

Edwards, Jane A. & Martin D. Lampert (Hrsg., 1993). *Talking Data: Transcription and Coding in Discourse Research*. Hillsday.

Ehlich, Konrad (1979). „Erweiterte halbinterpretative Arbeitstranskription (HIAT 2): Intonation." In: *Linguistische Berichte* 59: 51-75.

— (1982). „‚Quantitativ' oder ‚qualitativ'? Bemerkungen zur Methodologiediskussion in der Diskursanalyse." In: *Das Gespräch während der ärzlichen Visite*. Hrsg. von Karl Köhle & Hans-Heinrich Raspe. München, S. 298-312.

— (1984). „Eichendorffs *aber*." In: *Pragmatics and Stylistics*. Hrsg. von W. van Peer & J. Renkeman. Leuven, S. 145-192.

— (1993). „HIAT: A Transkription System for Discourse Data." In: *Talking Data: Transcription and Coding in Discourse Research*. Hrsg. von Jane A. Edwards & Martin D. Lampert. Hillsday, S. 123-148.

—, & Jochen Rehbein (1976). „Halbinterpretative Arbeitstranskriptionen (HIAT)." In: *Linguistische Berichte* 45: 21-41.

—, & Jochen Rehbein (1979). „Zur Notierung nonverbaler Kommunikation für diskursanalytische Zwecke." In: *Methoden der Analyse von Face-to-Face-Situationen*. Hrsg. von Peter Winkler. Stuttgart, S. 302-329.

—, & Bernd Switalla (1976). „Transkriptionssysteme. Eine exemplarische Übersicht." In: *Studium Linguistik* 2: 78-105.

Eisenberg, Peter ([1]1986, [2]1989). *Grundriß der deutschen Grammatik*. Stuttgart.

Engel, Ulrich (1988). *Deutsche Grammatik*. Heidelberg.

Farnell, Brenda (1995). *Do You See What I Mean? Plains Indian Sign Talk and the Embodiment of Action*. Austin.

Fillmore, Charles (1968). „The Case for Case." In: *Universals in Linguistics Theory*. Hrsg. von Emmon Bach & Robert T. Harms. New York, S. 1-88.

Firbas, Jan (1964). „On Defining the Theme in Functional Sentence Analysis." In: *Travaux Linguistique de Prague* 1: 267-280.

Foley, William A. & R. D. van Valin (1984). *Functional Syntax and Universal Grammar*. Cambridge.

Friedrichs, Jürgen (1973). *Methoden empirischer Sozialforschung*. Reinbek.

Froitzheim, Claudia (1984). *Artikulationsnormen der Umgangssprache in Köln*. Tübingen.

Früh, Werner (1991). *Inhaltsanalyse. Theorie und Praxis*. München. [11981]

— (1992). „Analyse sprachlicher Daten. Zur konvergenten Entwicklung ‚quantitativer' und ‚qualitativer' Methoden." In: *Analyse verbaler Daten. Über den Umgang mit qualitativen Daten*. Hrsg. von Jürgen Hoffmeyer-Zlotnik. Opladen, S. 59-89.

Giles, Howard & E. B. Ryan (1982). „Prolegomena For Developing a Social Psychological Theory of Languages Attitudes." In: *Attitudes Towards Language Variation*. Hrsg. von E. B. Ryan & H. Giles. London, S. 208-223.

Givón, Talmy (1984). *Syntax. A Functional-Typological Introduction*. Volume I. Amsterdam.

— (1990). Syntax. *A Functional-Typological Introduction*. Volume II. Amsterdam.

Glaßbrenner, Adolph [Ad. Brennglas] (1843). *Berlin wie es ist und – trinkt. Fünftes Heft: Fuhrleute*. Leipzig.

Goffman, Erving (1972). *Relations in Public. Microstudies of the Public Order*. Harmondsworth.

Grice, Paul (1979). „Logik und Konversation." In: *Handlung, Kommunikation, Bedeutung*. Hrsg. von G. Meggle. Fr. a. M., S. 243-265. [englisch 1975]

Grießhaber, Wilhelm (1990). *Transkriptverwaltung*. Hamburg: Universität Hamburg, Deutsch als Fremdsprache.

— (1991). syncWRITER. *med-i-bit*.

Habermas, Jürgen (1981). *Theorie des kommunikativen Handelns*. Band I. Fr. a. M.

Hädrich, Doris (1988). *Berlinisch unter der Lupe. Elemente des Berliner Sprachstils in ihrer sprachlichen und sozialen Bedeutung*. Berlin, Wiss. Hausarbeit an der FU Berlin, Fb Germanistik.

Hammersley, Martyn & Paul Atkinson (1983). *Ethnography. Principles in Practice*. London.

Harweg, Roland (1972). „*Weil*-haltige Begründungen in Textanfangssätzen. Ein Beitrag zur nicht-substanziellen Textologie." In: *Orbis* 21: 5-21.

Healey, Alan (1989). *Language Learner's Field Guide*. Ukarumpa, Papua New Guinea.

Helbig, Gerhard, & Joachim Buscha (1984). *Deutsche Grammatik*. Leipzig. [11970]

Henne, Helmut (1986). *Jugend und ihre Sprache. Darstellung, Materialien, Kritik*. Berlin.

Heritage, John & Marja-Leena Sorjonen (1994). „Constituting and Maintaining Activities Across Sequences: *And*-prefacing as a Feature of Question Design." In: *Language and Society* 23: 1-29.

Hess, Wolfgang (1993). „Phonetische Korpora." In: *Computereinsatz in der Angewandten Linguistik*. Hrsg. von Winfried Lenders. Fr. a. M. (= *Forum angewandte Linguistik*; Band 25), S. 31-48.

Hoffmann-Riem, C. (1980). „Die Sozialforschung einer interpretativen Soziologie – der Datengewinn." In: *Kölner Zeitschrift für Soziologie und Sozialpsychologie* 2: 339-372.

Hoffmeyer-Zlotnik, Jürgen H. P. (1992). *Analyse verbaler Daten. Über den Umgang mit qualitativen Daten.* Opladen.

Holm, Kurt (1986). *Die Befragung.* Band 1. München.

Horler, Sydney (1935). *London's Underworld.* Leipzig.

Huber, Günter L. & Heinz Mandl (Hrsg., 1982). *Verbale Daten. Eine Einführung in die Grundlagen und Methoden der Erhebung und Auswertung.* Weinheim.

Hymes, Dell (1979a). „Perspektiven für eine (Ethno-) Linguistische Theorie." In: ders.: *Soziolinguistik. Zur Ethnographie der Kommunikation.* Hrsg. von Florian Coulmas. Fr. a. M., S. 98-165.

— (1979b). *Soziolinguistik. Zur Ethnographie der Kommunikation.* Hrsg. von Florian Coulmas. Fr. a. M.

— (1979c). „Über Sprechweisen." In: ders.: *Soziolinguistik. Zur Ethnographie der Kommunikation.* Hrsg. von Florian Coulmas. Fr. a. M., S. 166-192.

International Phonetic Association (1989). „The International Phonetic Alphabet." London. (Beilage zu: *Journal of the International Phonetic Association* 19)

Jefferson, Gail (1984). „Transcript Notation." In: *Structures of Social Action: Studies in Conversational Analysis.* Hrsg. von J. Maxwell Atkinson & John Heritage. Cambridge, S. IX-XVI.

Johnson, Audrey F. (1988). „A Syntactic Sketch of Jamiltepec Mixtec." In: *Studies in the Syntax of Mixtecan Languages I.* Hrsg. von C. Henry Bradley & Barbara E. Hollenbach. Dallas, S. 11-150.

Johnson, Sally (1991). *Gender, Group Identity and Variation in Usage of the Berlin Urban Vernacular.* Diss., University of Salford.

Justeson, John S. & Terrence Kaufman (1993). „A Decipherment of Epi-Olmec Hieroglyphic Writing." In: *Science* 259: 1703-1711.

Kalin, Robert & D. S. Rayko (1978). „Discrimination in Evaluative Judgements Against Foreignaccented Job-Candidates." In: *Psychological Reports* 43: 1203-1209.

Kammer, Manfred (1993). „Korpora geschriebener Sprache." In: *Computereinsatz in der Angewandten Linguistik.* Hrsg. von Winfried Lenders. Fr. a. M. (= *Forum angewandte Linguistik*; Band 25), S. 49-62.

Kerlinger, Fred N. (1970). *Foundations of Behavioral Research.* London.

Klein, Wolfgang (1974). *Variation in der Sprache. Ein Verfahren zu ihrer Beschreibung.* Kronberg/Ts.

— (1980). „Argumentation und Argument." In: *Zeitschrift für Literaturwissenschaft und Linguistik* 38/39: 9-57.

Knieper, Thomas (Hrsg., 1993). *Statistik. Eine Einführung für Kommunikationsberufe.* München.

Knorosov, Yuri V. (1952). „Drevniaia pis'mennost' Tsentral'noi Ameriki." In: *Sovietskaya Etnografiya* 3-2: 100-118.

Krippendorff, K. (1980). *Content Analysis. An Introduction to Its Methodology.* Beverly Hills, London.

Kuhn, Heinz-Wolfgang (1995). „Qumran." In: *Einsichten. Forschung an der Ludwig-Maximilians-Universität München* 1: 18-21.

Kuno, Susumu (1987). *Functional Syntax: Anophora, Discourse and Empathy.* Chicago.

Labov, William (1966). *The Social Stratification of English in New York City.* Washington D.C.: Center for Applied Linguistics.

— (1969). „Contraction, Deletion, and Inherent Variability of the English Copula." In: *Language* 45: 715-762.

— (1972). *Sociolinguistic Patterns.* Pennsylvania.

— (1976). *Sprache im sozialen Kontext* Band 1. Königstein/Taunus.

— (1977). *Language in the Inner City. Studies in the Black English Vernacular*. Oxford.

— (1980). *Sprache im sozialen Kontext*. Königstein/Taunus.

— (1981). „Field Methods of the Project on Linguistic Change and Variation." In: *Sociolinguistic Working Papers*, Austin, Texas, S. 1-41.

—, & D. Fanshel (1978). *Therapeutic Discourse. Psychotherapy as Conversation*. London.

Lambert, Wallace et al. (1960). „Evaluational Reactions to Spoken Language." In: *Journal of Abnormal and Social Psychology* 60-1: 44-51.

Lamnek, Siegfried (1989). *Qualitative Sozialforschung*. Bd. 2. München.

Lang, Ewald (1977). *Semantik der Koordination*. Berlin. (=studia grammatica XIV).

— (1988). *Syntax und Semantik der Adversativkonnektive. Einstieg und Überblick*. Manuskript.

— (1991). „Koordinierende Konjunktionen." In: *Semantik. Ein internationales Handbuch der zeitgenössischen Forschung*. Hrsg. von Armin von Stechow & D. Wunderlich. Berlin, S. 597-623.

Lang, Martin (1988). *TEXT-TOOLS. Hilfen zur Textverarbeitung in Turbo-Pascal*. Universität Osnabrück.

Lenders, Winfried (Hrsg., 1993). *Computereinsatz in der Angewandten Linguistik*. Fr. a. M. (= *Forum angewandte Linguistik*; Band 25)

Li, Leyi (1993). *Die Entwicklung der chinesischen Schrift am Beispiel von 500 Schriftzeichen*. Beijing.

Lutzeier, Peter (Hrsg., 1993). *Studien zur Wortfeldtheorie*. Tübingen.

Maas, Utz (1992). *Grundzüge der deutschen Orthographie*. Tübingen.

—, & Judith McAlister-Hermann (Hrsg,. 1984). *Materialien zur Erforschung der sprachlichen Verhältnisse in Osnabrück in der frühen Neuzeit*. Band 1. Osnabrück, Fb Sprache/ Literatur/ Medien.

—, Judith McAlister-Hermann & Monika Schaidhammer-Placke (1989). „Überlegungen zur graphischen Analyse, am Beispiel frühneuzeitlicher Texte." In: *Driemaandelijkse bladen. vorr talen volkleven het oosten van Nederland*. Groningen, S. 146-196.

MaCaulay, Ronald K. S. (1976). „Review of Peter Trudgill (1974). The Social Differentiation of English in Norwich." In: *Language* 52: 266-270.

Malinowski, Bronislaw (1966). *The Language of Magic and Gardening*, Vol. II. London. [¹1935]

Mathesius, Villem (1929). „Zur Satzperspektive im modernen Englisch." In: *Archiv für das Studium der neueren Sprachen und Literatur* 155: 202-210.

Mayring, Philipp (1993). *Qualitative Inhaltsanalyse. Grundlagen und Techniken*. Weinheim. [¹1983]

McAlister-Hermann, Judith (1984). „Niedergerichtsprotokolle des 16. und 17. Jhs. als Quelle zur Erforschung der sprachlichen Verhältnisse in Osnabrück in der frühen Neuzeit. Teil 1: Von der Handschrift zur Abschrift." In: *Materialien zur Erforschung der sprachlichen Verhältnisse in Osnabrück in der frühen Neuzeit*. Band 1. Hrsg. von Utz Maas & Judith McAlister-Hermann. Osnabrück, Fb Sprache/Literatur/Medien, S. 71-188.

Menge, Heinz H. (1993). „Korpora gesprochener Sprache." In: *Computereinsatz in der Angewandten Linguistik*. Hrsg. von Winfried Lenders. Fr. a. M. (= *Forum angewandte Linguistik*; Band 25), S. 15-30.

Milroy, Lesley (1980). *Language and Social Networks*. Oxford.

— (1987). *Observing and Analysing Natural Language*. Oxford.

Moosmüller, Sylvia (1991). *Hochsprache und Dialekt in Österreich. Soziophonologische Untersuchungen zu ihrer Abgrenzung in Wien, Graz, Salzburg und Innsbruck*. Wien.

Muller, Charles (1972). *Einführung in die Sprachstatistik*. Berlin (Ost). [französisch 1968]

Neue, Friedrich (1985). *Formenlehre der lateinischen Sprache*. 3 Bände. Hildesheim. [^{1}1912]

Neuland, Eva (1989). „Spiegelungen und Gegenspiegelungen. Anregungen für eine zukünftige Jugendsprachforschung." In: *Zeitschrift für Germanistische Linguistik* 15: 58-82.

Neumann, R. (1988/89). „Diskurs-Datenverarbeitung – Projektdefinition." In: *LDV – INFO 7. Informationsschrift der Arbeitsstelle Linguistische Datenverarbeitung*. Hrsg. vom Institut für deutsche Sprache. Mannheim, S. 92-102.

Olson, George M. & Herbert H. Clark (1976). „Research Methods in Psycholinguistics." In: *Handbook of Perception (Vol. 7), Language and Speech*. Hrsg. von E. C. Carterette & M. P. Friedman. New York, S. 25-74.

Oppenrieder, Wilhelm (1991). *Von Subjekten, Sätzen und Subjektsätzen. Untersuchungen zur Syntax des Deutschen*. Tübingen.

Osgood, Charles E., et al. (1957). *Measurement of Meaning*. Urban, Ill.

Pfeifer, Wolfgang (Hrsg., 1989). *Etymologisches Wörterbuch des Deutschen*. 3 Bände. Berlin (DDR).

Pflanzagl, Johann (1968). *Allgemeine Methodenlehre der Statistik II*. Berlin.

Pollard, Carl & Ivan A. Sag (1992). *Head-Driven Phrase Structure Grammar*. Unpublished ms.

Popper, Karl L. (1979). *Die beiden Grundprobleme der Erkenntnis: aufgrund von Manuskripten aus den Jahren 1930-1933*. Tübingen.

Posner, Roland (1979). „Bedeutung und Gebrauch der Satzverknüpfer in den natürlichen Sprachen." In: *Sprechakttheorie und Semantik*. Hrsg. von Günther Grewendorf. F.a.M., S. 345-385.

Quasthoff, Ute M. (1980). *Erzählen in Gesprächen. Linguistische Untersuchungen zu Strukturen und Funktionen am Beispiel einer Kommunikationsform des Alltags*. Tübingen.

Rath, Rainer & H. Immersberger & J. Schuh (Hrsg., 1987). *Textkorpora 2. Kindersprache. Texte italienischer und türkischer Kinder zum ungesteuerten Zweitspracherwerb. Mit Vergleichstexten deutscher Kinder*. Tübingen.

Redder, Angelika & Konrad Ehlich (Hrsg., 1994). *Gesprochene Sprache. Transkripte und Tondokumente*. Tübingen.

Reitmajer, Valentin (1982). „Erhebung von Sozialdaten von Informanten." In: *Dialektologie. Ein Handbuch zur deutschen und allgemeinen Dialektforschung*. Erster Halbband. Hrsg. von Werner Besch und Klaus Mattheier. Berlin, S. 580-585.

Rehbein, Jochen (1977). *Komplexes Handeln*. Stuttgart.

— (1979). „Handlungstheorien." In: *Studium Linguistik* 7: 1-25.

Richter, Günther (1993). *Methodische Grundfragen der Erforschung gesprochener Sprache*. Fr.a.M.

Rietveld, Tom & Roland van Hout (1992). *Statistical Techniques for the Study of Language and Language Behaviour*. Berlin.

Rigol, Rosemarie (o.J.). *Studien zum frühkindlichen Spracherwerb*. Ms.

Rolf, Eckard (1994). *Sagen und Meinen. Paul Grices Theorie der Konversations-Implikaturen*. Opladen.

Romaine, Susan (1981). „The Status of Variable Rules in Sociolinguistic Theory." In: *Journal of Linguistics* 17: 93-119.

Rosengren, I. (1972). *Ein Frequenzwörterbuch der deutschen Zeitungssprache. Die Welt, Süddeutsche Zeitung*, Bd. 1. Fr. a. M.

Rousseau, Paul & David Sankoff (1978). „A Method for Accessing Variable Rules and Implicational Scale Analysis of Linguistic Variation." In: *Computers in the Humanities.* Hrsg. von J. L. Mitchell. Edinburgh, S. 3-15.

Ruoff, Arno (1973). *Grundlagen und Methoden der Untersuchung gesprochener Sprache.* Tübingen.

Sacks, Harvey, Schegloff, Emanuel & Gail Jefferson (1974). „A Simplest Systematics for the Organization of Turn-taking for Conversation." In: *Language* 50: 696-735.

Samarin, William J. (1967). *Field Linguistics.* New York.

Sambaquy-Wallner, Virginia (1995). *Feldforschung in Südbrasilien. Ein Bericht.* München: Arbeitspapier am Institut für Deutsche Philologie, LMU.

Sandig, Barbara (1978). *Stilistik. Sprachpragmatische Grundlegung der Stilbeschreibung.* Berlin.

— (1986). *Stilistik. der deutschen Sprache.* Berlin.

Saville-Troike, Muriel (1982). *The Ethnography of Communication. An Introduction.* Oxford.

Schegloff, Emanuel (1972). „Sequencing in Conversational Openings." In: *Directions in Sociolinguistics: The Ethnography of Communication.* Hrsg. von John Gumperz & Dell Hymes. New York, S. 356-380. [1968]

— (1979). „The Relevance of Repair to Syntax-For-Conversation." In: *Syntax and Semantics, Vol. 12: Discourse and Syntax.* Hrsg. von Talmi Givón. New York, S. 261-286.

— (1979). „Identification and Recognition in Telephone Conversation Openings." In: *Everyday Language: Studies in Ethnomethodology.* Hrsg. von G. Psathas. New York, S. 23-78.

—, & Harvey Sacks (1973). „Opening Up Closings." In: *Semiotica* 8: 289-327.

Schiffrin, Deborah (1988). *Discourse Markers.* Cambridge.

Schindler, Wolfgang (1995). „Zur Topologie von Herausstellungen und Zusätzen am rechten Satzrand." In: *Sprache & Schreiben* 16: 44-56.

Schlobinski, Peter (1982). „Das Verkaufsgespräch. Eine empirische Untersuchung zu Handlungsschemata und kommunikativen Zielen." In: *Linguistische Arbeiten Berlin,* S. 1-236.

— (1987). *Stadtsprache Berlin. Eine soziolinguistische Untersuchung.* Berlin.

— (1988). „Code-switching im Berlinischen". In: *Wandlungen einer Stadtsprache. Berlinisch in Vergangenheit und Gegenwart.* Hrsg. von N. Dittmar & P. Schlobinski. Berlin, S. 83-102.

— (1992). *Funktionale Grammatik und Sprachbeschreibung. Eine Untersuchung zum gesprochenen Deutsch sowie zum Chinesischen.* Opladen.

—, & Uwe Blank (1989). *Sprachbetrachtung Berlinisch.* Berlin: Pädagogisches Zentrum.

—, Gaby Kohl & Irmgard Ludewigt (1993). *Jugendsprache – Fiktion und Wirklichkeit.* Opladen.

—, Gaby Kohl & Irmgard Ludewigt (1994). *Korpus „Jugendspezifische Sprechweisen". Materialband.* München: *Linguistic Data on Diskette Service* No. 5.

Schuetze-Coburn, Stephan (1987). „Exceptional *-t/-n*Marking in Oklahoma Seminole Creek." In: *Muskogean Linguistics.* Hrsg. von Pamela Munro. Los Angeles: *UCLA Occasional Papers in Linguistics* 6, S. 146-159.

Schuh, Josef (1993). „Verfahren bei der Erhebung eines Korpus zur gesprochenen Kindersprache." In: *Methodische Grundfragen der Erforschung gesprochener Sprache.* Hrsg. von Günther Richter. Fr. a. M., S. 15-21.

Searle, John R. (1983). *Sprechakte.* Fr. a. M. [englisch 1969].

Sinclair, John M. & Richard M. Coulthard (1975). *Towards an Analysis of Discourse.* London.

Stuart, David & Stephen D. Houston (1989). „Maya Writing." In: *Scientific American* 261/2: 70-77.

Stubbs, Michael (1983). *Discourse Analysis. The Sociolinguistic Analysis of Natural Language.* Oxford.

Tannen, Deborah (1989). *Talking Voices. Repetition, Dialogue, and Imagery in Conversational Discourse.* Cambridge.

— (Hrsg., 1993). *Framing in Discourse.* Oxford.

Tarone, Elaine E., Susan M. Gass & Andrew D. Cohen (Hrsg., 1994). *Research Methodology in Second-Language Acquisition.* Hillsdale.

Texte gesprochener deutscher Standardsprache I. (Heutiges Deutsch II,1) München, 1971.

Texte gesprochener deutscher Standardsprache II. „Meinung gegen Meinung", Diskussionen über aktuelle Themen. Hrsg. von Christian van Os. (Heutiges Deutsch II,2) München, 1974.

Texte gesprochener deutscher Standardsprache III. Alltagsgespräche. Hrsg. von H.P. Fuchs und G. Schank. (Heutiges Deutsch II,3) München, 1975.

Texte gesprochener deutscher Standardsprache IV. „Beratungen und Dienstleistungsdialoge". Hrsg. von Karl-Heinz Jäger. (Heutiges Deutsch II,4) München, 1979.

Thim-Mabrey, Christiane (1982). „Zur Syntax der kausalen Konjunktionen *weil, da* und *denn.*" In: *Sprachwissenschaft* 7: 197-219.

Thomsons, John (1992). *Conc 1.17 beta.* Dallas: Summer Institute of Linguistics.

Thümmel, Wolf (1991). „Syntaktische Struktur und die Hypothese der Projektivität." In: *Zeitschrift für Sprachwissenschaft* 10-2: 220-283.

— (1993a). „Sprachtheorie." In: *Metzler Lexikon Sprache.* Hrsg. von Helmut Glück. Stuttgart, S. 587.

— (1993b). „Geschichte der Syntaxforschung. Westliche Entwicklungen." In: *Syntax. Ein internationales Handbuch.* Vol. 1. Hrsg. von Joachim Jacobs et al. Berlin, S. 130-199.

Toulmin, Stephen (1975). *Der Gebrauch von Argumenten.* Kronberg/Taunus. [englisch 1958]

Tsuda, Aoi (1984). *Sales Talk in Japan and the United States.* Washington.

Tucholsky, Kurt (1960). „Ein älterer, aber leicht besoffener Herr." In: *Gesammelte Werke* Bd. 8. Reinbek, S.212-215. ([1]1930)

Wagner, Klaus R. & R. Schulz (Hrsg., 1990). *Dortmunder Korpus der spontanen Kindersprache. Teilkorpus Frederik (8;7).* Erstellt von L. Häussermann (Kindersprache 1). Essen.

—, & S. Wiese (Hrsg., 1990). *Dortmunder Korpus der spontanen Kindersprache. Teilkorpus Roman (9;2).* Erstellt von H. Otto (Kindersprache 2). Essen.

Wald, Benji (1981). *Topic and Situation as Factors in Language Performance.* Working Papers, National Center for Bilingual Research, Los Alamitos.

Weinrich, Harald (1993). *Textgrammatik der deutschen Sprache.* Mannheim.

Wenker, G. (1878). *Sprach-Atlas der Rheinprovinz nördlich der Mosel sowie des Kreises Siegen nach systematisch aus ca. 1500 Orten gesammeltem Material zusammengestellt, entworfen und gezeichnet von Dr. G. W.* Marburg. [hs]

Williams, Edwin S. (1981). „Transformationless Grammar." In: *Linguistic Inquiry* 12: 645-53.

Woods, Anthony, Paul Fletcher & Arthur Hughes (1986). *Statistics in Language Studies.* Cambridge.

Wylie, Laurence (1978). *Dorf in der Vaucluse. Der Alltag einer französischen Gemeinde.* Fr. a. M. ([1]1957)

Zifonun, Gisela (1987). *Kommunikative Einheiten in der Grammatik.* Tübingen.

Sachregister

Über den Autor

Peter Schlobinski, geb. 1954. 1982–1987 Wissenschaftlicher Mitarbeiter am Fachbereich Germanistik der Freien Universität Berlin; 1987–1993 Hochschulassistent im Bereich Allgemeine und Vergleichende Sprachwissenschaft der Universität Osnabrück; SS 1993 – SS 1995 Professor für Germanistische Linguistik an der Ludwig-Maximilians-Universität München; seit WS 1995/96 Professor für Germanistische Linguistik an der Universität Hannover.

Arbeitsschwerpunkte sind Deutsche Grammatik und Gegenwartssprache, Empirische Sprachwissenschaft, Funktionale Grammatik und Deutsch/Chinesisch kontrastiv.

Weitere Publikationen im Westdeutschen Verlag: (zusammen mit Michael Dürr) *Einführung in die deskriptive Linguistik* ([1]1990, [2]1994). *Funktionale Grammatik und Sprachbeschreibung. Eine Untersuchung zum gesprochenen Deutsch sowie zum Chinesischen* (1992); (zusammen mit Gaby Kohl & Irmgard Ludewigt) *Jugendsprache. Fiktion und Wirklichkeit* (1993); in Vorbereitung: *Zur Syntax des gesprochenen Deutsch* (Hrsg., 1996).